雅学堂丛书

刘进宝 主编

Sanshengzhai
Sanbi

荣新江 著

三升斋三笔

读者出版传媒股份有限公司

甘肃文化出版社

图书在版编目（CIP）数据

三升斋三笔 / 荣新江著 . -- 兰州：甘肃文化出版
社，2023.7
（雅学堂丛书 / 刘进宝主编）
ISBN 978-7-5490-2733-0

Ⅰ. ①三… Ⅱ. ①荣… Ⅲ. ①敦煌学－文集②吐鲁番
地区－地方史－文集③丝绸之路－文集 Ⅳ.
①K870.6-53②K294.52-53③K928.6-53

中国国家版本馆CIP数据核字(2023)第110236号

三升斋三笔
SANSHENGZHAI SANBI
荣新江 l 著

策　　划 l 郧军涛　周乾隆　贾　莉
项目负责 l 鲁小娜
责 任 编 辑 l 何荣昌
装 帧 设 计 l 石　璞

出 版 发 行 l 甘肃文化出版社
网　　址 l http://www.gswenhua.cn
投 稿 邮 箱 l gswenhuapress@163.com
地　　址 l 兰州市城关区曹家巷1号 l 730030(邮编)

营 销 中 心 l 贾　莉　　王　俊
电　　话 l 0931-2131306

印　　刷 l 广西昭泰子隆彩印有限责任公司
开　　本 l 880毫米×1250毫米　1/32
字　　数 l 216千
印　　张 l 10
版　　次 l 2023年7月第1版
印　　次 l 2023年7月第1次
书　　号 l ISBN 978-7-5490-2733-0
定　　价 l 68.00元

这一代学人的使命与担当 （代序）

一

"这一代学人"是指以新三级学人（77、78、79级大学生和78、79级研究生）为代表的跨越时代和年龄的学人群。他们的年龄可能相差比较大，有的出生于20世纪40年代中后期，有的出生于60年代初，中间相差十几年——如果从年龄看，可说是两代人。从社会阅历看，有的插过队，有的当过兵，有的是工人，有的是农民，还有的是刚刚毕业或在校的中学生，可以说是40后、50后和60后在一起上课、讨论。正因为差别很大，他们对社会的感受和认识不一致，对未来的期待也有异，各种不同的思想碰撞交流，有时在某些问题上争论很激烈。那时还有许多自办的刊物，虽然是学生们自掏腰包，印制也比较粗糙，但包含许多真知灼见。"这一代学人"就是在这样的时代环境下成长起来的。

这代学人学术养成期的社会氛围，诚如中华书局原总编辑傅璇琮先生所说："'文革'结束后最初几年，我们这些学者都有一种兴奋的心情，觉得一场噩梦已成过去，我们已经失去得太多，我们要用自己的努力追回失去的一切。而我们又相信，只要靠勤奋，我们肯定会重新获得。"由此可知，虽然他们的年龄和社会阅历不同，但从他们成长的环境来看，又属于同一代学人。

"雅学堂丛书"的10位作者，年龄最大的方志远、王子今教授，是1950年出生，已经73岁了；孙继民、王学典教授出生于1955、1956年，也都超过了65周岁；中间年龄的荣新江、卜宪群、李红岩，都出生于60年代初；年龄最小的鲁西奇、林文勋教授，出生于1965、1966年，将近60岁。年龄最大和最小的相差十五六岁，但大都是"文革"后恢复高考的本科生和研究生，是"科学的春天"到来后，步入学术殿堂的新一代学人。

这些学人，都学有所成，甚至是某一方面的杰出代表。按照常人的眼光来看，他们已功成名就，根本不需要再追求名誉和地位，应该颐养天年，享受生活了。但为何还非常用功？还在夜以继日地不断探索，不断产出新成果，辛勤耕耘在学术前沿？有次和朋友们聊到学界和学人时，说到王子今、荣新江等人，我表达了这种看法，当时有人就问我，他们为什么还如此用功呢？这是什么原因？我突然冒出了一个词——"使命"，即他们不是为了名和利，而是有一种使命意识。

这一代学人将学术视为生命，甚至可以说就是为学术而生的。当他们把学问当成毕生奋斗的事业时，就会时时意气风发、孜孜以求，不再考虑是否退休，更不会为了金钱、名誉和地位，而是为了做这一代学人应该做的事。

时代在他们身上打下了深深的烙印。这一代学人的学术养成期是在20世纪70年代末80年代初，那是一个充满希望的时代，当时的青年学子都怀有远大的志向，将个人的追求与国家的需要紧密结合。在强烈的爱国主义感召下，他们不仅要将失去的时间夺回来，还要将个人的命运与国家的前途紧密结合在一起，要"团结起来，振兴中华"，就要"从自己做起，从小事做起，从现在做起"，力争为国家的发展贡献自己一份微薄之力。正如荣新江在追念邓广铭先生时说："北大往年的辉煌，并不能映照今日的校园；邓先生等一代鸿儒带走的不仅仅是他们个人的学问，而是北大在学林的许多'第一'……追念往哲，痛定思痛，微薄小子，岂可闲哉！"

二

"雅学堂丛书"的作者，都是很有成就的专家，他们的学术论著，我基本上都阅读过一些，有的读了还不止一遍。他们在从事高深学问研究的同时，还撰写了一些面向大众的学术短文、书序、书评和纪念文章等。数学家华罗庚在西南联大授课时，曾说过这样的话：高水平的教师总能把复杂的东西讲简单，把难的东西讲容易。反之，如果把简单的东西讲复杂了，把容易的东西讲难了，那就是低水平的表现。从"雅学堂丛书"的内容可知，这些文章没有太多的史料引文，语言通俗易懂，适合大众阅读。即这些作者是真正把所关注或研究的问题搞懂弄通了，并咀嚼消化为自己知识的一部分，从而才能化难为易化繁为简，用浅显易懂的语言将高深的理论和丰富的内容表达出来。

各位作者拟定的书名，本身就是学术史的一部分，也可感受到这些学者的意志、视野和思想。王学典先生的书名是本套丛书中最为宏大的——《当代中国学术走向观察》，因为王老师的学术兴趣是"追踪当代学术的演变，探索其间的起伏之迹，解释每次变动由以发生的原因或背景"。从1988年的《新时期十年的历史学评估》开始，几乎每隔十年，有时更短，他"都要总结归纳一番，回顾展望一番。起初是个人兴趣使然，后来则是几家报刊在特定时间节点的约稿"。方志远先生的书名是《坐井观天》。他说："这个集子之所以取名为《坐井观天》，是因为迄今为止，除了一年半载的短期外出求学及讲学，我的一生都是在江西度过的……从这个角度说，我的一生都是在江西这口'井'中。但是，虽说是'坐井'，却时时想着要'观天'。""我想，这些无目的、非功利的阅读，某种意义上奠定了我后来'观天'的基础。""这个集子收录的30篇文章，几乎都想'坐井观天'。"荣新江先生的是《三升斋三笔》，荣老师在读大学时，听到老师讲《汉书·食货志》，其中有"治田勤谨，则亩益三升；不勤，损亦如之"，认为用以比拟治学，也十分合适，便根据古代文人学士起斋名的习惯，将自己的斋号取名为"三升斋"。此前，他已将自己学术论文之外的学术短文、会议发言和书评等汇集为《三升斋随笔》（"凤凰枝文丛"，凤凰出版社，2020年）、《三升斋续笔》（"问学丛书"，浙江古籍出版社，2021年）。荣先生的这两本随笔集出版后，"颇受读者欢迎"，"今择取三四年来所写综述、感言、书评等杂文，以及若干讲演稿，辑为《三笔》"。收入本书的文章，"代表了我近年来对相关学科发展的看法，也有一些自己研究成果的表述和经验之谈，还有一些学术史或学林掌故的记录"。这样的学术随笔，既有可读性，又有学术性，肯定能受到读者的喜欢。

有些书名则是作者生活轨迹的反映，如孙继民先生的是《邯郸学步辑存》。"《庄子·秋水》的'邯郸学步'是知名度和使用率极高的成语典故，其中有云寿陵余子'学行于邯郸，未得国能而失其故行'。笔者生在邯郸长在邯郸，1955年出生，1963年上小学，1971年初中毕业，入职邯郸肥皂厂务工，因为比一般工友多读了几本书，曾有师傅戏称'孙教授'。"1977年恢复高考后才离开邯郸。他的人生起点是从邯郸开始的，而又有著名的成语"邯郸学步"，就将书名定为《邯郸学步辑存》。林文勋先生的书名是《东陆琐谈》，这是因为"云南大学最早名东陆大学，这些文章是我在云大读书求学的点滴记录，故名《东陆琐谈》"。笔者的书名是《从陇上到吴越》，这是因为笔者出生并长期生活在甘肃，1983年大学毕业后即留校工作。甘肃简称"陇"，由于受雄厚的陇文化熏陶，在甘肃（陇上）学习、工作期间，选择以敦煌学、隋唐史和西北史地为研究和教学的重点。在兰州学习、工作了23年后，于2002年调入南京师范大学，2013年又从南京师大调入浙江大学。江苏、浙江原为吴、越之地，文化底蕴非常深厚，从宋代以来，经济发展也一直走在前列。从西北到了东南，从陇上到了吴越，虽然自然环境和文化截然不同，但仍然坚守当年的选择，即教学、研究的重点还是敦煌学、隋唐史、丝绸之路与西北史地。

有的则是自己感情的真实流露，如王子今先生的书名是《天马来：早期丝路交通》，为什么是"天马来"？我去年11月向子今先生约稿时，他正在成都，其间恰好生病，"相继在成都经历了两次心血管手术"，回到北京休养期间整理的书稿，2022年12月9日交稿。去年恰是子今先生的本命年，所以他才写道："今晚交稿。希望'天马来'这一体现积极意义的象征，也可以给执笔的已届衰年的老人提供某种激励。"卜宪群先生为何将书名定为《悦己集》？他认为，自己"所撰写的文章，无论水平高低，都是内心世界的真实表达，集子取名'悦己'，就是认为几十年所从事的史学工作，是自己最热爱最喜欢的一项工作，是取悦于己的工作，没有后悔，至今依然"。

　　虽然这些作者成果丰硕，成就突出，但又非常谦虚，如李红岩先生解释自己的书名《史学的光与影》时说，"收在这里的文章，大部分是我年轻时撰写的。浮光掠影，波影光阴，不堪拂拭，但大体以史学为核心"，故定为《史学的光与影》。鲁西奇先生将书名定为《拾草》，更是让我们看到了一位学人的坦诚和谦虚："我出生在苏北农村。20世纪六七十年代，农村里缺少柴薪。冬天天冷，烧饭烤火都需要柴草。孩子们下午放学后，就会带着搂草的耙和筐，到田旁路边和荒地上去捡拾枯草或树叶，叫作'拾草'。虽然河岸渠道上也有一些灌木，但那是'公家'的，不可以砍。《诗·小雅·车舝》云：'陟彼高冈，析其柞薪。析其柞薪，其叶湑兮。'我既无高冈可陟，亦无柞木可析作薪，连枯叶都不多，更无以蔽山冈。只有一些散乱的杂草。那就收拾一下吧。烧了，也许可以给自己取一会儿暖。故题为《拾草》。"

地处西北的甘肃文化出版社，近年来在西夏学、丝绸之路、简牍和西北地方文献等方面的学术著作出版中成绩卓著，多次获得国家出版基金资助，取得了社会效益和经济效益的双丰收。在此基础上，他们又计划出版面向大众的高品位、高质量普及著作。郧军涛社长多次与我联系，希望组织一套著名学者的学术随笔，我被军涛社长的执着而感动，于是商量编辑一套"雅学堂丛书"，并从 2022 年 11 月 19 日开始陆续向各位先生约稿。虽然中间遇上新冠感染潮，我本人也因感染病毒而一个月未能工作，但各位专家还是非常认真并及时地编妥了书稿。

在此，我非常感谢方志远、王子今、孙继民、王学典、荣新江、卜宪群、李红岩、鲁西奇、林文勋等诸位先生的信任，同意将他们的大作纳入"雅学堂丛书"；感谢甘肃文化出版社郧军涛社长的信任与支持，感谢甘肃文化出版社副社长周乾隆和编辑部主任鲁小娜领导的编辑团队认真、负责、高效的工作。希望读者朋友能够喜欢这套书。

刘进宝

2023 年 5 月 11 日

序

　　甘肃文化出版社有"雅学堂丛书"编辑设想，承蒙刘进宝教授美意，将拙著《三升斋三笔》纳入其中，不胜感激。此前笔者曾编选历年所撰杂文为《三升斋随笔》(凤凰枝文丛，凤凰出版社，2020年6月)和《三升斋续笔》(问学丛书，浙江古籍出版社，2021年7月)，颇受读者欢迎。今择取三四年来所写综述、感言、书评等杂文，以及若干讲演稿，辑为《三笔》，略依内容，分作五组。

　　一曰"丝路心语"。我近年来主要的关注点是丝绸之路研究，这里收录了有关敦煌文书所记丝绸之路、丝路考古探险与丝路研究、胡语与丝绸之路等问题的论说，还有回顾北京大学与海上丝绸之路研究的长篇综述，以及我对丝路研究、对中外关系史学科建设的意义的看法。

　　二曰"不仅敦煌"。敦煌学无疑是我多年来耕耘的领域，所以这里首先收录了我有关敦煌学学术规范的建立、新时代敦煌学研究的问题和方法，以及有关敦煌写本学的对谈和访谈记录。但我同时希望学界不仅仅关注敦煌，所以在我参与主编的《旅顺博物馆藏新疆出土汉文文献》和《吐鲁番出土文献散录》出版之际，阐述吐鲁番及新疆出土汉文文献整理出版的意义，以及整理过程积累的经验之谈。最后，也为北庭学的发展摇旗呐喊。

三曰"绝学不绝"。近年来学界把敦煌学、甲骨学、西域学等方面的研究称作"冷门绝学"，我希望用饶宗颐先生关于敦煌学的研究、段晴教授及其团队关于西域胡语文献的研究、赵莉女史对海外克孜尔石窟壁画的调查复原，以及东友高田时雄先生的学术成就作为例证，强调"冷门不冷，绝学未绝"。

四曰"古籍命脉"。因为我所在的工作单位——北京大学中国古代史研究中心是高校古籍整理委员会下属的单位，我本人也一直是全国古籍整理出版规划领导小组成员，在主要从事出土文献整理的同时，也一直关心古籍数字化、传世重点古籍如《资治通鉴》、"二十四史"等的整理工作，因此把相关论说和发言集中在这里，阐述我对古籍整理的看法和建议。

五曰"集体个体"。集体是我在所在单位成立四十周年之际，对初创时期的北大中古史中心的一些回忆；也同样是在中国唐史学会成立四十周年之际，谈谈我对唐史学会和敦煌吐鲁番学会两个学术团体之间关系的认识。最后则是应傅杰教授的讲座安排，就自己早年买书、访书、读书的回忆，是不乏"少年狂"的个人体验。

五组文章，代表了我近年来对相关学科发展的看法，也有一些自己研究成果的表述和经验之谈，还有一些学术史或学林掌故的记录，希望读者喜欢。

最后，感谢甘肃文化出版社，让这本小书以十分精美的样貌呈现在读者面前。

荣新江

2023 年 3 月 12 日于三升斋

目　录

丝路心语

敦煌文书所记丝绸之路的新篇章 ……………………………003

丝路考古探险与丝路研究 ……………………………………021

北京大学与海上丝绸之路研究 ………………………………037

丝绸之路研究热与中外关系史学科建设 ……………………080

胡语文书与丝绸之路 …………………………………………091

不仅敦煌

迎接敦煌学的新时代，让敦煌学规范健康地发展 …………097

谈谈敦煌学研究的新问题与新方法 …………………………106

什么是写本学

　　——在西华师范大学文学院的对谈录 …………………114

"不仅仅是敦煌" ………………………………………………135

《旅顺博物馆藏新疆出土汉文文献》的整理与出版 ………141

《吐鲁番出土文献散录》编纂感言 …………………………148

关于推进北庭学发展的几点浅见 ·················· *164*

绝学不绝

饶宗颐《选堂集林·敦煌学》读后 ·················· *171*

冷门不冷，绝学未绝

　　——段晴教授和她的团队对西域胡语文献研究的贡献 ········ *176*

谈谈《克孜尔石窟壁画复原研究》的学术意义 ·············· *203*

"Young Tong"时代的高田君 ·················· *210*

古籍命脉

数字化关系国家命脉 ·················· *229*

关于标点本《资治通鉴》的修订 ·················· *233*

中华书局与现代学术文化

　　——读徐俊《翠微却顾集》 ·················· *237*

展望古籍整理研究的明天 ·················· *250*

集体个体

北大中古史中心琐忆 ·················· *259*

在中国唐史学会成立四十周年纪念会上的发言 ·············· *266*

一本本书翻下去 ·················· *269*

丝路心语

敦煌文书所记丝绸之路的新篇章

1900年敦煌莫高窟藏经洞发现的典籍和文书，年代从公元5世纪初到11世纪初，为20世纪中国新史学的进步提供了丰富的第一手材料。由于敦煌文书是陆续发表出来的，因此学界对敦煌文书的利用也是渐进式的。如今，几乎所有藏经洞文献已经用各种形式出版，我们可以从整体上把握敦煌文书的内涵，从而比较全面地利用这些材料，把它们镶嵌到新史学陆续编织的中国历史图景当中。因为敦煌地处丝绸之路的"咽喉"之地，所以其中有关丝路的记录十分丰富，不仅有汉语文书，还有丝路沿线各民族所使用的语言文字材料，这些都为我们今天研究丝路上的东西交通与文化交往、沿线民族的生活和信仰等问题，提供传世文献所没有的新材料。本文就是基于前人和本人研究成果，从几个方面论述敦煌文书对于丝绸之路研究的突出贡献。

一、佛教东渐与汉籍西传

汉唐之间是佛教从印度传入中国的重要时期，我们从《高僧传》《续高僧传》以及从新疆经河西到中原北方留存下来的一串石窟寺，都可以得到清楚的认识。敦煌作为佛教东传的一站，我们从敦煌藏经洞中没有见到早期的梵文胡本，却看到另外一种画面，即十六国到北朝时期，这里是中原佛教典籍的流传区域，这些典籍进而传入西域的高昌地区。

从公元前2年大月氏使伊存口授《浮屠经》开始，佛教从西北印度渐次流入中国。属于东汉初年的一支悬泉汉简，记录了敦煌当时已经有佛教僧人居住的"小浮屠里"[①]，表明敦煌成为佛教东传的一站。到了西晋时期，有世居敦煌的月氏人竺法护，曾往西域诸国学习佛法，收集佛经，回来后与弟子加以翻译，人称"敦煌菩萨"，以后又到长安、洛阳等地译经，有《正法华经》《光赞般若经》《诸佛要集经》等译本。此后十六国到南北朝时期，印度、西域的传法师不断经过敦煌等河西城镇，进入中原译经传法。照常理说，敦煌应当留存有不少这些传法师携来的胡本梵书，但目前我们从敦煌保存的文献中没有看到任何早期的胡语文献，虽然原因可能有多种，但事实是大量的汉文佛典，从十六国时期以来，流传不绝。现举若干有代表性的写本（真伪存疑者不录），并提示其翻译的时间地点于后：

甘肃省博物馆藏001号《法句经》，有孙吴时印度僧维祇难与竺将炎译本，此卷有前凉升平十二年（368年）、咸安三年（373年）沙弥净明两次诵习题记，推测抄写于前凉都城姑臧（凉州）而流入敦煌。上海博物馆藏《维摩诘经》卷

① 郝树声、张德芳《悬泉汉简研究》，兰州：甘肃文化出版社，2009年，第186页。

上，为孙吴支谦译本，有后凉麟嘉五年（393年）王相高题记，当是后凉人用南方译本抄写流传于敦煌。英藏S.797《十诵比丘戒本》，有西凉建初二年（406年）比丘德祐于敦煌城南抄写题记。法藏P.4506《金光明经》卷二，北凉昙无谶译本，为绢本写经，后有北魏皇兴五年（471年）定州中山郡人张埥主写经题记。张氏为凉州人，以绢素抄写《法华》一部、《金光明》一部、《维摩》一部、《无量寿》一部，希望流通本乡。可见在河北定州抄写的一组高级黄绢写本，送回凉州家乡，其中一种辗转流传到敦煌。S.996《杂阿毗昙心经》卷六，东晋初罽宾三藏僧伽提婆译本，有北魏太和三年（479年）昌黎王、洛州刺史冯晋国（熙）于洛州写经题记，称"撰写十《一切经》，一经一千四百六十四卷"，总共当有14640卷，此当为其中之一，流传到敦煌。S.2106《维摩义记》，为鸠摩罗什译《维摩诘所说经》的注释，作者不详，有北魏景明元年（500年）比丘昙兴于定州丰乐寺写经题记，说明是抄写于河北定州而传到敦煌者①。

以上所举，是4—5世纪敦煌保存的一些有纪年的佛典写本，有早期的小乘经典，更多的是中原流行的大乘佛经，还有戒律和论疏，这些写本大多不是敦煌本地所写，而是从凉州、洛州、定州等地传来。其他没有题记或纪年的写本，数量也颇为可观，内容大体不出这个范围，从书法判断，其来历应当也有中原其他地方的写经。对比塔里木盆地库车、和

---

① 参看饶宗颐《选堂集林·敦煌学》，香港：中华书局，2015年，第13—17、38—42、84页。

田等地出土的梵文或胡语佛典，可以明显看出敦煌从汉武帝时进入中原王朝之后，即成为中原文化的桥头堡，当地流传的佛典都是从中原传抄过去的，随着当地文化的进步，当地的写本越来越多，但其所据的祖本仍然来自中原。其他非佛教的典籍，情形也应当相同。因此可以说，汉魏以来敦煌就是丝绸之路上中原文化的流播之地，与佛法的东传方向相反，敦煌的佛教是由东到西从中原传播而来的，并生根发芽，茁壮成长。这一点，其实和佛教艺术的传播相同，敦煌莫高窟从366年乐僔开凿石窟之始，就受到东方的影响。从北凉"凉州模式"的西渐，到北魏云冈石窟造像手法的影响，敦煌一直沐浴着中原佛教文化的阳光。

敦煌保存的中国传统文化和中原系统的佛教典籍，进而影响到吐鲁番盆地的高昌地区。高昌自327年建立高昌郡，先后附属于前凉、前秦、后凉、北凉段业、西凉、北凉，因此同样接受着经河西走廊而传入的中原文化的影响，其中部分即来自敦煌。在439年北魏灭北凉后，北凉王族沮渠无讳、安周兄弟率众从敦煌经鄯善奔高昌，在吐鲁番建立了大凉政权。他们带去了河西的高僧、文人、工匠。高昌故城出土的《且渠安周造祠功德碑》，出自中原大族夏侯粲的手笔。作者精通内外典籍，文词高古，典雅娴熟。其中说到沮渠安周所立之祠的主尊像是弥勒，正好印证了宿白教授所说的"凉州模式"的西渐，而造作这些佛像的人，有些就是从敦煌迁徙或流亡过去的①。吐鲁番盆地虽然也发现过一些梵文写本，但年代较晚，其早期佛典和敦煌一样，都是汉文写本，表明中原文化在丝绸之路上的传播力度。汉文佛典的传播应当已经到达鸠摩罗什的老家——龟兹，但和田没有发现早期汉文佛典。

二、粟特商人的东渐

粟特人是生活在中亚阿姆河和锡尔河之间的民族，分属不同的绿洲王国，中国典籍称之为"昭武九姓"。从中国传统的汉文史籍中，人们早就知道昭武九姓胡人在中国的存在。但只有发现了敦煌文书，我们才对中古时期粟特商人入华经贸的情形，以及他们如何融入中国社会有了系统和全面的认识。

敦煌西北长城烽燧下，曾出土了一个邮袋所装的8封用中亚粟特文书写的古信札（Ancient Letters），年代在312年前后，是入华粟特商人从河西寄往西域的书信。其中第2号信札是一位以凉州姑臧为大本营的粟特商队首领写给家乡撒马尔罕（Samarkand）出资赞助商队的资本人的信函，其中报告这位商队首领派往邺城（今安阳）、洛阳、金城（今兰州）、酒泉、敦煌等地的各路商人经商的情形，以及他们在各地遇到的战乱等问题，表明这些粟特商人以西方的贵金

---

① 荣新江《〈且渠安周碑〉与高昌大凉政权》，《燕京学报》新5期，北京：北京大学出版社，1998年，第65—92页。

属、香料、药材等货物来换取中国的丝绸，同时也经营其他一些商品①。由此我们可以了解到粟特商队以某个丝路重镇为基地，分遣小组商队前往其他城市经营的情形。结合其他史料，特别是敦煌写本《沙州图经》和《沙州伊州地志》所记蒲昌海（今罗布泊）地区以康艳典为首的粟特聚落和伊州（今哈密）地区以石万年为首的粟特聚落，可以勾画出粟特商队首领在家乡获得有钱人的资助后，组成一定规模的商队外出经商，在丝绸之路沿线一些重要城镇如高昌、伊州、敦煌、酒泉、凉州、长安、洛阳、邺城等地，建立自己的聚落，这一方面是粟特商人聚居之地，一方面也是商队货物集散地。吐鲁番出土的《高昌内藏奏得称价钱帐》②和一些买卖契约，证明高昌市场上交易的双方往往都是粟特商人，说明他们用倒运的方式，把西域的贵金属、香料、药材、稀有植物、狩猎动物，乃至奴婢人口，从西方转运到中国，分散进入中国市场。而他们通过建立聚落的方式，逐渐在丝绸之路沿线构筑了一个贸易网络，从而掌控了丝路贸易的主动权，垄断了丝路贸易。我们从公元3世纪到10世纪的丝路上很少见到印度、波斯商人的身影，原因正在于此。

从粟特文古信札的记录来看，这些粟特聚落具有很强的

① N. Sims-Williams, "The Sogdian Ancient Letter II", *Philologica et Linguistica: Historia, Pluralitas, Universitas. Festschrift für Helmut Humbach zum 80. Geburtstag am 4. Dezember 2001*, ed. M. G. Schmidt and W. Bisang, Trier, 2001, pp. 267-280.

② 唐长孺主编《吐鲁番出土文书》壹，北京：文物出版社，1992年，第450—453页。

自治性，聚落当中一般都建有祆祠。粟特各国原本都是政教合一的国家，《魏书·西域传》记康国云："有胡律，置于祆祠，将决罚，则取而断之。重者族，次罪者死，贼盗截其足。"这表明祆祠也有处理行政事务的功能。1号和3号粟特文古信札记载了一件事：一个随丈夫来到敦煌的妇女，因为丈夫出外经商，多年不回，她们母女无法生存，于是向祆祠的祠主求助，祆主就安排她们母女随其他商队回国①。可见粟特商队和聚落有着一整套的运作系统，聚落和祆祠的首领们可以处理各种事务，以保证贸易的运行和日常生活的维持。

对于粟特人在丝路沿线所建的聚落，我们也是从敦煌文书中获得了最为丰富的资料，让我们能够观察到一个聚落内部的各个方面，这在敦煌之外是完全无法做到的。"聚落"这一名称，就来自敦煌文书《沙州伊州地志》："石城镇，本汉楼兰国。隋置鄯善镇，隋乱，其城遂废。贞观中（627—649年），康国大首领康艳典东来，居此城，胡人随之，因成聚落。"康国在中亚的撒马尔罕，这批粟特人还占据了鄯善西面的新城、东面的屯城，大概人数众多，还新建了蒲桃城和萨毗城。同书伊州条记："隋大业六年（610年）于城东买地置伊吾郡。隋末，复没于胡。贞观四年（630年），首领石万年率七城来降。"石万年应当是出身中亚石国（今塔什干）的粟特胡人，他能率七城来降，说明他的粟特聚落势力也不小。这里的聚落"首领"，来源于商队首领，是粟特文s'rtp'w的意译，北周音译作"萨保"，北齐作"萨甫"，唐朝作"萨宝"，意译是"商队首领"，后演变成聚落首领。从北朝末到唐朝初年，中央和地方政府逐渐把粟特聚落转变为折冲府或乡里，聚落首领成为乡团领袖或地方官员，萨保也被纳入官僚系统当中，成为一个视流外的官员[①]。

敦煌文书《唐天宝十载（751年）敦煌县差科簿》记录了盛唐时敦煌十三乡之一从化乡的居民，大多数是粟特式的胡名，由此可以判断出该乡从粟特聚落转变而来，且不断有新的粟特居民加入其中。从各种相关的敦煌文书加以分析，得知该乡居民大多不从事农业生产，而是经商；他们担任的政府"色役"，也是"市壁师"一类管理市场的人员；该乡所在的位置敦煌城东一里，据《沙州图经》记载，正是粟特胡人供奉的祆教祠庙——祆舍所在，是粟特民众精神信仰的中心。8世纪中叶开始，由于粟特地区的动荡、唐朝的内乱、吐蕃对河西的占领，从化乡居民渐渐减少，从化乡不复存在[②]。

但粟特居民仍然在敦煌某些地方聚族而居，这些逐渐汉化的粟特人在此后敦煌的历史进程中发挥着重要的作用。在吐蕃占领敦煌时期（786—848年），许多原本信仰祆教的粟特人改宗吐蕃王朝大力弘扬的佛教。在敦煌藏经洞发现一批

[①] 荣新江《萨保与萨薄：北朝隋唐胡人聚落首领问题的争论与辨析》，叶奕良编《伊朗学在中国论文集》第3集，北京：北京大学出版社，2003年，第128—143页。

[②] 池田温《8世纪中叶における敦煌のソグド人聚落》，《ユーラシア文化研究》第1号，1965年，第49—92页。

粟特语佛教文献，这些佛典基本上都是译自汉语佛典，有汉地流行的《金刚般若经》《维摩诘经》《观佛三昧海经》《药师经》《长爪梵志请问经》及《不空羂索神咒心经》《观世音菩萨秘密藏如意轮陀罗尼神咒经》《观自在菩萨如意轮念诵仪轨》等，也有汉地僧人编纂的伪经《善恶因果经》《佛为心王菩萨说头陀经》《法王经》等，可见敦煌的粟特人是在汉地皈依佛法，而从汉传佛教中汲取佛教思想①。吐蕃大力奉佛，敦煌的粟特人以经商所得的雄厚财力，成为佛教的强有力供养者。敦煌文书 P.2912 有某年（821 年）四月八日佛诞日粟特人康秀华施入疏："写《大般若经》一部，施银盘子叁枚共卅五两、麦壹佰硕、粟伍拾硕、粉肆斤。右施上件物写经，谨请炫和尚收掌货卖，充写经直，纸墨笔自供足，谨疏。"疏文的后面，是炫和尚货卖胡粉的详细账目。玄奘译本《大般若波罗蜜多经》一部共六百卷，非有财力，不能竟功。康秀华施舍银盘、麦粟和胡粉，交给炫和尚出售，所得收入，充作写经的支出费用。康秀华在敦煌莫高窟第 44 窟有供养人题名，是担任过"□□使"的粟特豪强。类似的粟特人物还有一次施入报恩寺"五十三石五斗麦"的安勿赊、担任敦煌佛教都统的康智诠、担任灵图寺上座的康志定、担任僧尼部落使的米净辩、担任敦煌部落使的康再荣等②，由此可见吐蕃统治时期粟特人在敦煌的强大势力，以及他们对

---

① 吉田豊《ソグド語仏典解説》，《内陸アジア言語の研究》7，1992 年，第 95—119 页。

② 郑炳林《唐五代敦煌的粟特人与佛教》，《敦煌研究》1997 年第 2 期，第 151—168 页。

敦煌佛教的供养和支持。

848年，沙州土豪张议潮乘吐蕃内乱，联合粟特人安景旻、部落使阎英达率众起义，赶走吐蕃守将，收复敦煌与瓜州，遣使上报唐朝。851年，唐朝在敦煌设立归义军，以张议潮为节度使，兼沙、瓜、甘、肃、伊、西、鄯、河、兰、岷、廓十一州观察使。在归义军时期（851—1035年），粟特人仍然活跃在政教两界，如张议潮时期的甘州删丹镇遏充凉州西界游奕采访营田都知兵马使康通信、张氏统治晚期的节度左都押衙安怀恩、继吐蕃三藏法师法成在归义军初期讲经传法的管内都僧政曹法镜，都是其中的代表人物①。甚至914年接替张承奉任归义军节度使的曹议金，很可能就是一个粟特人的后裔，他东娶甘州回鹘可汗之女，西嫁女儿给于阗国王李圣天，其子孙也多与少数民族通婚，由此改善了与周边民族政权的关系，开通河西老道，让丝绸之路再次畅通②。

中国古代史官不太注意记载商人和入华胡人的事迹，如果没有敦煌文书，我们几乎完全不知道入华粟特人描绘的如此丰富多彩的历史画面。

三、三夷教入华

中古时期，起源于西亚的琐罗亚斯德教（中国称祆教）、

① 荣新江《归义军史研究——唐宋时代敦煌历史考索》，上海：上海古籍出版社，1996年，第151、154、271—272页。

② 荣新江《敦煌归义军曹氏统治者为粟特后裔说》，《历史研究》2001年第1期，第65—72页。

叙利亚东方教派（中国称景教）、摩尼教陆续传入中国，给中国的信仰和社会都带来很大影响。这三种外来的"夷教"在传世典籍中也有一些记载，但比较简略，多是佛教徒的反面记录。而敦煌文书留给我们这些宗教信仰者自己书写的文献和一些不经意而留下来的记录，让三夷教流传史极大地丰富起来。

祆教产生于公元前6世纪的波斯，在阿契美尼德王朝时期被立为国教。随着帝国扩张到巴克特里亚和犍陀罗地区，该教也传入西北印度，而且更远到达天山地区的塞人（斯基泰人）部落。这应当是祆教传播的第一浪潮，但似乎没有进入玉门关。

祆教的再次传入中国，应当是伴随着粟特商人的东来贸易而来。粟特地区的正统宗教是波斯的祆教。在敦煌发现的粟特文1号古信札中，曾提到βγnpt一词，就是当年敦煌祆祠中的一位神职人员①，可译作"祠主"。其他信札中的一些人名中，往往包含着祆教神祇的名称，如2号信札的发信人Nanai-Vandak，意为"（祆教）娜娜女神之仆"②，表明这批粟特商人是祆教信仰者。前面提到的唐初康国大首领康艳典率众东来，占据鄯善城，据《沙州图经》卷五，鄯善城内就有胡人所立"一所祆舍"。伊州是粟特首领石万年的势力范围，据《沙州伊州地志》，在伊州伊吾县，胡人立有火祆庙，其中有"素书（画）形像无数"，供奉着各种祆神，祠主名

---

① W. B. Henning, "The Date of the Sogdian Ancient Letters", *BSOAS*, XII, 1948, pp. 602-605.

② W. B. Henning, "A Sogdian God", *BSOAS*, XXVIII.2, 1965, pp. 252-253.

翟槃陀。在敦煌本地，据《沙州图经》卷三，城东一里立一所祆祠，其"祆神"与中国传统的风神、雨师等一起，被列为敦煌县的"四所杂神"，按时祭祀。《图经》还详细记录了这所祆祠的内部情况："立舍，画祆主，总有廿龛。其院周回一百步。"这是极其难得的有关祆祠的记录。在安史之乱后敦煌从化乡的粟特聚落解体后，到了吐蕃统治时期，许多粟特人皈依佛教，但祆神祭祀作为地方上的一种民俗化的信仰，"赛祆"活动一直持续到归义军时期。

明末西安城郊发现的《大秦景教流行中国碑》（《景教碑》），记录了635年波斯僧阿罗本携景教经像来到唐都长安，三年后被允许立寺传教。经过一百多年的发展，这个基督教东方叙利亚教派在唐朝境内得以发展壮大，特别是景教僧人伊斯在安史之乱期间给予唐朔方军以有力的物质支持，因此战后景教得到更大的扶持。781年，伊斯在长安义宁坊大秦寺中，树立了记载景教传播史和他本人功业的《景教碑》。但此后直到845年武宗灭法，有关景教的记录很少，而敦煌文献对此填补了某些空白。

由大秦寺僧景净撰文的《景教碑》，主要记录了景教在唐朝的发展历程。敦煌写本《尊经》（P.3847），则罗列了从阿罗本到景净时代翻译成汉语的景教经典名录，计有35部，其中的《宣元至本经》《志玄安乐经》《三威赞经》（《三威蒙度赞》）三种有敦煌抄本，对今人了解景教教义、追溯原文，都有重要的价值。其他没有原本流传，但有些经名可以找到旁证，如《四门经》，《新唐书·艺文志》著录有李弥乾自西天竺传来《都利聿斯经》五卷、翰林待诏陈辅重编为

《聿斯四门经》一卷。今人考证"都利聿斯"是中古波斯语PTLMYWS（托勒密）的音译，《四门经》应当就是托勒密的天文占卜著作 *Tetrabiblos*[①]。可见景教僧人和晚明的利玛窦等耶稣会士一样，也是利用西方的天文学来帮助他们传播宗教，而今天看来，则是珍贵的西方科学入华史的组成部分。吐蕃王朝也不反对景教，敦煌的藏文文书中有景教的十字架图像和景教内容的占卜书[②]。到归义军时期，虽然佛教在敦煌的信仰空间占据绝对的统治地位，但景教也没有绝迹，《三威蒙度赞》《尊经》等写本完整保存在藏经洞，说明它们到归义军晚期仍然拥有自己的读者。

公元3世纪波斯人摩尼（Mani）创立的摩尼教，利用琐罗亚斯德教的二元论，创造"二宗三际"学说，但对现实社会采取否定态度，因此大多数统治者都把摩尼教视作异端。摩尼教在萨珊波斯被禁之后，摩尼的弟子向外传教，3世纪末在呼罗珊和花拉子模建立了东方教会中心；从4世纪到7世纪，摩尼教进而发展到粟特地区和吐火罗斯坦。然而，波斯和中亚都没有保存下来任何摩尼教的经典，反而在敦煌的佛教石窟寺中留存着三种颇有一定篇幅的摩尼教经典。

《佛祖统纪》卷四〇记："延载元年（694年），波斯国人拂多诞持《二宗经》伪教来朝。"佛教徒把摩尼教视作"伪

---

① 荣新江《一个入仕唐朝的波斯景教家族》，《伊朗学在中国论文集》第2集，北京：北京大学出版社，1998年，第82—90页。

② G. Uray, "Tibet's Connections with Nestorianism and Manicheism in the 8th-10th Centuries", *Contributions on Tibetan Language, History and Culture*, Wien, 1983, pp. 399-429.

教"，却准确地记录了波斯的摩尼教法师在武周时期将该教传入中国的信息。武则天不仅接受了这个异端宗教，还允许立寺译经。敦煌保存的三种汉文摩尼教经典各自有重要的价值。一是所谓"摩尼教残经"，首尾俱残，但保留了345行文字，是摩尼教早期经典的汉译本，对于摩尼教教义的研究至关重要。二是《摩尼光佛教法仪略》一卷，标题下题"开元十九年六月八日大德拂多诞奉诏集贤院译"。其实不是译本，而是对摩尼教历史、教义、仪轨、戒律等各方面的一个概说。很可能是唐玄宗感觉到摩尼教对现实社会的威胁，所以在731年让摩尼教法师编了这样一个文本，翌年玄宗就下诏禁摩尼教，但西胡不在此限。今天这件《摩尼光佛教法仪略》几乎成为我们认识摩尼教的最基本文献。三是《下部赞》，是长达四百多行的一部摩尼教赞美诗集，用极其娴熟的汉语，翻译了相当一批摩尼教诗歌，是了解摩尼教寺院宗教生活和思想的重要资料。

敦煌写本保存的三夷教材料远远不能和佛教文献相比，但价值连城，没有这些文书，也就没有今日对三夷教入华情形的认识深度。

四、9—10世纪的丝绸之路与吐蕃、归义军的贡献

迄今为止有一种观点认为，唐朝安史之乱以后，吐蕃占领河西和西域，阻断了中西往来的交通路线，所以从790年沙门悟空从西域绕道漠北回鹘汗国返回长安以后，直到北宋

初年，中西之间的交往一直中断。其实，这是立足于中原传统史料的偏见，我们从丰富的敦煌汉、藏文文书中，可以了解到9—10世纪的丝绸之路从未断绝，而且有着极其多彩的内容。

以青藏高原为根基的吐蕃王国乘唐朝内乱，先是攻占陇右之地，然后从东到西沿河西走廊攻略，最后在786年迫使沙州的唐朝军民"寻盟而降"，条件是"勿徙他境"。吐蕃把敦煌当作一座佛教圣城，极力维护发展佛教势力，从长安西明寺的高僧昙旷到吐蕃三藏法师法成，都在这里译经讲法；汉地禅宗也以此为基地，传入吐蕃本土，随之而去的还有大量汉文典籍。吐蕃在其北方边境建立了玛曲、青海、雅摩塘（河州）、凉州、瓜州、萨毗、小勃律等一系列军镇，也有着完善的交通体制，"飞鸟使"在赞普驻地和各军镇之间穿行，交通极为发达，没有任何障碍。这一交通体系也为佛教的传播、文化的交流提供了条件。据敦煌藏文文书 P.t.996 所记吐蕃禅宗僧人南喀宁波（Nam mkha'I snying po）的师门传承谱系，就可以勾勒出一条从印度到安西（龟兹），再到沙州、肃州、甘州等地的传法路线①，表明当时传统的丝绸之路并未断绝。

唐朝前期开通的唐蕃古道，在此时则更加通畅，即822年立于拉萨的《唐蕃会盟碑》所说："彼此驿骑一往一来，

---

① 才让《P.T.996号〈堪布善知识南喀宁布善知识传承略说〉》，同作者《菩提遗珠：敦煌藏文佛教文献的整理与解读》，上海：上海古籍出版社，2016年，第457—501页。

悉遵曩昔旧路。"沿着这条丝路，汉地的许多典籍传入吐蕃，敦煌保存的藏文写本中，就有《尚书》《春秋后语》《杂抄》《千字文》，以及大量的佛典和禅籍，包括禅宗灯史如《楞伽师资记》《历代法宝记》等，表明当时这条汉藏之间丝路的畅通。

851年以敦煌为根据地建立的归义军政权，在节度使张议潮的率领下，经过十年奋斗，861年终于打通河西老道，占领凉州。此后敦煌与中原王朝往来不绝，与吐鲁番的西州回鹘和塔里木南沿的于阗王国也建立了联系。914年开始的曹氏归义军政权，与东西回鹘政权、于阗王国更是交往频繁，推动了沿丝绸之路的中转贸易，如于阗的玉石不断被运往中原，西州回鹘境内的硇砂也经敦煌转输内地。敦煌文书《权知归义军兵马留后守沙州长史曹仁贵献物状》，就记有916年敦煌进贡中原王朝的"玉一团，重一斤一两；羚羊角伍对；硇砂五斤"；949年《新授归义军节度观察留后曹元忠状》，则提到敦煌向中原王朝进献了"硇砂壹拾斤"。在各种各样的敦煌文书中有相当多的这类记载。

曹氏归义军节度使作为敦煌佛教的供养人，也为西天取经的僧人提供了大力帮助。我们在敦煌文书中可以见到如下一些前往印度求法的僧人：924年鄜州（今陕西省富县）开元寺观音院主智严，同年的定州（今河北省定州市）开元寺僧人归文，931—935年间的洛京左街福先寺赐紫沙门彦熙，944年的沙州释门僧正善光，958年的西川善兴大寺西院法主大师法宗，后晋时出发而于965年返回的左街内殿讲经谈论兴教法幢大师赐紫沙门道圆。宋太祖为复兴佛法，于966年组织了一次官府派遣的西行求法运动，有157位僧人应征从都城开封出发，前往西天取经。从敦煌写本也可以找到这些西天求法僧的记录：968年路过敦煌的开宝寺沙门继从，964—974年的法坚，971年的永进，989年的智坚，995年的道猷等①。敦煌写本中还有一本《西天路竟》（S.383），首尾完整，存21行，记从北宋东京（开封）至南天竺的简要行程，应当就是某位求法僧留下的行记②。这些求法僧大多数都不在中原传统文献的记录内，但敦煌文书中偶尔留下了他们的踪迹，以此类推，没有记录的东往西去的人应当更多。

在敦煌文书中还保留了一批于阗语文献，因为10世纪敦煌与于阗两个政权首脑之间一直保持着婚姻关系，所以有不少于阗的使臣、僧侣、王族长期逗留敦煌，也留下了许多于阗语文书，其中也有珍贵的丝绸之路记录。如钢和泰旧藏的一件于阗语写本，就保留了925年前后于阗使臣从于阗经沙州到朔方一路经行的地名，以及从沙州到天山南北路的城镇名，是10世纪珍贵的丝路地理信息③。还有一件于阗语文书，记录了于阗国往迦湿弥罗国的行纪，也是十分珍贵的原始丝路行纪④。相当一批于阗语的使臣报告，也为我们认识10世

---

① 以上参看荣新江《敦煌文献所见晚唐五代宋初中印文化交往》，《季羡林教授八十华诞纪念论文集》，南昌：江西人民出版社，1991年，第955—968页。

② 黄盛璋《敦煌写本〈西天路竟〉历史地理研究》，同作者《中外交通与交流史研究》，合肥：安徽教育出版社，2002年，第88—110页。

③ 黄盛璋《于阗文〈使河西记〉的历史地理研究》，《敦煌学辑刊》1986年第2期，第1—18页；1987年第1期，第1—13页。

④ 黄盛璋《敦煌写卷于阗文〈克什米尔行程〉历史地理研究》，《新疆文物》1994年第4期，第27—48页。

纪丝绸之路上的各种情况提供了详细的第一手资料。

敦煌藏经洞大概封闭于1006年前后，因此有关9—10世纪的文书保存较多，为我们了解这一时段的丝绸之路提供了珍贵的记录。同时应知道，许多敦煌文书都是残缺不全的，也不是刻意记录丝绸之路的，因此当时的丝绸之路往来情况一定比我们想象的还要丰富多彩。

以上从四个方面概要阐述了敦煌文书为丝绸之路的历史增添了丰富的内涵，真切地展现了中原汉地文化的西传，佛教、祆教、景教、摩尼教的东渐，粟特商人的东来贩易与他们构建的贸易网络，9—10世纪丝路交通与吐蕃和归义军政权的贡献等。今后，随着汉文文书的深入研究和胡语文献的解读，有关丝绸之路的面貌会更加丰富多彩。

（2021年4月13日完稿，原载《中国社会科学》2021年第8期，第118—127页。）

丝路考古探险与丝路研究

　　1877年，德国地理学家李希霍芬（F. von Richthofen）提出，把汉代中国和中亚南部、西部以及印度之间的以丝绸贸易为主的交通路线称作"丝绸之路"（Seidenstrasse，Silk Road），那时他主要还是根据汉文、希腊、拉丁文文献材料加以说明，而没有多少实物印证。而且，他对"丝绸之路"这一称呼的说法还不是非常统一[1]，甚至可以说这样的定名有一些"偶然性"[2]。此后，学界对于"丝绸之路"的使用也不规范，更谈不上有什么专题研究。到了19世纪末、20世纪初，以塔里木盆地为中心的西域考古探险时代的到来，才使得"丝绸之路"得到了实物印证，也推动了"丝绸之路"的研究。

一、西域探险对丝绸之路的认识

　　1890年，一个偶然的机会，西方人在新疆库车发现了所

---

[1] 丹尼尔·沃《李希霍芬的"丝绸之路"：通往一个概念的考古学》，蒋小莉译，朱玉麒主编《西域文史》第7辑，北京：科学出版社，2012年，第295—310页。

[2] 唐晓峰《李希霍芬的"丝绸之路"》，《读书》2018年第3期，第64—72页。

谓"鲍威尔写本"（Bower Manuscripts），从此揭开了以塔里木盆地周边遗址为中心的西域考古探险时代的序幕。俄国、英国驻喀什、乌鲁木齐等地的外交官随即开始搜购新疆出土的文书和文物，形成所谓"彼得罗夫斯基（N. F. Petrovsky）收集品""马继业（George Macartney）收集品""克罗特科夫（N. N. Krotkov）收集品""霍恩雷（A. F. R. Hoernle）收集品"等。1896年，瑞典人斯文·赫定（Sven Hedin）发现"塔克拉玛干古城"（丹丹乌里克遗址）、喀拉墩遗址；1900年又发现楼兰王国都城（LA）。由此引发各个西方列强纷纷派出考察队，以发掘、收集古代文物和文书为目的，使得在20世纪初叶的大约15年间，西域考古探险活动达到了顶峰。其中可以举出的重要考察队如下：

1898年，俄国克莱门兹（D. A. Klementz）考察队走访丝路北道吐鲁番盆地的高昌故城，发掘了阿斯塔那墓地，还测绘柏孜克里克千佛洞，获得一些刻本佛教文献[1]。

1900—1901年，为大英帝国效力的匈牙利人斯坦因（Aurel Stein）第一次中亚考察的主要目标是丝路南道的和田，他大规模发掘了和田地区的丹丹乌里克、安得悦、喀拉墩、阿克斯比尔、热瓦克和尼雅等古代于阗和鄯善王国的城镇聚落遗址、佛教寺庙、烽燧等，获得大批各类文物和文书

---

① D. A. Klementz, *Nachrichten uber die von der Kaiserlichen Akademie der Wissenschaften zu St. Petersburg in Jahre 1898 ausgerustete Expedition nach Turfan*, St. Petersburg, 1899.

材料①。

1902—1903年，德国第一次吐鲁番考察队前往吐鲁番盆地，在高昌故城、胜金口、木头沟等地进行发掘，获得大量文物和文献资料②。

1902—1904年，日本大谷光瑞组织的第一次中亚探险队由伦敦出发，经布哈拉、撒马尔罕，越帕米尔，到达喀什噶尔。他们循丝路南道，经叶城到和田，再沿和田河北上阿克苏，东行库车，调查发掘克孜尔、库木吐喇千佛洞和通古斯巴什、苏巴什等古代遗址，然后到吐鲁番，发掘阿斯塔那、哈拉和卓古墓，最后经乌鲁木齐、哈密、兰州、西安，返回日本③。

1904—1905年，德国第二次吐鲁番考察队再访吐鲁番，发掘并测绘高昌故城，而后在胜金口、柏孜克里克、木头沟、吐峪沟等地发掘，获得大量各种语言的文献材料，并切

---

① 斯坦因的个人旅行记为 A. Stein, *Sand-buried Ruins of Khotan*, London, 1903, 汉译本题《沙埋和阗废墟记》, 殷晴、剧世华、张南、殷小娟译, 乌鲁木齐: 新疆美术摄影出版社, 1994年。正式考古报告是 A. Stein, *Ancient Khotan. Detailed report of archaeological explorations in Chinese Turkestan*, 2 vols., Oxford, 1907. 汉译本《古代和田》, 巫新华、肖小勇、方晶、孙莉译, 济南: 山东人民出版社, 2009年。

② A. Grünwedel, *Bericht über archäologische Arbeiten in Idikutschari und Umgebung im Winter 1902-1903*, München, 1906. 汉译本《高昌故城及其周边地区的考古工作报告(1902—1903年冬季)》, 管平译, 北京: 文物出版社, 2015年。

③ 堀贤雄《西域旅行日记》, 分三篇发表在《西域文化研究》第二、四、五卷, 1959年、1961年、1962年京都法藏馆出版; 1987年由东京白水社出版了单行本。参看白须净真《忘れられた明治の探险家渡边哲信》, 东京: 中央公论社, 1992年。

割走大量的石窟或寺院的壁画①。

1905—1907 年，德国第三次吐鲁番考察队从喀什出发，沿丝路北道先到图木舒克，重点调查并发掘库车的库木吐喇石窟和拜城的克孜尔石窟，剥取大量壁画，并获得大批梵文、吐火罗文等文献资料。然后继续东行，发掘焉耆的硕尔楚克遗址，割取大批佛教寺院和石窟壁画和雕像。而后再继续东行到吐鲁番，在高昌故城和哈密一带调查发掘②。

1906—1907 年，俄国科卡诺夫斯基（A. I. Kokhanovsky）考察队再访吐鲁番，获得一批汉文和胡语的写本和印本佛典，还有伊朗语摩尼教文献③。

---

① A. von Le Coq, "A short Account of the origin, journey, and results of the first Royal Prussian (Second German) expedition to Turfan in Chinese Turkistan", *JRAS*, 1909, pp.299－322. A. von Le Coq, *Chotscho: Facsimile－Wiedergaben der wichtigeren Funde der ersten königlich preussischen Expedition nach Turfan in Ost－Turkistan*, Berlin 1913. 汉译本《高昌—吐鲁番古代艺术珍品》, 赵崇民译, 乌鲁木齐: 新疆人民出版社, 1998 年。

② A. von Le Coq, *Auf Hellas Spuren in Ostturkistan: Berichte und Abenteuer der II. und III. deutschen Turfan Expeditionem*, Leipzig, 1926. 英译本 A. von Le Coq, *Buried Treasures of Chinese Turkestan: An account of the activities and adventures of the second and third German Turfan expeditions*, tr. by A. Barwell, London, 1928. 汉译本《新疆地下的文化宝藏》, 陈海涛译, 乌鲁木齐: 新疆人民出版社, 1999 年。正式考古报告为 A. Grünwedel, *Altbuddhistische kultstätten in Chinesisch-Turkistan, bericht über archäologische Arbeiten von 1906 bis 1907 Kuca, Qarasahr und in der oase Turfan*, Berlin, 1912; A. Grünwedel, *Alt-Kutscha*, Berlin, 1920. 汉译本《新疆古佛寺: 1905—1907 年考察成果》, 赵崇民与巫新华译, 北京: 中国人民大学出版社, 2001 年。

③ S. F. Oldenburg, "Kratkaya opis sostavlennogo d-rom Kokhanovskim sobraniya drevnostey iz Turfana", *Melange asiatique*, 13, 1907-1908, pp. 127-140.

1906—1907年，俄国别列佐夫斯基（M. M. Berezovsky）考察队走访丝路北道的大国龟兹都城所在的库车，并在库木吐喇、克孜尔石窟、都勒都尔·阿护尔遗址（Douldour-âqour）等处搜寻古物，获得一些龟兹文、汉文、回鹘文写本文献。

1906—1908年，英国斯坦因第二次中亚考察队仍然是先到和田，再次发掘尼雅遗址，然后沿丝路南道，进而发掘米兰寺址，调查发掘楼兰城及周边城镇。随后从罗布泊进入河西走廊，在敦煌长城烽燧掘到大量汉简，并在莫高窟攫取藏经洞出土的大量文献和绘画资料。此后他快速走访安西榆林窟、吐鲁番盆地古代遗址，并沿丝路北道，经焉耆、库车，向南横断塔克拉玛干大沙漠，经喀拉墩再到和田，发掘老达玛沟一带遗址，再沿和田河北上，发掘麻札塔格古堡，经阿克苏、巴楚，西行到喀什①。斯坦因在北道的行动，是为他下次的考古发掘工作进行前期准备。

1906—1908年，法国伯希和考察队从俄国进入喀什，先调查喀什三仙洞佛教石窟，然后沿丝路北道到巴楚，发掘图木舒克的脱古孜萨来佛寺遗址。再进入古代龟兹国范围，考察克孜尔和库木土喇石窟，重点发掘渭干河口西侧的都勒都

---

① 斯坦因的个人旅行记是 A. Stein, *Ruins of Desert Cathay*, 2 vols., London, 1912, 汉译本《斯坦因中国探险手记》, 巫新华、伏霄汉译, 沈阳：春风文艺出版社, 2004年。正式考古报告是 A. Stein, *Serindia. Detailed report of explorations in Central Asia and Westernmost China*, 5 vols., Oxford, 1921. 汉译本《西域考古图记》, 中国社会科学院考古研究所主持翻译, 桂林：广西师范大学出版社, 2000年。

尔·阿护尔遗址（Douldour-âqour），以及苏巴什东西寺址。随后到乌鲁木齐休整，偶然见到一卷敦煌写经，于是直奔敦煌千佛洞，从王道士手中骗取斯坦因所遗藏经洞文献精品和绢纸绘画及丝织品，并对莫高窟全部洞窟做了编号，并拍摄了大量的壁画和塑像照片，还抄录了洞窟中汉文和其他语言文字的题记。伯希和一行沿河西走廊东行，到北京，然后回到法国远东学院所在的越南河内①。

1906—1908年，芬兰马达汉（Carl Gustav Emil Mannerheim）奉沙俄总参谋部之命前往新疆、甘肃等地刺探军事、地理情报，同时也为芬乌协会（The Finno-Ugrian Society）收集古物和人种学资料。马达汉随伯希和考察队由安集延进入新疆，在喀什分手。马达汉独自南下和田，收集文书写卷及古代钱币、陶制小雕像等文物。然后北上经乌什、阿克苏、柯坪，进入天山和伊犁河流域考察，再由玉勒都斯河谷到焉耆。又北向到乌鲁木齐，沿天山北路到古城，再南下吐鲁番，走访交河古城，收集文物和写本文献。从吐鲁番向东，经哈密，进入河西走廊，考察敦煌、南山撒里畏吾尔、肃州、凉州、夏河拉卜楞寺，然后经兰州、开封、太原、五台

---

① P. Pelliot, "Trois ans dans la Haute Asie", *Bulletin du Comité de l'Asie française*, Janvier 1910, pp.3-15, P. Pelliot, "Rapport de M.Paul Pelliot sur sa Mission au Turkestan chinois（1906-1909）", *Comptes rendus des séances de l'Academie des Inscriptions et Belles-Lettres*, 1910, pp. 58-68. 参看耿昇《伯希和西域探险记》，昆明：云南人民出版社，2001年。P. Pelliot, "Une bibliothèque médiévale
retrouvée au Kan-sou", *BEFEO*, VIII.3-4, 1908, pp. 501-529；陆翔译《敦煌石室访书记》，载《国立北平图书馆馆刊》第9卷第5期，1935年。

山，到北京，再经日本，绕海参崴，于1908年夏回到圣彼得堡，秋天返回赫尔辛基①。

1907—1909年，俄国科兹洛夫（P. K. Kozlov）考察队搜寻到西夏古城哈拉浩特，发掘到上万计的文物与文献材料②，特别是大量的西夏语文献，揭示了丝路上的西夏王国的真实面貌。

1908—1909年，日本大谷光瑞组织的第二次中亚探险队由橘瑞超、野村荣三郎二人率领。他们从北京出发，出张家口，到外蒙古，考查鄂尔浑河畔突厥、回鹘、蒙古等游牧民族的遗迹，然后西进南下，越阿尔泰山，到天山北麓的破城子，即唐北庭都护府遗址。再经乌鲁木齐到吐鲁番，调查发掘交河古城、木头沟、柏孜克里克、吐峪沟千佛洞、阿斯塔那、哈拉和卓古墓群等。后二人在库尔勒分手，橘瑞超南下罗布泊，考察楼兰古城，然后沿丝路南道西行到喀什。野村则沿丝路北道，经库车、阿克苏，到喀什噶尔，与橘氏会合，然后回国。

---

① C. G. Mannerheim, *Across Asia from West to East in 1906-1908*(*Travaux Ethnographiques*, VIII: 1-2), 2 vols., Helsinki, 1940；汉译本《马达汉西域考察日记》，王家骥译，北京：中国民族摄影艺术出版社，2004年；*C. G. Mannerheim in Central Asia 1906-1908*, ed. by P. Koskikallio and A. Lehmuskallio, Helsinki: National Board of Antiquities, 1999.

② P. K. Kozlov, *Mongolia i Amdo i myortvy gorod Khora-Khoto: kspeditsiya Russkogo Geograficheskogo obshchestva v nagornoy Azii P. K. Kozlova, pochotnogo chlena Russkogo Geograficheskogo obshchestva, 1907-1909 gg*, Moscow & St. Petersburg, 1923. 汉译本《蒙古、安多和死城哈喇浩特》，王希隆、丁淑琴译，兰州：兰州大学出版社，2011年。

1909—1910年，俄国奥登堡（S. F. Oldenburg）所率第一次中亚考察队调查发掘了高昌故城、交河故城、阿斯塔那、柏孜克里克、胜金口等遗址，还沿丝路北道西进，走访并发掘焉耆的七格星（即锡克沁）和库车的苏巴什、森姆塞姆、克孜尔尕哈、库木吐喇、克孜尔等遗址，获得大量资料①。

1910—1914年，日本大谷第三次中亚探险队队员橘瑞超从伦敦出发，经西伯利亚进入新疆。他先到吐鲁番发掘，然后南下楼兰，剥取斯坦因没有带走的米兰佛寺壁画。又从且末北上横渡塔克拉玛干沙漠，西至喀什。再向东南到和田地区发掘收购古物。由于较长时间没有橘瑞超的消息，大谷光瑞又派吉川小一郎前往联络。吉川由兰州到敦煌，与沿丝路南道东来的橘氏在敦煌巧遇。随后二人一起到吐鲁番发掘，橘瑞超由此经西伯利亚铁路回国。吉川完成吐鲁番工作后，沿丝路北道西行，经焉耆到库车，调查库木吐喇、苏巴什等遗址。然后西至喀什，转东南到和田，再北上横断塔克拉玛干沙漠，经阿克苏、札木台，到伊犁，后东至乌鲁木齐，经吐鲁番、哈密、敦煌、肃州等地，从北京回国②。

1913—1914年，德国第四次吐鲁番考察队的主要目的地

---

① S. F. Oldenburg, *Russkaya Turkestanskaya Ekspetsiya 1909−10*, St. Petersburg, 1914.

② 大谷探险队三次考察的探险记录，主要收入上原芳太郎编《新西域记》上下卷，东京：有光社，1937年。其中部分重要记录，亦收入长泽和俊编《大谷探险队シルクロード探险》，东京：白水社，1978年。其中橘瑞超的第三次探险记录《中亚探险》单行本，东京：博文馆，1912年出版；现收入中公文库，东京：中央公论社，1989年。

是丝路北道的龟兹国范围内的遗址，他们攫取阿其克、苏巴什、克日西、森木塞姆、库木吐喇等古代佛寺或石窟寺的雕像、壁画，发掘大量文物和文书。然后西行到图木舒克，发掘法国伯希和没有清理完的脱库孜萨来佛寺遗址[1]。

1913—1915年，英国斯坦因第三次中亚考察队仍然是沿丝路南道东行，在重访和田、尼雅、楼兰等地的古代遗址后，进入甘肃，发掘敦煌酒泉间的长城烽燧，再访莫高窟，重获一批敦煌写本。然后深入额济纳，发掘喀喇浩特古城，再转到丝路北道的吐鲁番，发掘阿斯塔那古墓，揭取柏孜克里克、吐峪沟石窟壁画，并掘得大量文书和典籍残片。向西到库车地区，发掘了部分的遗址，最后前往伊朗东部考察[2]。

1914—1915年，俄国奥登堡率第二次中亚考察队前往敦煌，获得超过一万件的敦煌文书，还揭取了少量壁画[3]。

1927—1935年，斯文·赫定与中国学者合作，共同组织中瑞西北科学考查团，他和北京大学徐炳昶教授任团长，对

① A. von Le Coq, *Von Land und Leuten in Ostturkistan: Berichte und Abenteuer der 4. deutschen Turfanexpedition*, Leipzig, 1928. 汉译本《中国新疆的土地和人民》，齐树仁译，北京：中华书局，2008年。

② 斯坦因第三次中亚考察没有写个人旅行记，其正式考古报告是 A. Stein, *Innermost Asia. Detailed report of explorations in Central Asia, Kan-su and Eastern Iran*, 4 vols., Oxford, 1928. 汉译本《亚洲腹地考古图记》，中国社会科学院考古研究所主持翻译，桂林：广西师范大学出版社，2004年。

③ S. F. Oldenburg, "Peshchery tysyachi budd", *Vostok*, II, 1922, pp. 57—66. 参看斯卡奇科夫（Skachkov）《1914—1915年俄国西域（新疆）考察团记》和孟列夫（L. N. Men'sikov）《1914—1915年俄国西域（新疆）考察团资料研究》，两文载《中华文史论丛》第50辑，1992年，第109—116、119—128页。

以新疆为主的西北地区做综合性的科学考察，在考古学方面，也有很多收获，如小河墓地、居延汉简、吐鲁番墓志文书与文物、和田木简与纸本文书等。参加考查团的中国学者黄文弼，1927年5月随西北科学考查团赴内蒙古、新疆考察。他在1928年4月下旬至5月中旬，在吐鲁番盆地进行考古调查和发掘。1928年5月至1929年10月，沿塔里木盆地调查了焉耆、库尔勒、轮台、库车、沙雅、拜城、和田、于田、皮山、叶城、巴楚、喀什、阿克苏等地区的各类遗迹，获得很多文物和文献材料。1930年2月下旬至4月初，他回到吐鲁番工作。4月，从吐鲁番向南翻山越岭到罗布泊地区进行考察，于1930年秋取道苏联西伯利亚返回北平[①]。

这些以收集古物为目的的考察探险队，对于塔里木盆地、吐鲁番盆地、河西走廊等丝绸之路沿线的古代城址、寺院、千佛洞、古墓等，进行了大规模的发掘，获得的大量文物和文献材料，成为西方各大博物馆、图书馆的收藏品。这些考古发现揭示了古代高昌、龟兹、焉耆、巴楚、于阗、楼兰、敦煌、黑城等地区或城镇的古代文明，其中包含大量的丝绸之路文物。这些文物材料和文献记载，极大地推动了对李希霍芬提出的"丝绸之路"的认识，特别是一些丝绸、织锦、玻璃、钱币、各种文字的古文书，使得丝路贸易和文化交往落到了实处。把这些地区发现的文物汇集起来，就可以

---

① 黄文弼《罗布淖尔考古记》，北京：中国西北科学考查团，1948年；黄文弼《吐鲁番考古记》，北京：中国科学院，1954年；黄文弼《塔里木盆地考古记》，北京：科学出版社，1958年。

连成一条丝绸之路，这条丝路是双向文明的交流，是多元文化的共处，而出土这些文物的城镇，就是历史上维持丝路贸易往来和文化交流的重要支柱。

从19世纪末叶以来直到中瑞西北科学考查团的活动可以看出，只有到了西域地区考古探险的时代，李希霍芬提出的"丝绸之路"才真正被坐实，才真正得到证明。特别是李希霍芬的学生斯文·赫定以"丝绸之路"为名撰写了考察记录——《丝绸之路》①，对此做出决定性的贡献。

二、西域考古出土文物对丝路的印证

西域的考古探险活动，为揭示丝绸之路提供了大量的物证，大到城镇、寺院、烽燧关隘，小到钱币、丝绸与文书残片，不胜枚举。我们这里举其中几项与丝路直接相关的材料，来加以说明。

1.丝绸

考古探险队在敦煌长城烽燧沿线、楼兰古城、尼雅的精绝故地，乃至叙利亚沙漠城市帕尔米拉（Palmyra），以及东欧的克里米亚半岛上的刻赤遗址，都发现了属于汉代时期的丝绸，印证了丝绸在丝绸之路上的传播。如斯坦因在玉门关遗址（T14）发掘的一件丝绸条带上写有如下汉字："任城国亢父绸一匹，幅广二尺二寸，长四丈，重二十五两，直钱六

---

① Sven Hedin, *The Silk Road*, tr. by F. H. Iyon, New York：E. P. Dutton, 1938. 江红、李佩娟汉译本《丝绸之路》，乌鲁木齐：新疆人民出版社，2013年。

百一十八。"①任城国是东汉章帝元和元年（84年）所封的诸侯国，在今山东济宁，表明这是古代山东地区出产的丝绸，上面写好长宽、重量以及时价，显然是为了出售时方便，类似今天的产品标签。无独有偶，斯坦因在玉门关遗址中，还发掘到一件带有印度婆罗谜字母书写的梵文的丝绸，文字大意是："〔这条〕丝长四十六虎口。"②斯坦因据同出的汉文简牍文书，判断这件丝绢的年代在公元前61年至公元9年之间，另外也有学者断代在公元前40年左右。带有汉文和印度文字的丝绢，印证了古代沿长城而行进在丝绸之路上的中外商人贩卖丝绸的情形。

汉代以降，丝绸一直是丝绸之路上重要的贩运商品，也成为丝绸之路上代表性的商品，我们看古代撒马尔罕城址发现的康国都城"大使厅"，位于中间的就是手捧一捆捆丝绸的唐朝使者；而著名的敦煌莫高窟第45窟的"胡商遇盗图"，商人放在强盗前面的，也是一捆捆的丝绸。可以说，丝绸已经成为丝绸之路上一个具有象征意义的物品，是丝绸之路商品的代表。

2. 钱币

作为商品贸易的等价物，货币在丝绸之路上是必不可少的，而且金银铜钱质地坚硬，易于留存下来。在塔里木盆地周边，我们可以看到两汉以来的汉五铢铜钱，也有不少贵霜

---

① Ed. Chavannes, *Les documents chinois découverts par Aurel Stein dans les sables du Turkestan oriental*, Oxford, 1913, p. 118, pl. XV.

② Stein, *Serindia*, p. 703；季羡林《中国蚕丝输入印度问题的初步研究》，作者著《中印文化关系史论文集》，北京：三联书店，1982年，第62页。

帝国的打制铜币。大约公元2世纪时，西域南道的于阗王国仿造汉五铢和贵霜钱币的式样，用打制的方法制造了自己王国的货币——汉佉二体钱，一面是汉文"五铢"，一面是佉卢文的王名①。这种双语钱币的好处，就是中国内地的商人来了，就可以用汉文的一面；如果从印度来了一位商人，他就可以用印度佉卢文的那一面。所以，这种双语钱币正是丝绸之路上的一种特殊的货币形态。在丝路北道的龟兹，也存在着一种类似的双语钱币——汉龟二体钱，一面汉文，一面龟兹文（吐火罗语B）。到了公元4世纪初叶，中亚两河流域的粟特商人沿丝绸之路大量进入西域、河西乃至中原地区，他们所使用的波斯萨珊银币，因其质地优良，取代了其他各种货币，成为丝绸之路上最重要的等价物。《大慈恩寺三藏法师传》记载，玄奘在河西重镇凉州（今武威市凉州区）为道俗讲经，"散会之日，珍施丰厚，金钱、银钱、口马（奴隶和牲口）无数，法师受一半然（燃）灯，余外并施诸寺"②。可见西方金银钱在丝绸之路上流通之广。1959年，在新疆克孜勒苏柯尔克孜自治州乌恰县一个山崖缝隙间，曾发现947枚波斯银币、16根金条③，这最有可能的解释就是商

① 夏鼐《"和阗马钱"考》，《文物》1962年第7—8期；收入《夏鼐文集》下，北京：社会科学文献出版社，2000年，第12—17页。

② 慧立、彦悰著《大慈恩寺三藏法师传》，孙毓棠、谢方点校，北京：中华书局，1983年，第10—11页。

③ 李遇春《新疆乌恰发现金条和大批波斯银币》，《考古》1959年第9期，第482—483页。详细报告，见奈良シルクロード学研究センター编《新疆出土のサーサーン式银货——新疆ウイゲル自治区博物馆藏のサーサーン式银货》，《シルクロード学研究》第19号，奈良：シルクロード学研究センター，2003年。

人遇到强盗时紧急掩埋的结果。这种货币一直行用到波斯萨珊帝国灭亡和唐朝势力占领中亚之时，但唐朝的开元通宝铜钱太重，不适宜丝路贸易，所以唐朝时期丝绸之路的贸易等价物变成丝绸本身。

3. 纸张

纸张是中国人的伟大发明，但纸张在很多地方很难保存，由于新疆、甘肃、宁夏等地区气候干旱，便于纸张保存，各支探险队获得了大量的纸本文献，包括汉文典籍和公私文书，也包括丝绸之路上各种语言文字的材料。除了斯坦因、伯希和在敦煌藏经洞所获大量纸本文献外，其实勒柯克在吐鲁番的高昌故城、吐峪沟、葡萄沟景教寺院中，都发掘到佛教、摩尼教、景教寺院的图书馆，获得大量文献写本和印本。

从时间上来说，魏晋时期是简牍被纸本取代的开始阶段，楼兰古城的纸本文书就是最好的证明。而敦煌长城烽燧下出土的大约公元313年前后的粟特文古信札，则表明粟特商人最早就使用中原优质的纸张作为他们的通信材料[①]。根据书信的内容，我们可以知道粟特商人把中原造的纸带到了楼兰、于阗，乃至他们的故乡撒马尔罕。塔里木盆地周边佛教寺院遗址出土的大量汉语、梵语、于阗语、龟兹语、焉耆语佛典，说明纸传播到西域并应用到佛典的抄写，才使得佛

---

① F. Grenet and N. Sims-Williams, "The Historical Context of the Sogdian Ancient Letters", *Transition Periods in Iranian History* (*Studia Iranica*, cahier 5), Leuven, 1987, pp. 101-122.

教文献可以大量增加，纸的轻便和携带的方便也使得纸本佛典成为传播佛教的最好媒介①。这样的做法为后来的景教、摩尼教徒所接受，他们同样用纸本来书写、传播自己的宗教。

4. 宗教文化

丝绸之路作为佛教传播之路，原本只是在汉文典籍中得到一些关于传入中原的记载，至于西域地区佛教的传播情况，虽然有一些求法僧的记载，但多是片段的或者是片面的。西域考古时代到来后，西域各个城镇的佛寺以及周边的千佛洞成为各支考察队发掘的主要目标，他们揭露出掩埋在沉沙下面精美的佛教遗迹，也把许多精美的壁画切割而去。这些佛教造像、壁画，再加上出土的各种语言文字的佛典，证明了佛教从印度到西域的过程，还提供了佛教部派、经典的传译、造像的风格、壁画的时尚等许多具体而详细的内容，大大丰富了汉文典籍的片段记载，使得沿丝绸之路传播的佛教轨迹清晰显现出来。在西域地区，丝绸之路也是一条佛教之路。

相对于佛教来说，摩尼教、基督教在中亚的传播记载更加稀少，因此，高昌等地出土的大量中古波斯语、帕提亚语、粟特语摩尼教文献，叙利亚语、粟特语景教文献，就显得更加珍贵。这些通过丝绸之路而来自西亚的宗教，更能说明丝绸之路上多元文化的传播情形。

---

① 荣新江《纸对丝路文明交往的意义》，《中国史研究》2019年第1期，第177—182页。

总之，我们现在谈论经过西域地区的陆上丝绸之路，所举的各种文物和文献证据，有相当多的是19世纪末、20世纪初叶的西域考古调查所获的资料。这些材料使得"丝绸之路"的内涵一下子丰富起来，极大地充实了丝绸之路的内容，不论物质文化方面，还是精神文化方面。与此同时，各支探险队所走的道路，基本上就是古代的丝绸之路。而不少探险队员也是优秀的作家和画家，用他们的笔生动地描述了丝绸之路的地理和人文景观，介绍了丝绸之路上的故事，描绘了丝绸之路上的风情，也刻画了丝绸之路上行走的艰难。其中如斯文·赫定，更是用"丝绸之路"作为自己的书名，使得他的老师李希霍芬的"提议"，实实在在地找到了印证，把丝绸之路学说发扬光大开来。

　　（2019年10月1日完稿，原载荣新江、朱玉麒主编《丝绸之路新探索：考古、文献与学术史》，南京：凤凰出版社，2019年11月，第361—369页。）

北京大学与海上丝绸之路研究

"海上丝绸之路"虽是从原本起源于陆上的"丝绸之路"概念延展出来的，但自有其学理和特性，因此很早就成为学术界研究的对象。北京大学作为一所综合性的大学，不少学科与海上丝绸之路有关联，因此多年来一直有学者从不同的角度探讨公元前3世纪至20世纪中叶的海上丝绸之路及其沿线国家、地区的历史、语言和文化。

虽然大多数情形下，这些有关海上丝绸之路的研究是学者个人的兴趣，也没有人做过系统的总结，但当今天再次集中北京大学的部分学术力量进行海上丝绸之路的研究时，我们发现前人的工作是我们进步的基础，前人的一些研究方向仍然值得我们继续努力，前人的贡献更是我们前进的动力。

正是为了推进今后北京大学的海上丝绸之路研究，本文对此前分散的学者研究成果加以梳理和总结。粗略地按时段来看，北大学人的海上丝绸之路研究，大体上可以说经历了四个阶段：一是20世纪20年代至1949年，二是1949年至1978年，三是1978年至2000年，四是2001年至今。先略做陈述。

一、扬帆起航（20世纪20年代至1949年）

　　民国初年的国立北京大学，是一所开放和兼容并包的高等学府，包含丝绸之路研究的中西交通史是当时重要的课程之一。长时间教授此门课程的教师，是"开创中国中西交通史的三大家"之一的冯承钧（1887—1946年）先生。他曾翻译法国学者有关海上丝绸之路的大量著作，包括希勒格（Gustave Schlegel）《中国史乘中未详诸国考证》（商务印书馆，1928年）①、费琅（Gabriel Ferrand）《昆仑及南海古代航行考》（商务印书馆，1930年）②、费琅《苏门答剌古国考》（商务印书馆，1931年）③、马司帛洛（Georges Maspéro）《占婆史》（商务印书馆，1933年）④、伯希和（Paul Pelliot）

---

　　① 原题"Problèmes géographiques. Les peuples etrangers chez les historiens chinois"，连载于 *T'oung Pao*，Vol. 3, No. 2（1892），pp. 101−168；Vol. 4, No. 4（1893），pp. 323−362；Vol. 4, No. 5（1893），pp. 402−414；Vol. 5, No. 3（1894），pp. 179−233；Vol. 6, No. 1（1895），pp. 1−64；Vol. 6, No. 2（1895），pp. 165−215；Vol. 6, No. 3（1895），pp. 247−257。

　　② 原题"Le k'ouen−louen et les anciennes navigations interocéaniques dans les mers du sud"，*Journal Asiatique*，Eleventh Series, Vol. 13, May−June, 1919, pp. 431−492；Vol. 14, July−August, 1919, pp. 5−68；Vol. 14, September−October, 1919, pp. 201−241.

　　③ 原题"L'empire sumatranais de Çrīvijaya"，*Journal Asiatique*，Eleventh Series, Vol. 20, 1922, pp. 1−104；pp. 162−246.

　　④ 原题 *Le royaume de Champa*，Paris & Bruxelles: Les Editions G. Van Oest，1928.

《交广印度两道考》（商务印书馆，1933年）[1]、伯希和《郑和下西洋考》（商务印书馆，1935年）[2]，另有多篇译文，汇辑为《西域南海史地考证译丛》一至九编[3]，其中有些论著成为此后中国学者研究海上丝绸之路的必备参考书。

冯先生还对海上丝绸之路的汉文文献进行整理和校注，如《瀛涯胜览校注》（商务印书馆，1935年）、《星槎胜览校注》（长沙商务印书馆，1938年）、《诸蕃志校注》（商务印书馆，1940年），都是海上丝绸之路的重要文献。翻译工作之外，他还深入研究，独力撰述了《中国南洋交通史》（商务印书馆，1937年）这部具有开拓性的中国学界海上丝绸之路研究专著。此外，他发表了不少相关论文，后来都集中收于他的《西域南海史地考证论著汇辑》（中华书局，1957年）。可以说，冯先生是最早大力开拓中国海上丝绸之路研究的学者，也是北京大学这方面研究的先行者。

"开创中国中西交通史的三大家"的另一位——向达（1900—1966年）先生，1933年开始兼任北京大学讲师，讲授"明清之际西学东渐史"等课程。向先生1924年毕业于南

---

① 原题"Deux itinéraires de Chine en Inde à la fin du VIIIe siècle"，*Bulletin de l' École française d' Extrême-Orient*, Vol. 4, No. 1/2（January-Juin 1904），pp. 131-413.

② 原题"Les grands voyages maritimes chinois au début du XVe siècle"，*T' oung Pao*, Second Series, Vol. 30, No. 3/5（1933），pp. 237-452.

③ 《一编》至《四编》，上海：商务印书馆，1934—1941年；《五编》至《九编》，北京：中华书局，1956—1958年；北京：商务印书馆，1962年重印。1995年，商务印书馆又将全部九编汇集为《西域南海史地考证译丛》第1—2卷重印。又将几篇长篇译文汇辑为第3卷，包括希勒格《中国史乘中未详诸国考证》，1999年出版。

京高等师范学校（后改名东南大学），任商务印书馆编译员，译有加特著《中国印刷术之发明及其传入欧洲考》（商务印书馆，1929年）等。同时研究中西交通史，发表论文《关于三宝太监下西洋的几种资料》，揭示有关郑和家世、下西洋事迹的史料，兼及罗懋登《三宝太监西洋记通俗演义》一书的相关情况①；另一篇论文《明清之际中国美术所受西洋之影响》，从绘画、建筑、瓷器方面讨论西洋传教士带来的影响②。1930年，他转入国立北平图书馆任职，继续研究东西文化交流史，发表《汉唐间西域及南海诸国古地理书叙录》③《中外交通小史》（商务印书馆，1933年）等论著，并以长文《唐代长安与西域文明》④享誉学界。

　　1935年，向先生以北平图书馆交换馆员身份到英国，在牛津博德利图书馆（Bodleian Library）发现不少重要的海上丝绸之路史料和图籍。他的《记牛津所藏的中文书——瀛涯琐志之一》，除一般书籍外，特别介绍了记载海路的《针位编》（又名《航海针经》）以及有关基督教的中文书⑤。1937年，他转赴柏林、巴黎继续调查，撰写《记巴黎藏本王宗载

---

①《小说月报》第20卷第1号，1929年，第47—64页；收入《唐代长安与西域文明》，北京：三联书店，1957年，第532—564页。

②《东方杂志》第27卷第1号，1930年，第19—38页；收入《唐代长安与西域文明》，第495—531页，第1—8图。

③《北平图书馆馆刊》第4卷第6号，1930年，第23—36页；收入《唐代长安与西域文明》，第565—578页。

④《燕京学报》专号，1933年。

⑤《北平图书馆馆刊》第10卷第5号，1936年，第1—36页；收入《唐代长安与西域文明》，第617—652页，第1—7图。

〈四夷馆考〉——瀛涯琐志之二》，介绍了巴黎东方语言学校所藏此书全本的价值[1]。本来，他去英国的主要目的是调查敦煌写本，但因为受到英国图书馆翟林奈（L. Giles）的刁难，收获不多，恰好使他转向中西交通史籍的调查与发现。1938年回国后，向达正式调入西南联合大学历史系，兼任北京大学文科研究所导师。虽然其中一段时间两度赴敦煌考察，于敦煌的考古和石窟研究贡献良多，但在北大，他仍继续讲授中西交通史。

张星烺（1881—1951年）先生也是"开创中国中西交通史的三大家"之一，以《中西交通史料汇编》（辅仁大学，1930年）六大册立足学界。他虽然是辅仁大学历史系教授，但也曾在北京大学和燕京大学兼课，讲授中西交通史。

1946年，在德国哥廷根大学学习梵文和吐火罗文的季羡林先生（1911—2009年）加盟北大，主持建立东方语言学系，使之迅速成为相关研究的海内外重镇，并引进了陈炎（1916—2016年）等东南亚语言学家，为海上丝绸之路研究准备了队伍。

二、披荆斩浪（1949年至1978年）

1949年中华人民共和国成立以后，向达先生任北大历史学系教授、北大图书馆馆长，兼任中国科学院哲学社会科学

---

[1]《北平图书馆图书季刊》新第2卷第2期，1940年，第181—186页；收入《唐代长安与西域文明》，第653—660页。

学部委员、历史研究所第二所副所长等。他把主要精力集中到中外关系史的研究，并且开始系统整理中外关系史料，相关成果以《中外交通史籍丛刊》为名，陆续由中华书局出版。向先生全身心投入研究并拿出系列成果，这就是《西洋番国志校注》（1961年）、《两种海道针经校注》（1961年）、《郑和航海图》（1962年）。

在第一种《西洋番国志校注》的前面，向先生写了《〈中外交通史籍丛刊〉整理缘起》（以下简称《整理缘起》），落款时间为"1960年12月"。在1961年第6期《历史研究》刊载了一则未署名的消息，题为《北大历史系整理"中外交通史籍丛刊"陆续出版》，其中说道：

> 为了给亚洲各国史和中外交通史的研究提供资料，北大历史系计划把历代正史外国传以外的有关中外交通著述加以整理，辑为"中外交通史籍丛刊"。这套丛刊计划全部为四十种。最近已由中华书局出版的，有《西洋番国志》《郑和航海图》《两种海道针经》。①

与向先生的《整理缘起》对读，不难发现两者内容基本一致，这则消息的文字应当来自《整理缘起》，且明确说到

①《历史研究》1961年第6期，第118页。

这项丛刊出版计划总共包括40种书①。由此不难看出，向先生这一系列的校注著作已成为北大历史系的重要科研成果，并在当时最具权威的《历史研究》刊物上加以报道。整理中外交通史籍的初步成绩得到这样的肯定，向先生显然很受鼓舞，于是他在1964年完成了整理《大唐西域记》的第一步工作，拟先影印敦煌残卷本、福州藏本和《赵城金藏》本。然而，这项整理成果在他1966年去世前未能问世。

向先生所做的、列入前述丛刊出版计划的《西游录校注》初稿，1980年由中华书局商请南京大学陈得芝先生和北京大学张广达先生加以补充，于1981年出版。1981年，中华书局也把他编的《〈大唐西域记〉古本三种》影印出版。此外，他没有发表的玄奘《大唐西域记》校注稿（存北大图书馆），部分后来收入季羡林等所著《大唐西域记校注》中（中华书局，1985年）。而20世纪60年代北大历史系原计划以丛刊形式出版的40种著作，也没能完成，后来主要在中华书局谢方先生的主持下，约请不同的专家整理校注。到1998年，总共出版26种，与向先生所设想的40种，还有很大的差距。

20世纪50年代，季羡林先生从印度语言研究兼顾到中外关系史研究，从中印关系史的角度讨论了中印文化和科学技术交流问题。他的《中国蚕丝输入印度问题的初步研究》一

① 谢方先生的回忆，一说是42种，一说41种，见所撰《二十六年间——记〈大唐西域记校注〉的出版兼怀向达先生》，原载《书品》1986年第1期，此据《谢方文存》，北京：中华书局，2012年，第280页；《忆我和向达先生的首次见面》，原载张世林编《学林往事》，北京：朝华出版社，2000年，此据《谢方文存》，第402页。

文，论证中国蚕丝输入印度的时间最早不会超过公元前4世纪，所经道路有南海、西域、西藏、缅甸、安南五条。此文成稿后，曾送向达先生审阅改正①。至于纸和造纸术传入印度的问题，季羡林先后发表两篇文章《中国纸和造纸法输入印度的时间和地点问题》②《中国纸和造纸法最初是否由海路传到印度去的?》③，论证了中国的纸张和造纸术先由内地传到西域，再从西域传到印度。他否定了12世纪左右由伊斯兰教徒把纸带到印度去的流行说法，认为中国的纸至迟在7世纪末叶就已经传到了印度；而造纸术则有可能是由阿拉伯人辗转传入的。

　　1952年院系调整时，周一良（1913—2001年）先生从清华大学调入北大工作，并且从魏晋南北朝史研究转向亚洲史研究，推动了历史学系的亚非史研究。周先生早年留学哈佛大学，在博士论文《唐代密宗》中翻译了开元三大士——善无畏、金刚智和不空三位密宗法师的传记并做了详细考释④。

---

　　①《历史研究》1955年第4期，第51—94页；收入《中印文化关系史论文集》，北京：三联书店，1982年，第51—96页。

　　②《历史研究》1954年第4期，第25—51页；收入《中印文化关系史论文集》，第11—39页。后有《关于中国纸和造纸法输入印度问题的补遗》一文，完稿于1979年6月，收入《中印文化关系史论文集》，第40—43页。

　　③ 季羡林《中印文化关系史论丛》，北京：人民出版社，1957年，第130—136页；收入《中印文化关系史论文集》，第44—50页。

　　④ "Tantrism in China", *Harvard Journal of Asiatic Studies*, vol. 8, No. 3/4, 1945, pp. 241-342；钱文忠汉译本题《唐代密宗》，上海：远东出版社，1996年。中英文本均收入赵和平主编《周一良全集》第三编第6册《佛教史与"敦煌学"》，北京：高等教育出版社，2015年，第1—264页。

这里面的两位大师都曾经行南海，往来于中印之间。于南海史地与交通道路，周先生都有所讨论。

转向亚洲史研究后，周先生撰写了《中国与亚洲各国和平友好的历史》（上海人民出版社，1955年）①、《亚洲各国古代史》（高等教育出版社，1958年），都有一些涉及中外通过海上丝绸之路进行交往的史事。他还发表《鉴真的东渡与中日文化交流》，讨论鉴真东渡的背景、遣唐使的路线、鉴真东渡的具体情形等②；《荣西与南宋时中日经济文化交流的几个侧面》，讨论当时的航海知识和日本海船的图像③；《介绍两幅送别日本使者的古画》，分别涉及南宋时荣西和明代时策彦来华史事，特别是明朝与日本的"勘合"贸易问题④。

20世纪50年代到60年代初，北大还培养了一批优秀人才。他们留校任教，如张广达、白化文、耿引曾、何芳川、严绍璗等成为此后中外关系史和丝绸之路研究的中坚力量。不过，由于种种原因，北大的整体研究能量是在1976年以后迸发出来的，大多数成果在1978年以后才得以发表。

---

① 收入《周一良全集》第二编第4册《世界史》，第419—477页。

② 原载《文物》1963年第9期；收入《周一良全集》第二编第4册《世界史》，第209—227页。

③ 原载《光明日报·史学》第227期，1963年12月31日；收入《周一良全集》第二编第4册《世界史》，第235—245页。

④ 原载《文物》1973年第1期；收入《周一良全集》第二编第4册《世界史》，第246—256页。

三、百舸竞进（1978年至2000年）

1978年后，学术界迎来了新的春天，北大学者得以恢复正常的科研工作，北大文科的教学秩序也得到恢复，并开始培养下一代中外关系史的人才。海上丝绸之路又进入学者们的视野，来自历史学系（后分出考古系—考古文博学院）、东方语言文学系（后并入外国语学院）、国际关系学院、中文系等院系不同专业背景的教师，按照自身的学术旨趣，对海上丝绸之路沿线国家、地区的历史、文化和语言做了深入的探讨。其中，历史学系的学者侧重于从人员往来、货物交流的角度，来研究海上丝路的交往史；考古文博学院的学者侧重于从考古材料出发，研究相关的物质文化交流史；外国语学院的学者侧重于研究海丝沿线国家、地区的语言与文化；中文系的学者侧重于研究书籍交流，以及比较文学；等等。

1987年出版、周一良主编的《中外文化交流史》（河南人民出版社），可以看作是北大研究丝绸之路的一次结集成果，作者包括丁建弘（1936年生，历史学系，1978年调入杭州大学）、王宏纬（1934年生，东语系，1978年调入中国社会科学院）、戈宝权（1913—2000年，俄语系）、叶奕良（1936—2015年，东语系）、朱龙华（1931—2021年，历史学系）、何芳川（1939—2006年，历史学系）、陈玉龙（1921—2013年，东语系）、陈炎（1916—2016年，东语系）、张广达（1931年生，历史学系）、张芝联（1918—2008年，历史学系)、杨兆钧（1908—2003年，云南大学）、杨通方（1924—2017年，东语系）、周珏良（1916—1992年，北京外国语大学，周一良之弟）、周南京（1933—2016年，历史学系）、季羡林（东语系）、罗荣渠（1927—1996年，历史学系）、耿引曾（1934年生，东语系）、夏应元（1929年生，历史学系，1980年调入中国社会科学院）、葛治伦（？—1994年，东语系，后调入苏州教育学院），大都是北大的教员，个别外单位的成员，大多数也是北大毕业或与北大关系极其密切的学者。

　　《中外文化交流史》一书中，涉及海上丝绸之路的有以下诸篇：周一良《前言》（第1—8页）①、陈炎《中缅文化交流两千年》（第1—41页）、季羡林《中印智慧的汇流》（第138—189页）、周南京《历史上中国和印度尼西亚的文化交流》（第190—238页）、叶奕良《"丝绸之路"丰硕之果——中国伊朗文化关系》（第239—261页）、朱龙华《从"丝绸之路"到马可·波罗——中国与意大利的文化交流》（第262—305页）、夏应元《相互影响两千年的中日文化交流》（第306—358页）、杨通方《源远流长的中朝文化交流》（第359—395页）、周南京《回顾中国与马来西亚、文莱文化交流的历史》（第396—422页）、周南京《中国和菲律宾文化交流的历史》（第439—473页）、耿引曾《以佛教为中心的中斯文化交流》（第474—486页）、葛治伦《第1949年以前的中泰文化交流》

047

---

　　① 此文以《我对中外文化交流史的几点看法》为题，发表于《光明日报·史学》第423期；收入《周一良全集》第二编第4册《世界史》，第410—416页。

（第 487—525 页）、陈玉龙《中国和越南、柬埔寨、老挝文化交流》（第 670—742 页）、张广达《海舶来天方丝路通大食——中国与阿拉伯世界的历史联系的回顾》（第 743—802 页）、何芳川《源远流长、前途似锦的中非文化交流》（第 803—831 页）、罗荣渠《中国与拉丁美洲的历史文化联系》（第 832—866 页）。

可以说，在周一良先生的号召下，这本论文集成为北大学者研究海上丝绸之路成果的一次集中展现。虽然还是在中国与各国或地区文化交流史的框架内展开论述，但有些文章十分深入，如周南京先生有关中国与印尼、马来西亚、文莱、菲律宾之间文化交往史的梳理，张广达先生的长文更是对中阿之间人员、商业、科技、宗教等各方面的交流都做了深入细致的考察，迄今仍然是经典之作。

除了这项集体成果外，其中一些学者也独自发表了有关论著。

周一良先生撰有《唐代的书仪与中日文化关系》，从作者熟悉的日本典籍中勾稽出唐代书仪的影响痕迹[①]；又有《19 世纪后半叶到 20 世纪中日人民友好关系和文化交流》一文，概述了明治维新以后、辛亥革命以前中日之间的文化交流，特别是大量中国留学生东渡学习的情况[②]。他的《谈中外文化交流史》，更是一篇宏观的论述，特别是以中日交往为例，

[①] 原载《历史研究》1984 年第 1 期，43—54 页；收入《周一良全集》第二编第 4 册《世界史》，第 184—203 页。

[②] 原载《向达先生纪念论文集》，乌鲁木齐：新疆人民出版社，1986 年，第 721—738 页；收入《周一良全集》第二编第 4 册《世界史》，第 257—274 页。

阐述文化交流的六条途径①。

季羡林先生 20 世纪 80 年代主要主持《大唐西域记》校注工作并研究蔗糖的传播史，其中也涉及一些海上丝绸之路传播史的问题，特别是季先生关于蔗糖的研究其实是世界范围的，因此不仅仅是中印之间的问题，也包括波斯与印度，南洋、日本、琉球等地的蔗糖种植与制造问题②。他还有《中国制造瓷器术传入印度》一文，指出除了瓷器之外，制造青花白瓷的技术也传入孟加拉国，当地的制品反过来成为向明朝进贡的贡品③。

陈炎先生撰有《略论海上丝绸之路》④《南海"丝绸之路"初探》⑤，两文都是以丝绸外传为中心，按时间顺序概述海上丝绸之路的较早研究成果；《六世纪前泰国湾和泰国境内的古国在东西海上交通中的地位》⑥《海上丝绸之路与

---

① 原载《东西方文化研究》第 3 辑,1987 年,第 23—38 页;收入《周一良全集》第二编第 4 册《世界史》,第 395—409 页。

② 见季羡林《文化交流的轨迹:中华蔗糖史》,北京:经济日版出版社,1997 年;《季羡林文集》第 10 卷《糖史》(二),南昌:江西教育出版社 1998 年。

③ 中国中外关系史学会编《中外关系史论丛》第 5 辑,北京:书目文献出版社,1996 年,第 1—8 页。

④ 原载《历史研究》1982 年第 3 期,第 161—177 页;收入陈炎《海上丝绸之路与中外文化交流》,北京:北京大学出版社,1996 年,第 28—56 页。

⑤ 原载东方语言文学系编《东方研究论文集》总第 4 期,北京大学出版社,1983 年,第 18—54 页,改题为《南海丝绸之路与中外文化交流》,收入《海上丝绸之路与中外文化交流》,第 70—111 页。

⑥ 原载《东南亚》1993 年第 4 期,第 41—47 页;收入《海上丝绸之路与中外文化交流》,第 112—125 页。

中泰两国的文化交流》①，两文综述从汉代到明代泰国在海上丝绸之路上的重要地位以及中泰间的文化交流；《阿拉伯世界在陆海丝绸之路中的特殊地位——兼论中阿文化交流及其对世界文明的贡献》，特别探讨了中阿间的科技交流和中国瓷器、阿拉伯香药对对方的影响②；《郑和下西洋对伊斯兰世界文化的影响和贡献》③《郑和下西洋促使海上丝绸之路进入鼎盛时期》④，是两篇阐述郑和下西洋意义的文章；《16—18世纪澳门港在海上丝绸之路中的特殊地位和影响》，强调了澳门在海上丝绸之路中的地位⑤；《宁波港与海上丝绸之路和中外文化交流》，全面探讨了从汉朝到清朝宁波的地位和在海外贸易、文化交往方面的作用⑥。这些文章后被收入《海上丝绸之路与中外文化交流》一书，此外后者也包括作者一些较短的文章。

---

① 《海交史研究》1996年第1期，第14—26页，改题为《中泰两国历史上的海上交通和文化交流》，收入《海上丝绸之路与中外文化交流》，第313—331页。

② 原载《第二届中外关系史国际学术研讨会论文集》，台湾淡江大学，1992年；再刊《朱杰勤教授纪念论文集》，广州：广东高等教育出版社，1996年，第21—53页；收入《海上丝绸之路与中外文化交流》，第126—156页。

③ 原载《郑和研究》第15期，1992年；收入《海上丝绸之路与中外文化交流》，第157—170页。

④ 原载《郑和研究》1994年第4期；收入《海上丝绸之路与中外文化交流》，第171—184页。

⑤ 原载澳门《文化杂志》第13—14期、第15—16期，1993年；再刊于中国中外关系史学会编《中外关系史论丛》第4辑，天津：天津古籍出版社，1994年，第167—183页；收入《海上丝绸之路与中外文化交流》，第185—211页。

⑥ 陈炎、陈玉龙主编《魏维贤七十华诞论文集》，北京：北京大学出版社，2000年，第174—196页。

杨通方先生著有《中韩古代关系史论》（中国社会科学出版社，1996年）一书。

罗荣渠发表《15世纪中西航海发展取向的对比与思索》，从传统文化、海外航行的取向、技术能力等多方面对比了郑和、哥伦布、达·伽马的三大远洋航行，透彻分析了影响东西方发展的诸多因素和不同结果，是研究大航海时代的一篇极有思想深度的文章①。

张广达先生与弟子王小甫合著《天涯若比邻——中外文化交流史略》（香港中华书局，1988年），其中每个时段都涉及海上丝绸之路。他还为宋岘从阿拉伯语翻译的伊本·胡尔达兹比赫（Ibn Khurdādhbih）《道里邦国志》（*Kitāb al-Masālik wa 'l-Mamālik*）撰写长篇序言，阐述阿拉伯地理学派对道路的重视以及这类著作在研究丝绸之路上的价值②。

周南京先生对东南亚的华人华侨有着精深研究，著有《菲律宾与华人》（马尼拉：菲律宾华商青年联合会，1993年）、《风雨同舟——东南亚与华人问题》（中国华侨出版社，1995年），还与陈文献、林六顺等合编《印度尼西亚华人同化问题资料汇编》（北京大学亚太研究中心，1996年），也是海上丝绸之路研究的重要内容。

耿引曾先生曾发表《东晋南朝时期外国僧人在我国的活

---

①《历史研究》1992年第1期，第3—19页。

② 原载宋岘译《道里邦国志》，北京：中华书局，1991年；收入作者《文本图像与文化交流》，广西师范大学出版社，2008年，第185—203页。

动》，辑录这些从海上来华的僧人事迹^①；她更大的贡献是搜集和编辑《中国载籍中南亚史料汇编》上下册，包含了从两汉到明清时期有关海上丝绸之路的许多资料^②；《汉文南亚史料学》（北京大学出版社，1990年）一书，阐发了这些史料的价值。她还与印度学者谭中合著《印度与中国——两大文明的交往和激荡》（商务印书馆，2006年），独著《中国人与印度洋》（大象出版社，1997年）、《中国亚非关系史》（社会科学文献出版社，2014年），其中《中国人与印度洋》依据汉文史籍和考古资料，阐述中国人在印度洋的航行过程中的技术与文化交流情况。

叶奕良先生不仅自己从事中国与波斯交往的研究，而且从1992年11月开始，以北京大学东方学系和伊朗文化研究所的名义主办"伊朗学在中国"学术研讨会，先后举办三届，并组织出版了三本中文《伊朗学在中国论文集》（北京大学出版社，1993年、1998年、2003年）和一本英文《伊朗学在中国论文集》（*Collection of Papers on Iranian Studies in China*, ed., Ye Yiliang, Peking University Press, 2009），大大推动了反映海上丝绸之路历史的中伊关系史研究。

何芳川先生也从亚非拉史转入中外关系史的研究，先后撰写了《古代中西文化交流》（与万明合著，山东教育出版社，1991年）、《崛起的太平洋》（北京大学出版社，1991

---

① 中国中外关系史学会编《中外关系史论丛》第4辑，天津：天津古籍出版社，1994年，第197—202页。

② 上海古籍出版社，1994年。此书虽然署"北京大学南亚研究所编"，实际主要是耿引曾做的工作。

年)、《澳门与葡萄牙大商帆——葡萄牙与近代早期太平洋贸易网的形成》（北京大学出版社，1996年）、《中外文明的交汇》（香港城市大学出版社，2003年），还主编《太平洋贸易网500年》（河南人民出版社，1998年），从世界历史的重心转移和发展大势出发，系统研究了太平洋贸易史、文化交流史和整体史。

此外，北大学人有关海上丝绸之路的论著，还有信息管理系白化文先生等校注和校点的《入唐求法巡礼行记》①《行历钞》②《参天台五台山记》③。

历史学系郑家馨先生关于中非关系的研究成果是《宋代中国商船在东非沿岸的航行和贸易》④《中国与南非的早期关系》⑤《17世纪至20世纪中叶中国与南非的关系》⑥，以及《郑和下西洋时代西亚形势及与中国的关系》⑦。

历史学系沈仁安先生有多篇论文讨论中日关系史，包括《魏国与邪马台国使节往来考》《倭五王遣使除授考》《唐日关系的若干问题》等，后来均收入他的《日本史研究序说》（香港社会科学出版社，2001年）。此外，他还有日文著作

---

① 小野胜年校注，白化文等修订校注，石家庄：花山文艺出版社，1992年。

② 白化文、李鼎霞校注，石家庄：花山文艺出版社，2004年。

③ 白化文、李鼎霞校点，石家庄：花山文艺出版社，2008年。

④《非洲历史研究》1982年第1期。

⑤ 北京大学非洲研究中心编《中国与非洲》，北京：北京大学出版社，2000年，第182—212页。

⑥《西亚非洲》1999年第5期，第28—35页。

⑦《西亚非洲》2005年第2期，第47—54页。

《倭国与东亚》①《中国所见的日本的古代》②。

中文系的严绍璗先生则关注中国文学与文献的日本流传，出版了《中日古代文学关系史稿》（香港中华书局，1987年）、《汉籍在日本的流布研究》（江苏古籍出版社，1992年）、《中日古代文学交流史稿》（福建教育出版社，2016年），历史系的王晓秋先生著有《近代中国与日本：互动与影响》（昆仑出版社，2005年）等。

四、全球远航（2001年至今）

21世纪初，在郑和下西洋600周年之际，国内掀起一股研究郑和的热潮，北大学者也"预流"其中，曾任北大副校长的历史学系何芳川教授和曾任北大历史学系主任的王天有教授组织相关学者，对郑和下西洋的文献和历史问题展开研究。2003年，王天有与万明（北大历史系毕业）合编《郑和研究百年论文选》（北京大学出版社，2004年），为纪念活动做准备，从百年来已刊900多篇论文中，精选20篇各个不同时期、涉及各个方面的郑和研究代表作汇集成册，并在"前言"中对郑和研究做了简明扼要的阐述。

2004年7月，何芳川任院长的北京大学亚太研究院联合北京市社会科学界联合会、北京市历史学会，在北大英杰会议中心召开"郑和远航与世界文明暨纪念郑和下西洋600周

---

①《倭国と东アジア》，东京：六兴出版社，1990年。
②《中国から见た日本の古代》，京都：ミネルヴァ书房，2003年。

年学术讨论会"，有十多个国家和地区的学者参加，从跨学科的多角度来研究郑和下西洋。随后，会议论文集由北大王天有、徐凯联合万明一起精选编辑，题为《郑和远航与世界文明——纪念郑和下西洋600周年论文集》（北京大学出版社，2005年）。

这部论文集包括北大学人的多篇论文：何芳川《文明视角下的郑和远航》、王天有《郑和下西洋与隆庆开关》、徐凯《明代"礼治"外交与郑和下西洋》、孔远志《再论郑和在海外的影响及其意义》、郑家馨《试论国家权力对15世纪中国和葡萄牙两国海洋活动的不同作用》、梁志明《略论占城在郑和下西洋中的历史地位与作用——为郑和下西洋六百周年纪念而作》、梁立基《郑和下西洋与中国—东南亚关系》、王晓秋《百年前中国人对郑和远航的认识——评梁启超〈祖国大航海家郑和传〉》、吴小安《现实与历史：郑和下西洋与中国—东南亚关系》。这是北大学者又一次集体围绕海上丝绸之路的一个课题，从中国史、世界史多个方面研究郑和下西洋问题的成果的集中展现。

2005年7月，郑和下西洋600周年纪念活动筹备领导小组编（姚明德、何芳川主编）《郑和下西洋研究文选（1905—2005）》（海洋出版社，2005年）出版，其中也收录了多篇北大学人的已刊研究论文：何芳川《十五世纪中西三大航海活动比较初探》（第33—42页）、罗荣渠《15世纪中西航海发展取向的对比与思索》（第57—68页）、孔远志《印尼三宝垄的三保庙与华人》（第345—349页）、陈炎《郑和下西洋对伊斯兰世界文化的影响和贡献》（第379—386页）、侯仁之《所谓"新航路的发现"的真相》（第469—471页）。

1977—1978年恢复高考以后成长起来的一批学人，很快进入研究领域，对海上丝绸之路的研究也有许多贡献。同时，年轻一代学者之间的合作也是推动海上丝绸之路研究进步的重要动力。

受到邓广铭的历史学和侯仁之的历史地理学双重训练的李孝聪，以1991年赴莱顿大学进修为契机，开始了对欧美收藏的中文古地图的调查与研究；1992年去英国图书馆调查研究，2002年赴美国国会图书馆访问研究，其间走访了欧美大多数收藏单位，搜集了大量资料，完成《欧洲收藏部分中文古地图叙录》（国际文化出版公司，1996年）、《美国国会图书馆藏中文古地图叙录》（文物出版社，2004年）两本专著，合著《康熙朝〈皇舆全览图〉》（国家图书馆出版社，2014年），还写有一系列论文：《欧洲所藏部分中文古地图的调查与研究》①《马国贤与铜版康熙〈皇舆全览图〉的印制——兼论早期中文地图在欧洲的传布与影响》②《美国国会图书馆的中文舆图特藏》③《中国古地图的调查与地图学史领域

①《国学研究》第3卷，北京：北京大学出版社，1995年，第489—523页。

②《东吴历史学报》第4期，1998年，第139—154页。此文译成意大利文，载 La Missione Cattolica in Cina Tra i Secoli XVIII–XIX, Matteo Ripa e il Collegio del Cinesi, Atti del Colloquio Internazionale Napoli, 11–12 febbraio 1997, A cura di Michele Fatica e Francesco d'Arelli, Napoli, 1999, pp. 123–134.

③荣新江、李孝聪主编《中外关系史——新史料与新问题》，北京：科学出版社，2004年，第325—336页。

的国际汉学交流》^①《记16—18世纪中西方舆图传递之二三事》^②《传世15—17世纪绘制的中文世界图之蠡测》^③《清康熙朝绘制的两幅海路舆图初探》^④。其中多篇文章讨论了中文地图通过海上丝绸之路向外传播的情况，这是文化交流和技术交流的重要方面。

季羡林先生指导的博士生王邦维在协助《大唐西域记》校注工作的同时，也整理和校注了入印求法僧义净的两部著作，即《大唐西域求法高僧传校注》（中华书局，1988年）和《南海寄归内法传校注》（中华书局，1995年）。《大唐西域求法高僧传》中包括不少经海路到印度取经的僧人的传记，而《南海寄归内法传》更是经海路往印度求法的义净本人的详细记录，是研究唐代海上丝绸之路的基本文献。关于义净及其著作的研究，王邦维还撰有《敦煌本〈南海寄归内法传〉（P.2001）题记》^⑤《〈南海寄归内法传〉佚文辑考》^⑥《唐高僧义净生平及其著作论考》（重庆出版社，1996年）。

王小甫在研究中亚史的同时，也关注东北亚的国际关系

---

① 北京大学国际汉学家研修基地主办《国际汉学研究通讯》第1期，北京：中华书局，2010年，第145—207页。

② 复旦大学历史地理研究中心编《跨越空间的文化——16—19世纪中西文化的相遇与调适》，上海：东方出版中心，2010年，第466—481页。

③ 刘迎胜主编《〈大明混一图〉与〈混一疆理图〉研究——中古时代后期东亚的寰宇图与世界地理知识》，南京：凤凰出版社，2010年，第164—184页。

④《锦瑟万里 虹贯东西：16—17世纪初"丝绸之路"档案文献集萃》，北京：中华书局，2019年，第8—16页。

⑤《中国文化》创刊号，北京：三联书店，1989年，第44—46页。

⑥《清华汉学研究》第1辑，北京：清华大学出版社，1994年，第167—175页。

史，他与蒋非非、赵冬梅、张帆等合著有《中韩关系史·古代卷》（社会科学文献出版社，1998年），又主编北大“盛唐工程”丛书之《盛唐时代与东北亚政局》（上海辞书出版社，2003年），还撰写了《隋初与高句丽及东北诸族关系试探——以高宝宁据营州为中心》①《朝鲜为“来朝之韩”说》②《新罗北界与唐朝辽东》③《由遣唐使看古代日本对外政策的变化》④等文，在讨论隋唐时期的中国、朝鲜半岛、日本之间的关系时，多涉海上丝路问题。他主编的《古代中外文化交流史》（高等教育出版社，2006年）和所著《隋唐五代史——世界帝国　开明开放》（台北，三民书局，2008年），也都有章节涉及海上丝绸之路。

　　北大的文物考古方面一直走在该学科前列，而有关海上丝绸之路的考古学研究也是北大考古人所关注的课题之一。和北大许多前辈学者一样，林梅村先是从事陆上丝绸之路的研究，然后转向海上丝绸之路研究，但前人的成果有限，林梅村则做出很大贡献。他在香港城市大学讲学时，已经发表《古代东西方的海上交通》的概说性文章⑤，后来在北大的讲

----

①《国学研究》第4卷，北京：北京大学出版社，1997年，第157—176页。

②《“中日韩三国关系与东北亚的和平发展”国际学术讨论会论文集》（环日本海论丛第13号），新潟大学环日本海研究会，1998年1月，第74—80页。后作为附录收入《盛唐时代与东北亚政局》。

③《史学集刊》2005年第3期，第41—47页。后收入陈尚胜主编《登州港与中韩交流国际学术讨论会论文集》，济南：山东大学出版社，2005年，第312—327页。

④《周秦汉唐文化研究》第4辑，西安：三秦出版社，2006年，第174—180页。

⑤郑培凯主编《历史地理》，香港：香港城市大学出版社，2002年，第53—68页。

义《丝绸之路考古十五讲》（北京大学出版社，2006年）中，
也涉及海上航路、沉船考古、人员和物资交流等方面。

此后，林梅村发表了多篇论文，《陶瓷艺术与中西文化
交流》[①]；《元朝重臣张珪与保定出土元代宫廷酒器》讨论了
南宋广开海外贸易后，元朝青花瓷烧造所受伊斯兰影响的问
题[②]；《珠宝艺术与中外文化交流》指出湖北明代梁庄王墓出
土的"西洋等处买到"的金锭，应当是郑和下西洋采买到的
"诸番宝物"之一[③]；《从玲珑瓷看中国与伊斯兰世界的文化
交流》认为元朝时穆斯林商人将伊斯兰世界烧制玲珑陶器的
方法传到景德镇，因而产生了青花玲珑瓷[④]；《甘埋里考——
兼论宋元时代海上丝绸之路》据阿拉伯学者伊第利斯《世界
地图集》，比定甘埋里在阿拉伯半岛南端的 Al-Hammer 港，
不在波斯湾的忽里模子港[⑤]；《古代埃及与中国之间的海上交
通》以考古资料印证汉代中国经印度而与埃及的联系，并据
埃及贝勒尼斯港希腊拉丁文碑铭，阐述了印度洋的贸易[⑥]。

---

① 罗覃(Thomas Lawton)主编《全球化背景下考古学新前沿：解读中国古代传统》，纽约：AMS艺术、科学和人文基金会，2008年，第163—188页。

②《故宫博物院院刊》2009年第3期，第24—41页；收入林梅村《大朝春秋——蒙元考古与艺术》，北京：故宫出版社，2013年，第244—270页。

③《考古与文物》2014年第1期，第87—99页；收入林梅村《西域考古与艺术》，北京：北京大学出版社，2017年，第348—374页。

④ 中国国家博物馆水下考古研究中心编《水下考古学研究》第2卷，北京：科学出版社，2015年，第152—159页。

⑤ 张西平主编《国际汉学》2015年第3期，第43—48页。

⑥ 上海博物馆编《文明对比手册》，北京：北京大学出版社，2017年，第15—27页。

林梅村的研究视野也及于马可·波罗时代和郑和下西洋。他发表《威尼斯"马可·波罗罐"调查记》，把马可·波罗带回的德化窑青白釉瓷罐与"南海一号"沉船发现的大批德化窑青白瓷联系起来①；《马可·波罗时代的印度洋贸易》从马可·波罗所记的德化瓷器，讨论到马可·波罗回程所经的印度洋水域发现的德化瓷，如13世纪的爪哇沉船、印度马八儿沿岸遗址、波斯忽里模子港的发现，以及威尼斯圣马可教堂的"马可·波罗罐"②。关于郑和下西洋，他发表了《郑和海外遗迹调查》，从郑和宝船在满剌加所建的海军基地、印度尼西亚雅加达博物馆的青花大盘，到郑和葬地古里的遗迹，最后提到了土耳其托普卡帕王宫的明初青花瓷③。除了与张然用英文合撰《郑和的忽里模子：考古学的证据》④，有关郑和的其他研究成果还有《郑和忌日及身后

----

① 罗丰主编《丝绸之路上的考古、宗教与历史》，北京：文物出版社，2011年，198—203页；收入《大朝春秋——蒙元考古与艺术》，第193—202页。还可参看与张然合撰的英文论文：Lin Meicun and Ran Zhang, "A Chinese Porcelain Jar Associated with Marco Polo: A Discussion from an Archaeological Perspective," *European Journal of Archaeology*, Vol.1, 2018, pp. 39—56.

② 荣新江、党宝海主编《马可波罗与10—14世纪的丝绸之路》，北京：北京大学出版社，2019年，第233—247页。

③《紫禁城》总131期，北京：紫禁城出版社，2005年，第12—21页。

④ Lin Meicun and Ran Zhang, "Zheng He's Voyages to Hormuz: the Archaeological Evidence," *Antiquity*, Vol. 89, 2015, pp. 417—432.

事》①《郑和捐抄〈妙法莲华经〉手卷调查记》②。

关于大航海时期，林梅村也有不少研究成果：《15—16世纪景德镇青花瓷外销调查——大航海时代中国与伊斯兰世界的经济文化交流》讨论中国东南沿海穆斯林参与景德镇民窑的青花烧造，并下海通番，对中东地区产生广泛影响③。《大航海时代东西方文明的交流与冲突——15—16世纪景德镇青花瓷外销调查之一》探讨明朝实施海禁、朝贡贸易断绝后，从15世纪后半叶开始的走私贸易，并对比研究了香港竹篙湾走私港出土青花瓷与葡萄牙里斯本桑托斯宫天花板镶嵌的青花瓷的关联，进而讨论了威尼斯画家所绘《诸神之宴》中的明弘治窑的青花瓷④。《明帝国宫廷制图师考》考证《大明混一图》的海外部分应来自元朝吴门画师李泽民《声教广被图》，而《郑和航海图》所据则是伊斯兰地图和郑和船队实测图，由浙派宫廷画师谢环主持，以青绿山水画形式成图⑤。《澳门开埠以前葡萄牙人的东方贸易——15—16世纪景德镇青花瓷外销调查之二》，回顾了葡萄牙人向东占领马六甲，遣使明朝并向中国沿海渗透的过程，并检出三件有葡萄

①《九州学林》2005年春季三卷一期，香港：香港城市大学出版社；上海：复旦大学出版社，第1—26页。

②《俞伟超先生纪念文集·学术卷》，北京：文物出版社，2009年，第448—459页。

③中国国家博物馆水下考古研究中心编《水下考古学研究》第1卷，北京：科学出版社，2012年，第255—270页。

④《文物》2010年第3期，第84—96页。

⑤袁行霈主编《国学研究》第36卷，北京：北京大学出版社，2015年，第207—233页。

牙国王徽章的景德镇正德窑产品加以申论①。《大航海时代泉州至波斯湾航线——兼论16—17世纪中国、葡萄牙、伊斯兰世界之文化交流》，讨论大航海时代中国与波斯和中东地区的海上往来并没有因为葡萄牙对海路的控制而终止，景德镇和龙泉窑瓷器仍输往上述地区，《雪尔登中国地图》所绘很可能是中国海商通番航线②。《郑芝龙航海图考——牛津大学博德利图书馆藏〈雪尔登中国地图〉名实辩》认为此图绘于1633—1644年间，所绘自泉州开始的东西洋航线为郑芝龙海上帝国控制范围，因此此图当为《郑芝龙航海图》③。《野墅平林图考》将前人归之于利玛窦所绘的这幅画，考证为当时兼通东西方绘画技巧的耶稣会中国籍画师倪雅谷的作品，并指实其中景物来自北京什刹海④。

此外，林梅村还撰写了访古游记类的《普陀山访古——康熙帝拆迁金陵明故宫建普陀山法雨寺调查》⑤《尚蒂伊的中国花园》⑥。这些文章大多数都收入《观沧海——大航海时代诸文明的冲突与交流》（上海古籍出版社，2018年）一

---

① 《文物》2011年第12期，第61—71页。

② 《澳门研究》2013年第3期，第35—53页。

③ 《文物》2013年第9期，第64—82页。

④ 《文物》2010年第12期，第66—79页。

⑤ 杜德兰等编《文明的记忆符号——文字与墓葬》（《法国汉学》第15辑），北京：中华书局，2013年，第292—313页。

⑥ 《紫禁城》2011年第5期，第56—61页。

书。另外两篇访古游记《六横岛访古》^①和《寻找屯门岛》^②，也是有关海上丝绸之路研究的篇章。他还指导了两篇有关海上丝路研究的博士学位论文：李晴《洪武瓷器有关发现与元末明初海上丝绸之路》（2018 年）、黄莹《大食与中国的文化交流——公元 7—11 世纪海上丝绸之路考古学研究》（2020 年）。

考古文博学院的另一位教授齐东方也关注海上丝绸之路往来的物质文化。他的《新安沉船银器与庆元港》利用中国发现的元代银器来讨论韩国新安沉船出水的银器，并进一步阐述了新安沉船出发的庆元港（今宁波）在宋元时代对外贸易的盛况^③；《"黑石号"沉船出水器物杂考》重点研究了其中的扬州江心镜、青花瓷盘、长沙窑瓷器、白釉绿彩带把瓶、银盒、金盘、带把杯、提梁银壶等^④。他还为美国的"黑石号"展览图录撰写了《"黑石号"出水的金银器》，对比西安等地出土的唐朝金银器来判定"黑石号"金银器的产地，并特别强调扬州作为贸易中心和出口港的重要性^⑤。此外，齐东方还指导范佳楠完成了博士学位论文《新安沉船与

---

① 《澳门研究》2010 年第 2 期，第 169—184 页。

② 郝雨凡、吴志良、林广志主编《澳门学引论》，北京：社会科学文献出版社，2012 年，第 583—606 页。

③ 秦大树、袁旔主编《2011 古丝绸之路》，新加坡：世界科技出版公司，2013 年，第 135—148 页。

④ 《故宫博物院院刊》2017 年 3 期，第 6—19 页。

⑤ Qi Dongfang, "Gold and Silver Wares on Belitung Shipwreck", Regina Krahl et al. eds., *Shipwrecked: Tang Treasures and Monsoon Winds*, Washington. D.C.: Arthur M. Sackler Gallery, Smithsonian Institution, 2010, pp. 221-227.

东亚海上贸易》（2018年）。

秦大树是考古文博学院的瓷器考古专家，主持过中国境内多处瓷器窑址的考古发掘，具有丰富的经验。他也十分关注海上丝绸之路发现的瓷器。早在1995年，他就发表《埃及福斯塔特遗址中发现的中国陶瓷》一文，利用自己在开罗大学进修的机会，走访相关遗址，梳理前人研究成果，提出一些新的观点：唐五代产品以浙江越窑最多，也有少量长沙窑和北方白瓷；宋金时期以南方越窑青白瓷最多，但新发现了辽瓷；公元1000年开始，瓷器数量剧增。秦大树还结合海上丝绸之路和扬州港的情况，解释了瓷器输入埃及前后有所不同的原因[1]。2007年发表的《拾遗南海 补阙中土——谈井里汶沉船的出水瓷器》指出，这艘10世纪后半叶的沉船出水的30多万件越窑瓷器，反映了两浙地区海外贸易的主要货物，也大大增进了我们对越窑瓷器的认知[2]。2013年发表《中国古代陶瓷外销的第一个高峰——9—10世纪陶瓷外销的规模和特点》依据文献和考古资料，勾勒出晚唐到北宋初年外销瓷在输出规模和范围方面都达到的一个高峰，而其海外贸易的方式是以室利佛逝巨港为中心的转口贸易模式[3]。此

①《海交史研究》1995年第1期，第79—91页。

②《故宫博物院院刊》2007年第6期，第91—101页。

③《故宫博物院院刊》2013年第5期，第32—49页。关于室利佛逝巨港在环印度洋贸易中的地位，秦大树与项坤鹏还有英文的专题论文，见Dashu Qin and Kunpeng Xiang, "Sri Vijaya as the Entrepôt for Circum-Indian Ocean Trade: Evidence from Documentary Record and Materials from Shipwreck of the 9th-10th Centuries", *Études Océan Indien*, No. 46-47 (2011), Institut National des Langues et Civilisations Orientales, 2012, pp. 307-336.

后，他与任林海合撰《早期海上贸易中的越窑青瓷及相关问题讨论》，通过系统收集文献和考古材料，说明越窑瓷器外销覆盖了整个当时海上贸易圈内的东亚日本、东南亚、西亚中东、北非的所有地点，输出最多的时期是10世纪后半叶，成为当时中国最主要的外销瓷器，而井里汶沉船出土瓷器有与皇家遗址所出相同者，表明外销和供御都为当时官方所掌控[①]。

关于通过海路外销瓷器的研究，秦大树和他的团队还发表了许多文章：秦大树《八闽瓷都：大航海时代中的东溪窑》[②]《储物类瓷罐的古代窑址资料及相关问题初探》[③]，袁泉、秦大树《新安沉船出土花瓶考》[④]，张荣蓉、秦大树《琉球王国时期中国瓷器的发现与研究述论》[⑤]，钟燕娣、秦大树、李凯《明中期景德镇窑瓷器的外销与特点》[⑥]，罗相喆、王云飞、秦大树《中国三叉形窑具的发现与海外传播》[⑦]。此外，属于海上丝路研究的还有袁泉、秦大树《日

[①]《遗产与保护研究》2018年第2期，96—111页。关于这一问题，秦大树此前还以比较通俗的文字撰写了《青瓷天下走——云帆万里波 翠色映沧海 越窑的外销及相关问题略谈》，《世界遗产》2017年第5期，第69—77页。

[②] 栗建安主编《海丝·东溪窑国际学术研讨会论文集》，福州：福建人民出版社，2018年。

[③] Dashu Qin, Chang Jung Jung and Yu Shan, "Early Results of an Investigation into Ancient Kiln Sites Producing Ceramic Storage Jars and Some Related Issues", *Bulletin de l'École française d'Extrême-Orient*, Vol.103, 2017, pp. 359–384.

[④]《考古与文物》2016年第6期，第76—99页。

[⑤]《华夏考古》2018年第4期，第75—84页。

[⑥]《文物》2020年第11期，第49—66页。

[⑦]《华夏考古》2020年第3期，第81—89页。

本传世宋元漆器的考古学观察——以13—14世纪的中日贸易和文化交流为中心》①。

　　从2010年开始，受商务部委托，秦大树带队在东非肯尼亚开展考古工作，并进行海上贸易方面的相关研究。此前，2006年11月，秦大树等曾前往肯尼亚调研，对当地遗址已出土的中国瓷器做了普查，发表《肯尼亚出土中国瓷器的初步观察》一文，区分出中国瓷器外销的阶段性，并揭示与郑和航海相关的考古发现，以及蒙巴萨沉船出水的中国瓷器特点②。

　　课题组与肯尼亚国立博物馆联合考古队于2010年7—9月间对马林迪以北11公里的曼布鲁伊村遗址进行考古发掘，获得11世纪的229件中国瓷器，发掘收获详见秦大树、丁雨、戴柔星《2010年度北京大学肯尼亚考古及主要收获》③；2012年7—9月间继续开展曼布鲁伊村遗址发掘工作，发掘了马林迪老城区等三个地点，弄清了这两处遗址的年代和文化面貌，并出土了大量属于13世纪后半叶的中国瓷器，其中以龙泉窑和青花瓷片为主。秦大树、丁雨、刘未《2012年度中国和肯尼亚陆上合作考古项目取得阶段性成果》对此进行了简要报道④。2013年，课题组又进行了一次正式发掘。三次考古的综合报告，可参见秦大树、丁雨《肯尼亚滨海省曼布

①　北京大学中国考古学研究中心等编《古代文明》第9卷，北京：文物出版社，2013年，第148—176页。

②　秦大树、袁旔主编《2011古丝绸之路》，第61—82页。

③　李安山主编《中国非洲研究评论(2012)》，北京：社会科学文献出版社，2013年，第247—273页。

④　《中国文物报》2013年4月26日第8版。

鲁伊遗址的考古发掘与主要收获》①。

在开展以上考古发掘工作的同时，2010年12月至2011年1月，课题组赴肯尼亚进行调研工作。2012年7月和2013年7月又两次在肯尼亚沿海地区进行考古学调研，主要考察了经过正式考古发掘的遗址出土的中国瓷器，总共涉及37处遗址出土的1万多个中国瓷器片。详细的调查报告有刘岩、秦大树、齐里亚马·赫曼《肯尼亚滨海省格迪古城遗址出土中国瓷器》②，秦大树《肯尼亚格迪古城和蒙巴萨沉船出土明清瓷器及相关问题讨论》③，丁雨、秦大树《肯尼亚乌瓜纳遗址出土的中国瓷器》④。

通过这些工作，秦大树和他的团队认为，早在9世纪中国瓷器已经到达东非，晚唐到北宋初达到一个高峰，北宋中后期到南宋末是一个低潮，在大航海时代到来之前的南宋末经元代到明初又达到一个高峰，这改变了元末明初时期所谓中国瓷器外销空白期的传统认识。出土的一些明初的龙泉窑官器和景德镇生产的永乐时期的官窑青花瓷片，表明这些应当是官方的赏赐品，很可能由郑和船队带到这里，证明了郑和船队的确到达东非海岸。中国外销瓷在明代宣德后期到成化初期受海禁影响而发现很少，成化后期开始数量快速增

---

① 李安山主编《中国非洲研究评论（2014）》，北京：社会科学文献出版社，2015年，第253—271页。

②《文物》2012年第11期，第37—60页。

③《考古学研究》（十一），北京：科学出版社，2020年，第405—416页，图版13—20。

④《考古与文物》2016年第6期，第26—46页。

长并达到一个新的高峰。明嘉靖以后，中国外销瓷进入大航海时代的国际贸易体系，葡萄牙人占据东非，成为转运中国瓷器的主要力量。

关于此项目已发表的成果，还有秦大树《探寻东非古城马林迪》[①]，秦大树与丁雨用英文合著的论文《曼布鲁伊与马林迪》[②]。丁雨在秦大树指导下于2015年完成博士学位论文《肯尼亚曼布鲁伊遗址及马林迪遗址的考古学研究》，入职后继续发表了有关这一项目的一些研究成果[③]。

与不断有新发现的考古学研究相比，主要依据文献材料的历史学研究没有这么多让人兴奋的新发现文献，但基于对出土文献的解读和传统史料的再研究，也不断产生新的研究成果。

历史学系荣新江《唐朝与黑衣大食关系史新证——记贞元初年杨良瑶的聘使大食》一文，利用1984年陕西省泾阳县发现的《杨良瑶神道碑》，详细阐述贞元元年（785年）四月

[①]《首届中国考古学大会（2016·郑州）会志》，北京：科学出版社，2018年。

[②] Qin Dashu and Ding Yu, "Mambrui and Malindi", Adria LaViolette & Stephanie Wynne-Jones eds., *The Swahili World*, Oxon and New York: Routledge, 2018, pp. 205-213.

[③] 丁雨《肯尼亚滨海省马林迪老城遗址的初步研究》,《南方文物》2014年第4期，第127—135页；又《东非沿海发现的龙泉瓷器补阙》，李安山主编《中国非洲史研究会文集（2015）》，北京：社会科学文献出版社，2016年9月，第15—28页；又《中国瓷器与东非柱墓》,《故宫博物院院刊》2017年第5期，第133—145页；又《16世纪前东非海岸中的马林迪》，陈晓露主编《芳林新叶》，上海：上海古籍出版社，2019年；丁雨、谢西营《拉穆群岛考古概述及出土中国瓷器》,《陶瓷考古通讯》2014年第2期，第123—129页。

杨良瑶受命为聘国使，出使黑衣大食（阿拔斯王朝）一事。他们一行带着国信、诏书，可能是为了访问刚刚从大食沿海路回国的杜佑之侄杜环，先到南海（广州），然后从南海登舟出发，利用季风，经过漫长的海上旅行，到达波斯湾，最后抵达黑衣大食首都巴格达。完成使命后，至晚在贞元四年（788年）六月之前使团回到长安。杨良瑶的海上丝路行，为唐朝与波斯、阿拉伯之间的经济、文化交往揭开了新的一页。《新唐书·地理志》保存的贾耽《皇华四达记》所记从广州到波斯湾的海上丝绸之路详细航线，很可能来自杨良瑶一行的航海日志①。

此后作者又根据前揭文章发表后的相关讨论，在《唐朝海上丝绸之路的壮举：再论杨良瑶的聘使》一文中做了申论，再次强调《杨良瑶碑》对于研究海上丝绸之路的重要意义：一是《杨良瑶碑》在杜环《经行记》和贾耽《皇华四达记》之间架起了一座桥梁；二是杨良瑶的出使黑衣大食，开启了唐朝官方经海路与西方世界的交往和贸易。可以说从杨良瑶出使大食开始，唐朝的官方使节从海路前往西域诸国，带动了唐朝与阿拉伯、波斯地区的贸易往来，中晚唐大量波斯、大食商胡涌入东南沿海经商贩易，海上沉船如"黑石

①《文史》2012年第3期（百辑纪念特刊），北京：中华书局，2012年，第231—243页。英译文"New Evidence on the History of Sino-Arabic Relations: A Study of Yang Liangyao's Embassy to the Abbasid Caliphate"，载 Victor H. Mair & Liam Kelley（eds.），*Imperial China and Its Southern Neighbours*，Singapore，Institute of Southeast Asian Studies，2015，pp. 239–267。

号",都证明了中唐以来经海路的中西贸易往来之盛①。

外国语学院王一丹精通波斯语,接续了北大伊朗学研究关注中国的传统,曾发表专著《波斯拉施特〈史集·中国史〉研究与文本翻译》(昆仑出版社,2006年)。王一丹和北大蒙古史学者共同完成的一项重要工作,体现为《杭州凤凰寺藏阿拉伯文、波斯文碑铭释读译注》的出版,其为海上来华的阿拉伯、波斯人增添了一组第一手材料。这些碑铭由英国莫尔顿(A. H. Morton)释读、英译,北大毕业生周思成校注、中译,伊朗德黑兰大学乌苏吉(M. B. Vosoughi)教授访问北大期间加以释读、校勘,王一丹校波斯文,北大历史学系张帆、党宝海与浙江省图书馆吴志坚先生通校全书,由中华书局于2015年出版。王一丹的另两篇文章,《元代杭州的桥——从马可波罗的记述说起》利用汉文和波斯文材料解说了马可·波罗的记载②;《元代传入中国的波斯阿拉伯典籍——从〈秘书监志〉中的"回回书籍"说起》则根据阿拉伯、波斯文材料,进一步解读了相关书名及内涵③。

外国语学院波斯语专业的另一位年轻学者刘英军也陆续发表了《伊朗民族史诗〈库什王纪〉里的古代中国名称与中波交通路线》④《从〈库什王纪〉看古代伊朗与东亚之交

---

① 马丽蓉主编《新丝路学刊》2020年第3期,第1—14页。

② 荣新江、党宝海主编《马可·波罗与10—14世纪的丝绸之路》,北京:北京大学出版社,2019年,第67—83页。

③ 马丽蓉主编《新丝路学刊》2019年第2期,第135—147页。

④ 程彤主编《丝绸之路上的照世杯:"中国与伊朗:丝绸之路上的文化交流"国际研讨会论文集》,上海:中西书局,2016年,第54—66页。

通》①《〈库什王纪〉所载 B.sīlā 与东亚古国新罗》②等文章，提供了波斯语《库什王纪》中的珍贵记载，部分内容涉及海上丝绸之路。

外国语学院南亚系陈明多年致力于医药的东西文化交流史研究，曾发表《〈海药本草〉的外来药物及其中外文化背景》③等与海上丝绸之路相关的论文。东南亚系教授吴杰伟《大帆船贸易与跨太平洋文化交流》一书（昆仑出版社，2012年）中也有相关内容。

历史学系世界史专业的学者主攻的方向是某个区域与国别的历史，但如果该区域与海上丝绸之路相通，则他们的许多研究其实也可以说是海上丝路研究的一部分。

许平、北大毕业生陆意等《澳门纪事：18、19世纪三个法国人的中国观察》（社会科学文献出版社，2013年），研究了18—19世纪三个法国人在澳门、广州的记闻，涉及传教士在中国的活动，1784年中国政府和欧洲商人在广州发生的冲突即"休斯女士号"商船事件，以及晚清的广州、澳门摄影等，并由此讨论了欧洲人对中国认识的变化。

王元周的论文《朝贡制度转变的契机——基于1873—1876年间〈燕行录〉的考察》④，专著《小中华意识的嬗变——近代中韩关系的思想史研究》（北京：民族出版社，2013

---

① 《西域研究》2017年第1期，第63—75页。

② 荣新江、党宝海主编《马可·波罗与10—14世纪的丝绸之路》，第322—340页。

③ 《国学研究》第21卷，2008年，第1—57页。

④ 《复旦学报》2018年第5期，第51—60页。

年），研究了燕行使、近古朝贡贸易、"华夷秩序"等。

吴小安一直致力于东南亚史和东南亚华侨华人史的研究，早在2004年"郑和远航与世界文明暨纪念郑和下西洋600周年学术讨论会"上，就发表了《现实与历史：郑和下西洋与中国—东南亚关系》一文。他的英文专著《华人商业与马来属邦的形成（1882—1941年）》（*Chinese Business in the Making of a Malay State, 1882–1941*, Routledge, 2003）受到国际学界的一致好评。他梳理了中国与东南亚的互动关系中港口、贸易路线、移民潮与华人社区兴起的历史[1]，讨论了殖民主义时期东南亚的马来西亚、印尼北苏门答腊和泰南经济成长三角地区华人商业网络与权力关系，以及现代东亚与东南亚地区互动关系中的华人文化企业家及其文化[2]。他的另一篇长文《中国与东南亚：长时段的历史考察》从朝贡体系和海上贸易，一直讨论到中美激烈竞争下的中国与东南亚关系[3]。他最近写成的专著《区域与国别之间》被列入

---

[1] Wu Xiao An, "The Early Maritime Chinese Diaspora in Southeast Asia: Ports, Routes, and Communities", *The Malaysian Journal of Chinese Studies*, Vol.4, No.1(2015), pp. 47-58.

[2] Wu Xiao An, "Chinese-Malay Socio-Economic Networks in the Penang–Kedah–North Sumatra Triangle 1880-1909", *Journal of the Malaysian Branch of the Royal Asiatic Society*, Vol. 70, No. 2 (1997), pp. 24-48.

[3]《东南亚纵横》2020年第4期，第15—33页。原以英文发表：Wu Xiao An, "China Meets Southeast Asia: A Long-Term Historical Review", in *Distancing and Connecting: Southeast Asia and China in Perspective*, ed. Ho Khai Leong, Singapore: Institute of Southeast Asian Studies and the Singapore Society for Asian Studies, 2009, pp. 3-30。

"北京大学海上丝路与区域历史研究丛书"，2021年由科学出版社出版。

关注环境史的包茂红先后发表《海洋亚洲：环境史研究的新开拓》①《从海洋史研究到海洋环境史研究》②等文，阐明从海洋史到海洋环境史研究的学术理论和方法。他借助北大西洋环境史的研究模式和方法来推进亚洲太平洋环境史研究，并从时空两个方面提示海洋亚洲环境史研究的课题。这一研究取向从何芳川教授的太平洋研究发展而来，与海上丝绸之路的研究密切相关。

拉丁美洲史专家董经胜有《跨越太平洋的海上丝绸之路》，从更广阔的视野，阐述了16—19世纪初西班牙、葡萄牙开辟的菲律宾与墨西哥之间跨太平洋的大帆船贸易，使得中国的丝绸等手工产品经此贩卖到美洲，美洲的白银也来到中国。他强调海上丝绸之路不仅仅是中国与海外的联系之路，也是不同国家通过海洋的沟通往来之路，并提示利用档案材料研究海上丝绸之路的前景③。他的《华工问题与中墨建交始末》利用档案资料，研究19世纪中后期中国劳工进入墨西哥以及由此产生的两国关系问题，也是海上丝绸之路的重要篇章④。拉丁美洲和加勒比地区是21世纪海上丝绸之路

073

① 《学术研究》2008年第6期，第115—124页。

② 刘新成主编《全球史评论》第19辑，北京：中国社会科学出版社，2020年，第3—22页。

③ 中国国家档案局、北京大学编《锦瑟万里　虹贯东西：16—17世纪初"丝绸之路"档案文献集萃》，第17—20页。

④ 《拉丁美洲研究》2005年第6期，第60—64页。

的自然延伸，他在阿根廷《新社会》杂志发表的《中国与加勒比：接近、疑虑与挑战》，简要回顾了中国与加勒比国家和地区关系的历史，并着重分析了进入21世纪以来政府、企业、银行、移民等主要行为体在双方经贸关系中的作用①。

专攻德国史的徐健的《普鲁士鹰旗在广州——18世纪50年代埃姆登亚洲公司的广州贸易》一文，利用德国方面的档案和文献记载，从该公司创立的国际贸易环境、公司成立、商船的广州贸易、普鲁士人的反应以及公司失败的原因等方面，把这一段中西贸易史完整呈现出来，并指出这是普鲁士借此公司的中国贸易，改变其陆路贸易和欧陆扩张传统，转向海洋经济的重要尝试②。

针对何伟亚《怀柔远人：马嘎尔尼使华的中英礼仪冲突》一书的研究方法和争论，昝涛发表《商业文明、世界知识与海洋秩序——反思多维视野下的马嘎尔尼使华事件研究》一文。文章标题所示的几个主题有力提示了马嘎尔尼使团的来华目的和双方不同的认知，其中涉及东印度公司和英国与中国的海上贸易问题③。他还发表了《"一带一路""丝路学"与区域研究》④《历史与想象：中国和土耳其之间的思想联系》⑤等相关论文。

---

① Jingsheng Dong, "China-Caribe: acercamientos, desconfianzas y desafíos," *Nueva Sociedad*, N° 259, septiembre-octubre de 2015, pp.81-92.

②《中西文化研究》总第19、20期，2011年，第44—55页。

③《新丝路学刊》2020年第3期，第1—29页。

④《新丝路学刊》2018年第1期，第134—143页。

⑤《文化纵横》2018年第1期，第68—79页。

综合各自的研究角度，历史学系中国史专业的学者纷纷探讨海上丝绸之路的相关问题，荣新江指导的罗帅完成的博士学位论文《汉、贵霜、罗马之间贸易与文化交流》（2014年），依据文献和考古材料，阐述了印度与罗马间的海上贸易往来，而由于贵霜的兴起，又通过陆上丝路与中国联系到一起。他指导陈春晓完成的博士学位论文《伊利汗国的中国文明：以移民、使者和物质交流为中心》（2016年），则全面阐述了经陆海两路传入伊利汗国的中国文化。

王小甫《丝香之路：阿曼与中国的早期交流——兼答对"丝绸之路"的质疑》指出，早在公元1世纪，中国的丝绸就从阿曼—提飓（今卡拉奇）航线输入西方，而乳香、玳瑁、珊瑚、玻璃、琥珀等阿曼特产和从阿曼转口的其他商品亦经此道传入中国；阿曼是古代海陆两条丝绸之路的交通枢纽，阿曼乳香、中国丝绸曾经作为古代世界经贸交流的等价物，一起支撑了丝绸之路经济带的运作[1]。

王铿的《六朝时期会稽郡的海外贸易——以古代中日之间的一条海上航道为中心》指出，早在东汉、三国时期，会稽郡与日本之间已存在一条海上航道；《三国志·吴志》中的"亶洲"当指日本；会稽郡为当时中国南方地区重要生产基地，日本人来此贩易铜镜、瓷器、布帛、纸张等，而中国人则追求亶洲所产的明珠[2]。

史睿撰写《〈西域记〉泛海东瀛考——以最澄〈显戒

---

① 《清华大学学报》2020年第4期，第1—14页。
② 《中华文史论丛》2018年第2期，第121—148页。

论〉为例》，在概述玄奘《大唐西域记》通过日本求法僧传入日本的情况基础上，进一步阐述最澄《显戒论》利用《大唐西域记》《南海寄归内法传》，介绍印度和中国的僧团和戒律制度，实现他显扬大戒的目的①。

党宝海的《8至15世纪的中国与也门》全面阐述了从唐朝到明朝中国与也门的官方往来、商贸交通与文化交流情况②。他的《元朝与伊利汗国的海路联系》探讨了两国的官方使者往来，来华的伊利汗国商人及穆斯林移民、欧洲传教士对两国间海上航线的利用，元朝斡脱商人在伊利汗国的活动，元朝销往伊利汗国地区的特殊商品，以及元朝民间与官方地理知识的进步，等等③。另一篇论文《昔里吉大王与元越战争》涉及了元朝时期的中越关系④。

刘浦江的《辽代的渤海遗民——以东丹国和定安国为中心》，涉及东北亚的海上往来⑤。

张帆《潘耒〈救狂砭语〉所涉广南阮氏政权史事》涉及了元朝在岭南的扩张和与越南的关系⑥。

---

① 荣新江、朱玉麒主编《丝绸之路新探索：考古、文献与学术史》，南京：凤凰出版社，2019年，第287—297页。

②《北京大学学报》2021年第2期，第37—47页。

③ 荣新江、党宝海主编《马可·波罗与10—14世纪的丝绸之路》，第248—263页。

④《西部蒙古论坛》2013年第4期，第3—8页。

⑤《文史》2003年第1辑，第179—192页，后收入刘浦江《松漠之间——辽金契丹女真史研究》，北京：中华书局，2008年，第387—400页。

⑥《田余庆先生九十华诞颂寿论文集》，北京：中华书局，2014年，第707—712页。

近年来，荣新江与党宝海在北京大学国际汉学家研修基地主持"马可·波罗研究项目"，会读翻译《马可·波罗行记》，并产生了一系列研究成果，除了前文提到的，还有邱轶皓《艍（Jūng）船考——13至15世纪西方文献中所见之"Jūng"》[1]，陈春晓《宋元明时期波斯绿松石入华考》[2]《"中国石""中国铁"与古代中国铜铁器的西传》[3]《中古于阗玉石的西传》[4]，冯鹤昌《13—14世纪中西交通史中的大黄》[5]，求芝蓉《元代医籍中的西域药物"南乳香"考》[6]《马可·波罗回程经波斯行踪考》[7]。这一课题还延展到元朝时经海路来华的另一位欧洲传教士——和德理（鄂多立克），求芝蓉、安德烈欧塞（Alvise Andreose）《和德理（鄂多立克）生平、〈行程记〉成书与版本流传》和求芝蓉、马晓林、安德烈欧塞《和德理（鄂多立克）研究五百年》两篇文章，对鄂多立克的研究有很大推进[8]。

李伯重撰写的《多种类型，多重身份——15至17世纪前半期东亚世界国际贸易中的商人》，从全球史的视野来研究15—17世纪前半期东亚世界国际贸易中的商人。在这个早期经济全球化阶段，各类官、私或军、商往往采取暴力手段，

---

①《国际汉学研究通讯》第5期，2012年，第329—338页。

②《北京大学学报》2016年第1期，第141—148页。

③《海洋史研究》第13辑，2019年，第62—84页。

④《西域研究》2020年第2期，第1—16页。

⑤《国际汉学研究通讯》第15期，2017年，第274—285页。

⑥《西域研究》2020年第2期，第25—36页。

⑦《历史研究》2021年第1期，第194—206页。

⑧《国际汉学研究通讯》第21期，2020年，第323—361页。

建立独立或半独立的政权，客观上在一定程度上保障了东亚世界海上国际贸易的发展①。作者还有一部相关课题的通俗读物：《火枪与账簿：早期经济全球化时代的中国与东亚世界》（三联书店，2017年）。最近，李伯重发表《中国海外贸易的空间与时间——全球经济史视野中的"丝绸之路"研究》，从全球经济史的视角来分析不同时空下中国的海外贸易，即1—6世纪、6—10世纪、10—14世纪、15—18世纪四个不同阶段中海外贸易的规模大小和促成原因，指出到了第四个时期，中国借助西方开辟的世界市场，海外贸易的空间才得以空前扩大，并成为全球贸易的主要参与者②。

从2019年起，北大历史学系开始承担"海上丝绸之路与郑和下西洋及其沿线地区的历史和文化研究"项目，大力推进海上丝绸之路的研究。同年9月，与中国国家档案局合作，在北京大学档案馆举办"锦瑟万里　虹贯东西——中外丝绸之路历史档案文献展"，展出中国第一历史档案馆收藏的有关丝绸之路的文书、典籍、地图等重要文献资料，还有北大图书馆的珍贵文献及北大赛克勒考古与艺术博物馆收藏的外销瓷器，双方还合编了《锦瑟万里　虹贯东西：16—17世纪初"丝绸之路"档案文献集萃》（中华书局，2019年）。2021年4月，李伯重、董经胜主编的《海上丝绸之路——全球史视野下的考察》由社会科学文献出版社出版，汇辑了项目组

①《南京大学学报》2016年第1期，第69—86页。
②《北京大学学报》2021年第2期，第21—36页。

成员已刊的海上丝绸之路及沿线国家和地区研究的论文。同时，《北京大学学报》也刊载了一组三篇"海上丝绸之路研究"专栏论文，正如徐健教授在"主持人语"中所说的那样，这些文章"在宏观和微观层面对丝绸之路的基本概念和解释体系重新作了考察和探讨，增加了新的历史解释维度，进一步证实了自汉代以来中国在形塑海上丝绸之路中不可或缺的贡献"。《北大史学》还推出由党宝海与昝涛共同主编的海上丝绸之路研究专刊。

总而言之，北京大学是 20 世纪初叶以来中国新史学中研究中西交通史的重镇，冯承钧、向达等诸位先生在研究陆上丝绸之路的同时，也开辟了海上丝绸之路的研究。以后海上丝路的研究融入有关中外关系史或亚非史研究的范畴，促进了多方位的视角观察和研究进步。进入 21 世纪，由于郑和下西洋研究一度升温，全球化史观发生影响，以及随着中国考古队伍"走出去"，北大学人有关海上丝绸之路的研究课题更为广阔与深入，取得了丰硕的成果。今后，在中国"一带一路"倡议的推动下，海上丝绸之路的研究前景必将更加辉煌。

（2021 年 8 月 12 日完稿，原载赵世瑜主编《北大史学》第 22 辑"海洋史与海上丝绸之路专号"，北京：社会科学文献出版社，2021 年 12 月，第 1—32 页。）

丝绸之路研究热与中外关系史学科建设

一、古代中外关系史学科的回顾

与历史学中的中国古代史下的各个断代史学科相比，专门史中的古代中外关系史学科的发展要落后很多，就我所在的北京大学历学系来说，因为各个断代史在本科时期都有系统的教程，所以学生顺理成章进入研究生阶段。中外关系史过去曾经作为限制性选修课，但不知道从何时开始变成一般性选修课，学生不修这门课也可以毕业，而中外关系史的研究生要费力得多，所以也就只有较少的人来进这个门槛了。

从国内的学科发展来看，"中外关系史"这门学问早年又叫作"中西交通史"。中国最早专门从事这一学科领域研究的人是张星烺、冯承钧、向达，他们素称"中西交通史"三大家，其他如陈垣、陈寅恪、岑仲勉等人在该领域也有建树，但他们不是专门从事这门学问的研究者，而且更多的贡献在其他方面。张星烺最重要的著作是《中西交通史料汇编》，把从先秦到明清有关中西交通的中外文史料汇于一编，并作简要的注释，为中西交通史研究奠定了基础。我相信此后许多研究论文都是从这本书提供的史料开始的，但不一定把这本书引出来。《中国交通史料汇编》在今天看来有时代的局限，比如传统史料如《水经注》就没有用（大概当时没有好本子），出土文献只限于已经整理的少量敦煌写本，西文文献依据的译文比较陈旧等，但它的贡献是不可磨灭的。冯承钧虽然也有自己的研究著作，但更重要的是法文著作的翻译，如《西突厥史料》《马可波罗行纪》《多桑蒙古史》，以及发表在《西域南海史地考证译丛》九编中的散篇文章，对于中国中外关系史研究具有极大的推动力，迄今有些论著仍然是很重要的，如沙畹、伯希和《摩尼教流行中国考》（也有单行本）。向达除了早年的一些译著外，更多的是做研究，以《唐代长安与西域文明》等一系列文章知名于世，除了汇集在同名论文集中的文章外，还有大量单篇论文散在报刊当中，其中包括明清时期中外关系史的论述，他还主持了中华书局《中外交通史籍丛刊》并整理出多部古籍，贡献至多。

1951年院系调整，学科重新划分以后，一些早期就从事中外关系史研究的学者如孙毓棠、韩儒林、朱杰勤、夏鼐、季羡林、周一良等仍然有所贡献。1976年后一些学者才得以发表这方面的长期积累，韩振华、马雍、张广达、蔡鸿生、姜伯勤等，都有许多论著发表，研究的方面也有所推广。1977年后培养出来的一批研究生、本科生，如余太山、刘迎胜、安家瑶、林梅村、齐东方、汤开建、芮传明、段晴、赵丰等等一大批学者，也从各个不同的角度，对中外关系史的研究做出了重要的贡献。这些学者的著作主要以论文和专著的方式呈现，而从中外关系史的学科建设来讲，系统的阐述尤为重要。比较重要的系统论述，早一些的有周一良主编《中外文化交流史》（河南人民出版社，1987年）和张维华主编《中国古代对外关系史》（高教出版社，1993年），前者是按国别或地区编写的中外文化交流史，后者是按年代编写的更为全面的对外关系史，是高等学校文科教材；晚一些的有王小甫等编著《古代中外文化交流史》（高等教育出版社，2006年）和张国刚、吴莉苇著《中西文化关系史》（高等教育出版社，2006年），两者都是普通高等教育"十五"国家级规划教材，都是从先秦到明清的系统叙述，后者篇幅更多，大航海时代以后的近代早期中西文化交流部分占了一半篇幅。这些教材由于层层因袭的关系，比较照顾已知的重要史实和人物，而对于此后研究发现的人物和事件纳入不多，特别是大量考古资料的消化利用，还有些不够，而且都是单一的文字叙述，很少有附图，更没有彩色图片，这其实是教材最需要包含的内容。

二、"丝绸之路"研究热

"丝绸之路"的定义是1877年德国地理学家李希霍芬在他所写的《中国》一书中首次提出来的概念，指汉代中国和中亚南部、西部以及印度之间以丝绸贸易为主的交通路线。其后随着一批考古资料的发现，德国历史学家赫尔曼于1910年出版的《中国和叙利亚之间的古代丝绸之路》一书中，进一步把丝绸之路延伸到地中海西岸和小亚细亚，确定了丝绸之路的基本内涵，即中国古代经由中亚通往南亚、西亚以及欧洲、北非的陆上贸易交通的通道。因为大量的中国丝和丝织品经由此路西传，故称作"丝绸之路"。以后随着研究的深入，"丝绸之路"的概念不断扩大，有草原丝绸之路、海上丝绸之路、西南丝绸之路，又有玉石之路、黄金之路、玻璃之路、青金石之路、香料之路、佛教之路、茶叶之路、茶马古道、陶瓷之路，等等。这些概念都有学术资料的支撑，是可以成立的，但"丝绸之路"无疑是最有影响力的说法，其基本概念是最重要的中西交往通道。

　　21世纪以来，随着中国"一带一路"倡议的提出和推进，丝绸之路研究重新焕发了活力。在此背景下，国内外涌现出一大批学术论著，相关的展览、讲座等举办得如火如荼。我们知道，丝绸之路的研究范围主要是丝路一个文明与另一个文明的交往问题，在涉及中外交往的时候，丝绸之路研究就是中外关系史研究。有的时候两种文明的交往不发生在中外之间，比如波斯和罗马，但时常也是和中国相关联的，比如甘英出使大秦（罗马）时，安息（帕提亚）生怕汉朝与大秦的直接联系会影响安息获得的丝绸中转贸易的受益，因此极力阻止甘英西行，甘英从波斯湾无功而返，因此帕提亚与罗马的贸易关系也是和中国相关联的。所以说，丝绸之路研究的热潮，对中外关系史学科的发展具有强大的促进作用，在各个方面推进了中外关系史研究，虽然一般的作者并不说这是中外关系史研究，其实相关论著很多都是基于此前的中外关系史研究成果而生发出来的。

　　值得关注的有学界新创办的4种学术专刊。一是刘进宝主编的《丝路文明》，从2016年12月创刊，到2019年11月为止，已出版4辑，大部分内容是有关丝绸之路的专题研究，但也包含了一些纯粹的敦煌学研究，应当剔除。二是沙武田主编的《丝绸之路研究集刊》，创办于2017年5月，到2019年11月为止，已出版4辑。此刊注重考古、艺术史的图像资料，强调以图证史，有不少有分量的文章，但也夹带了部分纯粹的敦煌、黑水城、吐鲁番等方面的研究。三是李肖主编的《丝绸之路研究》，创办于2017年12月，内容涉及历史、考古、丝路语言等，但目前仅出1辑，出版周期过长；可喜的是与之相应的英文本，已经由三联书店和Springer出版了两辑，但遗憾的是英文本不是以杂志的面目出现，而是称作 *Silk Road Research Series*，是"丝绸之路研究丛刊"，每辑有个专题，这就变成书的形式，没有期刊的意义了。四是罗丰主编的《丝绸之路考古》，于2018年1月创办，到2019年9月为止，已出版3辑，所刊载的文章虽为精品，但多为旧作，据说从第4辑开始，都是未刊论文。考古资料在丝绸之路研究上十分重要，而且不断有新发现，也有新的研究，是学界更加期待的成果。总之，上述专刊的创办和所刊载的论文值得赞许，但也存在不少需要改进之处。近年来国内学术界涌现了大量研究丝绸之路的新作，若能精心组织稿件，一定能办出好的刊物。从另一个方面来说，日本、欧美学界过去以丝绸之路为名的纯学术杂志，因资金短缺或其他原因，大多难以为继；如果能够把这些杂志的欧美、日本作者队伍集结起来，一定能更大范围地推进丝绸之路的研究和中外关系史的学科发展。

对于国内的丝绸之路热，国外的一些研究者更加敏感，一些新著脱颖而出，一些著作的中文译本也抢占了先机。比如韩森（Valerie Hansen）的《丝绸之路新史》（*The Silk Road. A New History*），就出版了学术版、普及版、大陆和台湾的中译本，还有配套的《丝绸之路研究论文精选集》（*The Silk Road. Key Papers*），主要选取楼兰、龟兹、高昌、撒马尔罕、长安、敦煌、于阗七个地点展开研究，对推进国内外丝绸之路研究颇有贡献。但作为一个汉学家，仅仅依靠敦煌吐鲁番碎片来理解丝绸之路，还是存在一定问题，有以偏概全之嫌。又如吴芳思（Frances Wood）的《丝绸之路两千年》（*The Silk Road. Two Thousand Years in the Heart of Asia*），是面向大众的概论性著作，但其特点在于用一种英国人的视角来看待丝绸之路，有些是以往中国学者难以触及的方面。还有魏泓（Susan Whitfield）的《丝路岁月》（*Life along the Silk Road*），以十二种人物类型展开，如寡妇、士兵、商人、公主等，颇有新意。从学术的眼光看，该书将三位公主合成为一个人物的写作方式，将真实与虚拟糅为一体，虽然不是纯学术的，但以学术为支撑的通俗类著述，恰是以往中国学界所缺乏的。

还有一些非丝绸之路研究者也转入丝绸之路研究，其中最有代表性的是弗兰科潘（Peter Frankopan）的《丝绸之路：一部全新的世界史》（*The Silk Roads. A New History of the World*）。这部以丝绸之路所经欧亚大陆为主要对象的世界史，抛弃了传统的"欧洲中心论"，以欧亚内陆为核心，对两千多年来的世界历史变迁，做出新的阐述。作者以各种不同的

"路"来穿针引线，把从古代帝国到今日霸权国家在欧亚内陆的权利角逐，把经过丝绸之路传播的种种宗教、文化、思想，把这条商道上东西运输的各色商品，都做了宏观的描述，让读者可以通过丝绸之路的新视角，来观察人类文明的发展。本书的重点不是中国，内容很少涉及中国，而是从中国延展出去的丝绸之路新通史。我在这本书中译本的推介词中说，对于热切需要了解"一带一路"的中国读者来说，"这部著作犹如来自异域的西瓜，既让我们知道丝绸之路的甘甜，也要警觉这条道路的艰辛和火辣"。

另外，身为清史研究者的米华健（James A. Millward）所著通识类读物《丝绸之路》（*The Silk Road: A Very Short Introduction*），对丝绸之路后期的论述颇有新意。还有很多在学术研究支撑下撰写的展览图录和一般性图录，比如魏泓主编的《丝绸之路——贸易、旅行、战争和信仰》（*Silk Road. Trade, Travel, War and Faith*）与《丝绸之路：人、文化与景观》（*Silk Roads. Peoples, Cultures, Landscapes*），都是很有学术视野的著作。

日本学界早在20世纪七八十年代便有一阵研究丝绸之路的热潮，近年则逐步淡化。在一般的日本学者的观念里，"丝绸之路"往往是比较通俗的学术，所以很少有学者以"丝绸之路"命名自己的著作，一般以"东西文化交流"等名目展开研究。近年来，又有一些学者坚持推进"丝绸之路"的学术研究，出版了像加藤九祚译著的《考古学所见的丝绸之路》，欧亚考古学丛书中也有《汉代以前的丝绸之路》。在这方面最重要的成果是森安孝夫《丝绸之路与唐帝国》，最近也出版了中文简体字译本。这是一本植根于精深学术研究的通俗读物，深入浅出，对丝绸之路研究颇有贡献。最近看到书讯，森安孝夫又出版了《丝绸之路世界史》，值得期待。

三、有关中外关系史学科建设的几点思考

首先是从学科建设角度来思考丝绸之路研究与中外关系史研究的关系问题。丝绸之路研究的热潮大大推进了中外关系史研究的进步，但丝绸之路研究也有琐碎的一面，因为目前还没有一个"丝绸之路学"。丝绸之路研究与传统的中外关系研究有区别，因为丝绸之路是一个交通概念，它不是一个国内的路线，而是多条国际通道形成的网络。在这条道路上发生的一个文明与另一个文明的交流，是丝绸之路研究的范围，这种交往不能简单地被中外关系史所限定。但两者更多的是相同的，所以可以借助丝绸之路的研究，来思考中外关系史的学科建设问题，包括中外关系史学科的研究对象、研究史、研究方法、研究理论等。

就研究对象而言，丝绸之路的研究大大扩大了我们的研究视野，充实了中外关系史的内容。就研究方法而言，以往中外关系史研究更多地依赖传统文献、出土文献与文物，采用文化人类学的进化论、传播论。以今天的眼光看，这些方法仍是研究中外关系史的主要方法，而今后的研究也应考虑采用新方法、新手段，比如对GIS的使用等。还应当考虑中外关系史研究与当前盛行的全球史、区域研究的关系问题。

就全球史而言，以往学者一般认为15世纪末16世纪初开始的地理大发现推动了经济全球化的发生，由此产生了全球史。全球史研究主张打破原有的区域、国别界限，整体地看待全世界的历史，这与中外关系史的研究取向不谋而合。全球史研究者比较强调全球化之后的历史，然而在1500年之前丝绸之路早已存在，中外关系也早就存在了，可以借助全球史、区域史研究的视角和方法，来看早期的中外关系史。

其次，有关中外关系史的中外文史籍的整理工作有待加强。中华书局过去主持出版的《中外交通史籍丛刊》和《中外关系史名著译丛》近年来基本上没有新的出版物。就传统的汉文史籍而言，像《法显传》《大唐西域记》等著作的整理本已经过于陈旧，难以满足当前研究的需要，需要站在今天研究和考古发现成果的基础上，重新加以整理。而还有一些著作，特别是明清时期的中外关系史著作，还没有得到应有的整理和校注。就外文古籍的翻译而言，还有大量的希腊文、拉丁文、波斯文、阿拉伯文的著作有待翻译，比如《道里邦国志》一类的著作，《塔巴里年代记》《史集》一类的著作，还有《心之喜悦》、医书、珍宝书等，就连《马可波罗行纪》这样的名著，我们现在使用的还是20世纪上半叶的译本，其实我们不仅应当有像慕阿德（A. C. Moule）和伯希和（P. Pelliot）的英译本那样的"百衲本"，还应当有三个抄本系统各自的译本，才符合当今学术的要求。

第三，考古发现的文物资料和文献资料，应当尽快转化为研究素材。目前已经出土或出水的大量文物资料，为中外关系史研究不断注入活力。比如1999年到2004年间太原、西安发现的胡人首领虞弘、安伽、史君等人的墓葬，大大推进了我们对于粟特人入华史的认识，以及祆教的流传、胡人服饰、音乐舞蹈的传入等多方面的看法。而南海沉船的出水文物，如黑石号、南海一号等沉船文物的整理，也使得海上丝绸之路更加丰富多彩，从货物的巨大数量上，给我们的认知产生强大的冲击。

此外，丝路沿线出土的汉语和胡语文献亦有待整理，比如敦煌吐鲁番汉文文书中的中外关系史料，过去姜伯勤有《敦煌吐鲁番文书与丝绸之路》（文物出版社，1994年）一书，极有前瞻性的眼光。从今天掌握的资料来说，还有很多资料需要重新整理，如吐鲁番出土的《唐天宝二年交河郡市估案》，因为有了杏雨书屋和旅顺博物馆藏品的出版而需要重做；还有新获吐鲁番文书中的《阚氏高昌永康九年、十年（474—475年）送使出人、出马条记文书》，是记录5世纪后半叶丝绸之路的极其珍贵的文献；还有敦煌吐蕃到归义军时期大量公私文书中的中外关系史资料，零碎而珍贵，需要收集整理。

敦煌特别是吐鲁番出土的大量胡语文献，如摩尼教和景教的经典，本身就是中外交通的产物，因为已经有了很好的现代语言译本，应当系统地翻译成中文，这些著作不仅仅是研究宗教文化传播的基本资料，也是我们研究中国与西亚、中亚科技、医药等方面交流的重要素材。而晚期的突厥化粟特语文书，是丝路商人所使用的账单、书写的信件，更能真切反映中外经济、文化的交流状况。

同样属于出土文献的石刻材料，其中不乏十分珍贵的资料，如西安周边发现的杨良瑶神道碑，记录了唐朝贞元年间出使黑衣大食的重要史事；波斯人李素及其夫人卑失氏的墓志，为我们呈现了中晚唐入仕唐朝的波斯人李素一家的事迹，从而可以得知波斯天文历法知识的输入，以及波斯人入主唐朝司天监的未知史实。

第四，就国内中外关系史的研究力量而言，大多数人比较重汉、唐时代，而较少人关注伊斯兰时代的中西交往，因为前者的研究更多地可以依赖于汉文史料，而后者则需要掌握阿拉伯文、波斯文的穆斯林史料，这些方面有大量的课题有待着手研究。

最后，中外关系史的研究也需要普及与提高相结合。随着"丝绸之路"热产生的大量通俗读物，对于中外关系史的相关知识的普及有很大的帮助。但目前中文著作中，能够像布尔努瓦《丝绸之路》或霍普柯克《丝绸之路上的洋鬼子》那样文笔优美，史实准确的畅销书还不够多，希望我们的专家学者能够在普及方面投入一定的精力，特别是能够写好雅俗共赏、图文并茂的教科书。

（2020年10月3日完稿，原载《上海师范大学学报》2021年第3期，第5—9页。）

胡语文书与丝绸之路

　　"丝绸之路"研究是近年来的热门话题，但对于中古时期而言，传统的汉文、阿拉伯文、波斯文史料是有限的，而且大多数都经过前辈学者的阐述，要出新意，并非易事。而百年来丝绸之路沿线发现了大量的各种语言的文书，我们常常把汉语之外的材料统称作"胡语文书"。这些胡语文书包括犍陀罗语、大夏语、佛教梵语、吐火罗语（焉耆语、龟兹语）、于阗语、据史德语、粟特语、中古波斯语、帕提亚语、叙利亚语、突厥语、古藏语、回鹘语、西夏语、蒙古语等，其中有些是后来不再使用的"死语言"，有些属于一种语言的早期阶段，释读并非易事。经过一百多年来语言学家的努力，大多数文本已经刊布，有些还有现代语言的翻译，可以使非该门语言专家之外的学者也能利用这些文书来研究丝绸之路。随着文本的不断解读发表，新材料也就在胡语文书中被不断发现。

　　不同的胡语文书对于丝路研究的贡献也是不一样的，如犍陀罗语、佛教梵语文献代表了佛教的东传，丝路北道的吐火罗语更多地证明了小乘佛教的传播，而南道的于阗语则是大乘佛教流传的最好说明；粟特语文书不仅是粟特商队留下的珍贵经商记录，也有不少佛教、摩尼教、基督教的写本；中古波斯语、帕提亚语是摩尼教的教会语言，和叙利亚语是基督教东方教会的官方用语一样，分别是摩尼教、基督教东传的结果；于阗语、古藏语、突厥回鹘语、西夏语、蒙古语的世俗文书中，都有各种各样与丝绸之路相关的记载，有些还超出自身语言流行的界限，记录到更为遥远的丝绸之路上发生的人和事。

由于粟特人是中古时期丝绸之路上的贸易承担者，所以他们所使用的语言是丝绸之路上的第一手资料。敦煌西北长城烽燧下发现的一组粟特语古信札，就记录了一个粟特商团在公元4世纪初来华从事贸易的情况。他们以武威的粟特聚落为大本营，派出多组粟特商队，到洛阳、邺城、金城、酒泉、敦煌等地经商，并把物品和资金转运回家乡撒马尔罕。从这些古信札中，我们可以知道他们如何进行商业运作，经营什么商品，如何通过聚落中的祆教祠庙，来保障商人及家属的社会权益，并解决纠纷。再结合敦煌吐鲁番出土的粟特语、汉语文书和碑志，我们现在可以大大丰富丝绸之路贸易史的内容，大到粟特商人聚落构筑的贸易网络，小到粟特商人个体从事买卖的过程，以及他们所推动的物质和精神文化交流的诸多方面，都有详略不一的记录。

于阗语、藏语、回鹘语文书中也有不少涉及丝绸之路，有关交通路线、使者出行、商业往来、文本流传、出入账目等，都有丰富多彩的记录留存下来，为丝绸之路研究提供了丰富的素材。今后，随着更多的胡语文书的发现和解读，必将使丝绸之路的历史更加丰满，更加多姿多彩。

(2022年7月19日完稿，原载《中外论坛》2023年第1期"胡语文书专号"笔谈。)

不仅敦煌

迎接敦煌学的新时代，让敦煌学规范健康地发展

以2019年8月19日习近平总书记到敦煌视察为标志，可以说敦煌学迎来了一个"新时代"，我特别要强调这个"新时代"。身在大漠之中默默奉献的莫高人，得到了党中央和国家最高领导人的高度评价，引发了各个部门对敦煌学的关注和关爱，各个部门进入敦煌学领域，必然给敦煌学带来一个新的时代。

随着国家领导人的直接关注，一定有大量的、各个领域的、不是敦煌学领域的人进入敦煌学领域。所以就为敦煌学的发展，提出了一系列新的课题，也提出了一系列新的挑战。不是敦煌学的学界的介入，会带来很好的一些资源、方法、理念，但同时怎么做，当然也是要面临一个个的挑战，就是敦煌学如何接受非敦煌学的介入。这是个好事，全国人民都关注是好事，但也存在问题，就像敦煌的旅游一样，游客都来了我们可以多赚钱，但是多赚钱也会对文物遗产有损害。为什么日本正仓院只开那么一段时间呢？就是这个道理。开放和保护都是有矛盾的，所以我们要迎接这个令人兴奋的新时代的到来，但我们也要面临着这样一个新的挑战。

敦煌学研究者和工作者既为此感到骄傲和光荣，也感到肩上的担子更加沉重，为了应对新时代敦煌学给予我们的机遇和挑战，敦煌学从业者应当怎么样来做呢？这是我们现在面临的问题，当然更重要的重担是敦煌研究院的领导肩负的。我们在北京不断地参加各种如文化部、国家文物局等单位召集的相关会议。这些会议会对敦煌学研究的某些方面有很大的推进。比如说印度收藏的敦煌文物问题，我们曾建议文化部、外交部等有能力的单位，把印度藏的斯坦因拿走的那些敦煌的画给复制回来。敦煌学界花了二三十年，也没有办法复制回来这些东西，能不能通过外交途径来进行呢，这个建议就没有后话。是机遇也是挑战，这是我说的第一点，就是敦煌学随着总书记来到敦煌，给我们带来了一个敦煌学的新时代。

　　第二点我想谈谈新时代的敦煌学内涵的扩大问题。一般来说，敦煌学是以1900年敦煌莫高窟藏经洞的发现为标志，在敦煌研究院也开过纪念敦煌藏经洞发现100周年的学术会议。因为一门学问什么时候开始需要找到一个起点，敦煌学界就是以敦煌藏经洞发现为起点。其实敦煌藏经洞发现的时候，先是落入王道士之手，哪有学术可言？但我们说一门学问的开始，总要有一个起点，所以大家都是以1900年作为敦煌学的开始点，其实这只是一个带有明确年代标志的时间点。

　　敦煌学实际上是和现代学术发展一脉相承的，就是敦煌学的发生是跟整个的现代学术紧密相关的。虽然敦煌莫高窟原来一直存在，但是，随着敦煌莫高窟、榆林窟为学术界所发现，才开始用现代的学术观点和方法来认识敦煌艺术和敦煌藏经洞文献，这正是20世纪初叶的事。举例说，楼兰城一直在罗布泊畔耸立，如果斯文·赫定不去，楼兰城仍然在，所以你可以说楼兰不是斯文·赫定发现的，当然不是。但是楼兰的科学发现那就只能归于斯文·赫定，因为斯文·赫定从楼兰回去之后，八本科学考察报告就出版了，在此之前千年来耸立在那里的楼兰城，是没有这八本科学报告的。敦煌也是一样，敦煌自从20世纪初被学术发现后，就不断地有各种考古报告出来。虽然斯坦因是我们很痛恨的文化强盗，但是他的著作都是一本一本的考古报告，那真是写得精细，这是我们不能否认的。因此，敦煌藏经洞的开启，为20世纪初叶蒸蒸日上的现代学术提供了丰富的资料，这些资料大力地推动了学者们对宗教史、历史学、考古学、美术史、语言文字、科技史、东西文化交流、丝绸之路，以及建筑、音乐、舞蹈、印刷、造纸术等学科或专题研究的进步。几乎现代科学的许多涉及中国的篇章都离不开敦煌。比如说李约瑟写《中国科学技术史》，其实他原书的名字叫《中国的科学与文明》，讲中国文明史的时候，很多都离不开敦煌。他讲到天文，就用的是藏经洞的天文图；讲到印刷，当然有咸通九年（868年）的《金刚经》等，其中有不少具有世界第一意义的东西都是敦煌出来的，敦煌为现代的学术提供了大量的丰富资料，填补了许多学术领域的空白。如果没有敦煌的资料，可以说就无法进入相关的学术大厦。

但是，敦煌石窟以及敦煌传统文献毕竟是一种古代的文化遗产，因此文物保护越来越成为摆在敦煌学研究者面前的一项重要的课题，这也就是今天我们这个会议的主要议题。敦煌研究院率先与国内外文物保护单位合作，引进最先进的技术，进行了石窟壁画、石窟环境等许多方面的文物保护的新探索，取得了国际瞩目的成绩，为敦煌学开拓了新的领域。

对于这些保护研究，我完全是外行，我是做历史学研究的。我经常来敦煌，所以跟这些文物专家有接触，特别是前几年美国盖蒂基金会为樊院长召开了一次"樊锦诗从事敦煌研究50年"的国际学术研讨会，就是三百多人聚集在一个大屋子里为樊院长在美国举办一个这样规模的会议。会议之前的筹备阶段，盖蒂基金会的阿格纽先生和倪密女士拿着我的英文本《敦煌学十八讲》到北京来找我，让我去做主题发言。我认为樊院长对敦煌学贡献非常大，所以我也非常勇敢地面对300人用英文演讲了一番。这实际上是国际上对于敦煌在文物保护方面所做的成绩的一种肯定，其实我们在这方面已经走在了前头，敦煌成为文化遗产保护的典范。

在敦煌学的新时代，必定要为敦煌学注入一系列新的内涵。在过去单科研究的基础上，产生了一系列跨学科的研究领域，这当然更多的是理科和文科的一些交流。文化遗产的保护，涵盖了敦煌石窟文物的科学与人文的许多方面，包括环境、物理、化学、计算机等多个学科方法进入人文领域，反之亦然。但是相互之间的渗透还是远远不够，比如那些真正搞科学研究的，当然他们有的时候会读《敦煌学十八讲》，但《敦煌学十八讲》已经是很老的书了，他们能不能掌握人文社科方面的最新研究成果？同样的道理，做人文研究的人是不是会去关注那些理科的成果，这在一定程度上都是要打折扣的。尽管如此，目前的交流已经大大扩展了敦煌学研究的内容。

从我目前主要研究的领域看，我觉得在丝绸之路和敦煌学的结合方面还有很多进一步扩大的空间。当然敦煌学的未来发展要说起来有很多内容，我在《敦煌学十八讲》中也展望了几个方面，刚才郝春文教授也说了更广阔的文献学涉及的方方面面。我只举一个例子，就是现在作为我们国策的"一带一路"和敦煌学研究也是密切相关的，因为敦煌就是丝绸之路上的咽喉之地。从丝绸之路的角度对敦煌资料做深入的研究，是敦煌学的一个重要的内涵。当然已经有很多学者在做，现在仍然有很多学者在做，这方面有巨大的拓展空间，比如说敦煌文献中的丝绸之路的记载，其实没有人做分类的整理。藏经洞出土文献中有各种各样的记录，甚至小到一个契约，都有敦煌学者在做工作，但丝绸之路的文献没有人把它集合起来，其实可以由此整理出很多新的资料，涵盖很多新的内容，整理和阐释都有待进步。

在敦煌石窟和文书当中包含着大量的丝绸之路沿线的文化遗产。我想说的是，现在我们不能把敦煌只当作敦煌看待，敦煌是属于丝绸之路的敦煌，比如说有丝绸之路的粟特商人带来的粟特语文书，然后有他们经营的商贸往来的书信、账单，有佛教徒，有景教徒，有摩尼教徒等，传教士带来的经书和图像，我们现在都叫敦煌文书或敦煌遗书，其实里面有大量的长安文书、长安佛经，还有洛阳的，有山东的，有于阗的，有高昌的，有很多地方的，所以不能把敦煌的文献和文物局限在敦煌，而是应该把它扩大成丝绸之路的文献、丝绸之路的文物。其实包括莫高窟的营造，莫高窟营造时用的颜料、香料，制造石窟的很多材料，都不是莫高窟的，是别的地方运过来，然后组合在这里，而且莫高窟并不只是现在看到的实物建筑和壁画，也包括挂在上面的画幡，很多藏经洞出土的这些绢画、纸本画、图本，都是敦煌石窟的整体内容的组成部分。随着研究的深入，还可以不断地把敦煌学的内涵扩大化，我只是从丝绸之路的角度来举一个例子。

最后，我想说的一点就是敦煌学要健康的发展，必须建立学术规范。从整体的学科发展来说，敦煌学是20世纪开始的一门新的学科，他跟物理学、化学、历史学、哲学相比，要年轻得多。特别是20世纪80年代以来，中国学者抱着巨大的爱国主义热情投入敦煌学研究之中，由于学科发展太快，一路前冲，取得了巨大的成绩，但仍然有很多不规范的学术成果，也打着敦煌学的名字被生产出来。为此要建立敦煌学的学术规范，这也是新时期敦煌学的一个重要而艰巨的任务。

这个方面往往被学术界所忽视，有的学者只顾着往前冲，以为写得越多越快越好，不考虑所写是不是规范的东西。其实学术规范的第一条，就是要尊重前人的研究成果，不能重复劳动。现在敦煌学"成果"中，重复劳动太多。比如我们做中国历史的研究，有二十四史的标点本，敦煌的文献没有一个标准。例如，郝春文教授正在努力做一个英藏敦煌文献的标准本，张涌泉教授正在做一个敦煌文献分类合集的标准本，但是敦煌文献是很难整理的东西，要做出一个大家认同的标准本子不易。其实在没有标准本的情况下，在写作的时候也得找一个最好的本子，可是现在敦煌学研究者在引用一个编号的写本时，往往随意注一个图版，给一个法藏、英藏敦煌文献图录的出处，但这篇文书的文字是他录的吗？根本不是！如果你让他不参考任何人的劳动成果而自己录文的话，一定会错误满篇的，他借助了很多人的录文，然后不提人家。这就属于非常不好的违反学术规范的例子，所以敦煌学还有很艰巨的任务来做，就是学术规范。

这个学术领域需要做很多工作，比如说敦煌壁画的研究，其实有很多前人的研究工作，过去主要分主题来研究，如金光明经变、法华经变等，这些经变都分散在各个洞窟里。有的人进入某个洞窟，想研究这幅经变画的时候，首先要知道谁研究过，没有一本目录告诉我们谁研究过。所以很多研究者以为是他自己研究的，实际上人家早就写过了，他不知道。这个学术史是全世界的，在研究某个窟的某幅画时，首先要翻全世界范围出版的书和发表的论文，英文、法文、德文、日文、中文的等，包括博士论文，然后才能够知道已有的相关研究。这不能光靠电子检索就能发现的，这必须是敦煌学界的一个任务，就是要由敦煌学者自己编一个索引，就是哪个号的洞窟谁研究过。同样，哪个号的卷子谁研究过，哪个号的敦煌文书谁研究过了，也是需要敦煌学者编制索引。所以，我认为敦煌学要避免炒冷饭、避免重复劳动的一个基本的工作，是按石窟编号编纂敦煌石窟研究目录，就是你要研究一个文献，你就知道前人做过的成果。其实我在研究敦煌文书的过程中，最大的工作就是抄卡片，每看一本新的敦煌学书，我就录到我的一张卡片号上，谁做过就标注出来。我做了很多盒卡片，所以我看到一篇新的文章，如果没有新的卡片来抄录，那八成都是炒冷饭的。

所以，我们要用符合学术规范的方法推出敦煌学的新著作。樊院长主持的莫高窟考古报告给我们树立了一个符合规范的榜样，还有大量的这样的工作要做。这包括出版敦煌文献的新整理影印本，敦煌文献的校录本，都应该按新的学术规范来做。图版，特别是录文本，一定要交代清楚，前人都有谁录过，你都应该著录出来，才敢说自己超过了所有前人的工作。要是不敢把前人的所有的研究成果提示出来，那就是没有做到家。

敦煌学的发展，应当立足于敦煌学的深入研究，因此在热闹的同时，我们必须清楚地认识到要促进敦煌学的进步，首先就是要推动敦煌学研究的进步。要推出最精深的敦煌学研究成果，而淘汰那些敦煌学的次品和赝品，要用严格的学术规范推进敦煌学的健康发展。我在学校里教一门"学术规范与论文写作"的课，就是每一个北大历史系的中国古代史专业的研究生，必须通过这门课才能拿到学位，这是必修课。这是一个做研究的人必须得学会的常识，从怎么写标点符号，怎么加注释，从《汉书·艺文志》一直到《四库全书》，要知道中国古代书是怎么构成的，怎样找材料，然后一直到每个标点符号、每个注释、每个参考文献、每个索引。敦煌学著作都应该有专名索引、文书和洞窟编号索引，没有索引就不是一个完整的敦煌学著作，就不是一个完整的规范的学术著作。这方面的内容太琐碎，我就不讲了，希望今后我们学者、出版社和各个方面的人都来监督。其实今天有一些高端媒体的、高端的科技公司在场，现在做索引已经很容易了，电子文本可以自动生成索引，只不过需要选择、选取和论述有关的条目。我们可以利用更新的科技手段来把敦煌学的学术规范建立起来，使敦煌学健康发展。

（2020年8月19日在敦煌研究院的发言，《敦煌研究》编辑部据录音整理成稿，9月9日改订，原载《敦煌研究》2020年第6期，第20—22页。）

谈谈敦煌学研究的新问题与新方法

敦煌学已经拥有 122 年的历史，藏经洞文献几乎全部公布，敦煌石窟的图像也大量数字化展示，敦煌学研究已经取得了丰硕的成果，不论普及还是提高，都做出了非常突出的成绩。然而，与成绩相伴而生的，就是敦煌学的有些研究课题已经陈旧，没有新意，甚至有不少炒冷饭，重复劳动的所谓"成果"，研究文献显得鱼龙混杂。

因此，我们应当面对学术发展的新形势，来探讨敦煌学研究能够提出什么新问题，要推进新问题的研究需要什么新的方法。我这里仅就自己所涉猎的范围，略谈几点看法。

一、从历史学的角度来看，敦煌藏经洞发现的文书资料无疑是许多没有见过的中古时期的材料，具有十分珍贵的价值。但从罗振玉以来按照传统学术方法从事敦煌学研究的学者，大多数都把敦煌文书看作拾遗、补缺的资料，因为他们关注的历史是以帝王将相为主体的政治史，以及在传统王朝体系范围之内的各项制度，所以他们利用敦煌资料主要是补充已知的历史叙事，比如用《常何墓碑》补说玄武门之变，用唐代户籍补证均田制是否实施，等等。

然而，敦煌材料最重要的价值是它的原始性。我们现在有关中古时期的历史书写，主要依靠传统王朝的史家整理过的著作，如正史、编年史等，即使有一些文人笔记或文章，也是着意写作的"编纂史料"。在后现代思潮的影响下，这些"编纂史料"受到很大的质疑。这种后现代思潮不一定完全正确，但也有其道理。我们要观察一个时代的历史，用原始材料更好。敦煌就保存了大量未经人为的造作而直接废弃的原始公私文书，可以作为我们观察历史、书写历史的原始依据。

不能否认的是，敦煌毕竟是一个边缘城镇，敦煌原始文书所涉及的内涵往往是当地的一些事件，甚至是民间的一些琐事，不能取代"编纂史料"所阐述的宏大叙事，但正是这种原始性的、边缘性的、民间性的材料，提供给我们观察一个地方社会本来面貌的最好视角。在帝王将相构成的王朝政治史之外，其实有着丰富的社会史、生活史、观念史、妇女史、医疗史等。在新的史学观念中，这些往往代表着"长时段"的历史，没有那么多战争、内斗，乃至王朝更迭，而是反映历史长河中占据时间最长的"普通"史，这才是历史的真相。

因此，敦煌学者应利用敦煌提供的原始材料，利用我们多年来把握的处理原始材料的能力和方法，直接利用原材料书写历史。我与余欣博士合作，用保存最为丰富的晚唐五代宋初时期的敦煌公私文书，以编年体的方式，直接撰写《沙州归义军朝野系年录》，就是这样一种尝试。

二、从文献学的角度来说，敦煌藏经洞发现的文献，或者说古书，有许多是散佚的古籍，有些甚至是此前没有见过的古人著作，因此十分珍贵。从敦煌学开始以来，一般都是用传统的观念，把敦煌写本文献放到中国传统的"四部书"系统当中，以版本学的方法，按照不同的书籍、不同的作者，分门别类，对一位作者、一部书或一类文献进行整理和研究，产生了很多"补遗"之作，也有一些分类合集。这些成果当然要给予充分肯定，为我们利用某个人、某类书，提供了可以依赖的文本和更加丰富的材料。

然而，这样整理出来的敦煌写本文献，显然不是中古时期文献的原貌，甚至把原本相关联的内容割裂开来了。近年来，"书籍史"的研究给敦煌文献的整理提出了许多新问题，我们必须采用"书籍史"的方法，引入"写本学"的技术手段，来重新整理敦煌写本文献，重新评估写本文献较之于版本文献的特点和价值。

我们应当建立"写本书籍史"的新学科，而支撑这一新学科的最为丰富的材料源泉，就是敦煌藏经洞保留下来的数量庞大、种类多样的写本文献。虽然吐鲁番也有大量写本，但出自墓葬或佛寺遗址，很多是二次利用的材料，被人为地剪裁过；很多寺院倒塌使得文本支离破碎，完整性与敦煌藏经洞文献不可同日而语。

研究写本书籍史重要的方法之一，是除了像传统文献学那样关注"文字"之外，同时关注文献材料的物质属性，把文本的内容和材料放在同一时点上去观察，既关注"文"，也注重"本"。纸本取代简牍用于书籍的抄写，是书籍史的一个飞跃。轻便的纸张使得书籍的传抄和传送都变得更加容易，带动了知识的流动。但卷轴装的正规书籍越来越成为图书馆的藏书，这些藏书有承自简牍书籍的一些固定格式。但有些实用类的书籍，如书仪、药方、占卜书、变文讲唱作品等，卷轴装不便翻检，于是册子本在中唐以后逐渐流行，这是文本内容推动了书籍形式的转变，而书籍形式的转变，更加便利了书籍以及所承载的知识的流通。到了印刷术用于印制书籍，册子本逐渐取代卷轴装而成为书籍的主流。

敦煌文献有各种内容和类型，比如普通佛经的经、律、论，纸张形式、文字字体、书写栏格等往往不同，经一般是一行17字的标准写本，律则多用小字抄写，论则多用行书或草书。敦煌文献这些物质形态与文本内容的对应关系，为我们提供了大量的例证，是建立"写本书籍史"所不可或缺的宝库，是今后敦煌文献研究的新方向，也提供了很多文献研究的新方法。

三、从美术史的角度看，敦煌石窟壁画提供的丰富图像资料，很早就受到美术史界的重视，研究者取得了丰硕的成果。前辈学者在解读图像的过程中，也尽可能地利用文献材料做对比，特别是有关佛教本生故事画、佛传故事画、经变画等，都从佛经文献中找寻相关的记录。敦煌石窟的营建与敦煌的地方统治者以及大家族有着密切的关系，随着敦煌藏经洞文献的整理和敦煌石窟供养人题记的刊布，许多石窟的营建史料被勾稽出来，有助于我们对于石窟造作的理解。

今天是数字化的时代，随着大量敦煌石窟壁画的数字化成果的完成和展示，将有更多的图像清晰地展现在学者面前，但要做出超越前人的研究成就，仍需要在图像和文本的比对中下更深入的功夫。

敦煌佛教艺术大多数是在同时代中原文化的影响下创作和发展的，因此推进敦煌图像研究需要重视中原的相关材料，这些材料包括图像和文献两种，而两种材料除了传世者之外，都不断有出土的新材料，有的十分零散，需要随时收集整理。唐代敦煌无疑受到长安与洛阳两京画风的影响，因此两京地区的相关画迹的记载尤其值得关注，应当系统分析长安、洛阳寺观壁画的图像在敦煌的可能遗存，包括图像在寺院中的位置、组合关系等，这些都是值得关注的对象。

敦煌藏经洞中保留的莫高窟壁画榜题的抄本，将在莫高窟壁画榜题的整理中发挥重要作用，而莫高窟壁画榜题的系统、全面整理，将会对敦煌壁画的内容比定做出贡献。有些千佛图像和榜题的整理，还需要与不同系统的《佛名经》加以对比，厘清其归属的系统。一旦这种文本和图像对应成立，则可以整体阐明图像的内涵，使石窟壁画满壁生辉。

敦煌又是一个丝绸之路的都会，莫高窟受到周边民族或王国的供养，甚至营建。过去中国学界比较关注汉族大家族的石窟营建史，其实周边藏族、回鹘、于阗、粟特等也对敦煌石窟的营建做出了贡献。这些洞窟的图像或许有其特征，而这些内容的解读还需要对藏经洞出土的上述诸民族语言文字材料加以仔细的调查、对证与分析。

敦煌无疑是中古时期同时保留了大量图像和文本的少数地方，应当在图文对照方面给一般的美术史提供更多的方法论例证。

四、从学术增长的角度看，敦煌应当对其他学科的发展做出贡献。从学术发展的一般逻辑可以得知，跨学科研究是推动学术繁荣发展的最好路径。敦煌学已经有了长足的进步，形成了自己的学科体系，拥有大量的图像和文本资料，应当加强与其他学科的联系，进行跨学科研究，与其他学科实现共赢。

敦煌是一个佛教都市，敦煌石窟是佛教石窟，藏经洞文献以佛典为主体。百年来学界对敦煌佛教文献做了大量的整理和研究，但到目前为止还没有出现一部敦煌佛教史。敦煌原本处在佛教进入中国的最前沿，十六国时期属于凉州佛教的范围，自有其特点。以后敦煌佛教进入中原佛教的大体系当中，中原一些佛典，特别是北朝的经疏多已佚失，而在敦煌有所保留。从北朝到隋唐，真正反映佛教思想的各家注释在敦煌都有哪些遗存，与中原部派的关系如何，哪些传来了，哪些没有，都值得仔细分析，全面系统地加以研究。到了吐蕃统治时期，敦煌居然前后有两位唯识学大师，昙旷和法成，这不能不说是敦煌佛教的辉煌。他们的学说仍然值得深入探讨，包括敦煌佛教与吐蕃佛教的关系，与晚唐以后河西地区汉藏佛教的关系等。这方面的研究，应当培养具有佛教学素养和敦煌学功底的学者来进行，是跨学科研究的最好领域。

敦煌发现了摩尼教和景教，这两种外来宗教的汉文经典，引起了研究者的反复整理和研究。敦煌发现的四种摩尼教经典，还需要敦煌学家结合摩尼教专家的解读，在敦煌文献和历史时空中给出合理的定位；而景教文献由于敦煌学者和景教学者对于一些写本的真伪还没有统一的意见，更是需要做跨学科的合作研究，才能够去伪存真，向前推进。

敦煌保存的大量美术资料，曾经受到美学家的关注。但敦煌学此后的发展，并没有主动地向美学研究者伸出橄榄枝，这方面合作研究的空间应当更大，更广，更加值得期待。

此外，像建筑学，像文学，像考古学等，都可以在两个学科最新发展的基础上，讨论可以合作研究的课题。

前面提到的藏学更是与敦煌学密不可分。现在看来敦煌藏文文献不仅仅局限在原来限定的吐蕃统治时期，而更多的文献可能产生于公元9世纪后半和10世纪，这中间既有一般的佛典，还有大量的禅宗典籍，以及早期的密教文献。把这些文献放到10世纪的河西来考虑的话，许多藏传佛教的历史需要改写，而敦煌学应当提供当时的历史背景，以及这些藏文典籍何以如此多地留存在敦煌的原因。

从丝绸之路的角度或西域学的角度，还有粟特语、于阗语、回鹘语文献材料值得给予关注。这些材料往往是经丝绸之路传来的其他地方的文献，或是粟特人、于阗人、回鹘人在敦煌撰作的文书，对于敦煌历史和敦煌与丝绸之路关系的历史都十分重要。这方面需要敦煌学者与解读、研究这些西域古文字的专家充分交流，甚至共同合作，把这些文献的内涵更多地揭示出来。与此同时，敦煌石窟中藏文、回鹘文题记还需要彻底调查，是否存有粟特语、于阗语的题记，则更是我们研究敦煌石窟的重要工作之一，这些方面也需要两方面的专家进行跨学科的合作。

纵观一百多年来的敦煌学研究，已经取得了辉煌的成绩，随着学术研究的进步，不断提出新的问题，及时关注学术研究的问题点，采用新方法，增进跨学科研究，才能够让敦煌学开拓出新的学术天地。

（2022年8月10日完稿，原为8月19日敦煌研究院主办的"新时代·新使命——敦煌学研究高地建设专题研讨会"发言稿，载《华中师范大学学报》2023年第2期。）

什么是写本学

——在西华师范大学文学院的对谈录

　　这次来开会的，还有几位高手，像黄正建老师，正在推动古文书学的研究。另外，吴丽娱老师做的书仪其实更加靠近文学的领域。我对文学涉猎不多，基本上是一个纯粹的学历史的。我是隋唐史专业，1978年上大学。当时北京图书馆和法国国家图书馆交换了微缩胶卷，北大图书馆也复制了伯希和的敦煌卷子微缩胶卷。伯希和的那一批卷子，从汉学研究的角度来讲资料最为丰富，比斯坦因的藏卷更丰富（斯坦因那套卷子的微缩胶卷我们国家在20世纪60年代就得到了），北大的先生们特别看重，因此开设了敦煌学的课程，我就跟着他们做敦煌学。以后由于我自己的兴趣，又搜集了一些中外关系的材料，所以我现在一方面带隋唐史的博士、硕士，另一方面也带中外关系史的博士、硕士。在文学的领域还是不敢奢谈的，但是，做敦煌学的一个好处就是跨学科，做历史的非涉及文学不可。敦煌的写本，一面可能主要是历史的东西，另一面可能就是佛教的东西了，或者就是文学的材料。所以做敦煌的材料时，你必须对很多方面都有一定的了解。

　　我们现在有一个整理小组，包括中国人民大学的孟宪实和社科院的孟彦弘等几位先生，与旅顺博物馆合作，整理他们收藏的一些文书。因为日本的大谷探险队当年搜集的文书，在1945年日本战败前运回去了一些，放在了龙谷大学，而主体部分则留在了旅顺。我们现在处理的东西有两万五千多片，虽然残片很小，但是数量和内容非常可观。现在的博士生和硕士生都在进行电子检索，他们在整理这些残片的时候速度非常快，比前人比定出来的东西要多得多。

　　伏老师这边刚刚成立了一个写本学中心，我也不清楚在座的老师和同学有多少人参加了写本学项目。我昨天在会议上的发言可能很多同学也听到了，我简短地陈述了面对一个巨大的写本宝库，我们要建立一个什么样的写本学，要用一种什么样的精神去建立写本学的学科，要怎么破除版本学给我们带来的一些思维禁锢和固定认识。包括我们对于本子的界定，包括我们校勘的方法。

　　现在中国长江流域一带，出土了从春秋战国到两汉时代的大量简牍和帛书，比以前我们看到的西北地区的敦煌汉简要多得多。过去西北地区的简牍，李学勤先生曾经评价说"不涉要典"，也就是说没有什么重要的典籍。从"书"的角度来讲，基本上没有什么正经的书，有的也就是《急就篇》之类的字书。还有的东西就是"日历"，现在算书了，当时是不算书的。还有一些是中央颁布的律令，律令在《汉书·艺文志》的时代是不算书的，《隋书·经籍志》以后才作为"书"加以著录。那是法律document，不是text，是"文书"。

所以我这次是带着这样的想法来参加写本学的会议的，不知道伏老师的写本学究竟包含什么。

其实我那天做总结报告时说话非常猛，很多参会的人都是我的同行，比较年轻，我现在有一定的年龄了。我说你们拿过来开会的许多文章都不是写本学的文章。我当时说话有点猛，现在已经后悔莫及了。我的意思就是说，现在大部分的学者都还在做"document"，在做"文书"，而我认为伏老师现在提出的从中文领域出发的写本学正是在研究"书"。过去我们北大中国中古史研究中心在做敦煌吐鲁番学的论文集时，就不知道该起什么名字。因为敦煌文书很难拿一个词来界定。最早的时候叫"敦煌遗书"，以前敦煌文物研究所下边有一个敦煌遗书研究所，结果当地的老乡就过来说家里人过世了，请你们过来写个遗书吧。其实我们研究的"遗书"指的是古代的遗书，古人遗留下来的书籍。这个词很容易误解，所以他们当时就改成敦煌文献研究所了。但是国家图书馆藏的这批敦煌文献，自从清末运过来的那一天开始就叫"敦煌遗书"，现在国家图书馆有一个"敦煌遗书书库"，就是专门存放敦煌文献的。国家图书馆藏的敦煌文献也已经出版了，也是用的"敦煌遗书"的概念（《国家图书馆藏敦煌遗书》）。但是"遗书"仍然在现代汉语中有歧义，所以我们当时问周一良先生，周先生就主张用"文献"。用西文来界定的话，文献就是"literary text"，实际上就是文学的文献，就是成为一种"书"的东西，"document"不是书的概念。但是广义的"文书"也实际上可以包括到"文献"的内涵中去，比如现在的敦煌文献就包括了很多公私文书，这些公私文书都是狭义的"文书"。我理解的写本学指的是研究"书"的学科，不仅仅研究内容，也研究外观、格式和栏格之类的物质形态。过去我们的学者很不注重这一方面，在法国方面很多学者经常批评中国学者，说一件文书多高、多宽、多厚，栏格多长，格子多宽，你们完全没有数字。他们不知道我们中国学者没有原卷，见不到原卷，后来有了微缩胶卷以后，根据上边给出的比例尺，可以算出一个大致的数字，不能像他们在巴黎那样可以便捷地对照原件给出精确的数字。但是这个问题在今天能够很好地解决，网上有很多高清的图片，有各种机会出国，写本学就有一个非常重要的机遇了。

我们要建立写本时代"书"的学科。过去很多学者做过汉简的研究，比如陈梦家先生。为什么早期的写本会有写字的栏格，我们将两者联系起来就知道，那一"格"实际上就是汉代的一个"尺"，恰好一个"尺"那么高。早期的纸张非常珍贵，留下的天头地脚非常小，但后来为了方便做眉批，留白部分就非常宽裕了。所以，从魏晋时代简牍废弃之后到印刷术普及之前，我们要将整个书籍的格式做一次全面的清理。刻本时代的鱼鳞装、册页装、蝴蝶装都是学术界已经非常仔细地研究过的，而在那之前的书籍形式究竟如何，我们其实还没有完整地采集出来。现在我们有很方便的条件了，IDP（国际敦煌项目）网站有很多高清的图片，特别是现在很多人都有机会出国，我们也能出国，你们不要跟那些旅游团玩，直接钻进法国国家图书馆去量一量尺寸。首先应该进行敦煌文献的普查，选取一些标本之后，再对这些写本进行精确的数据采集。最好的已有的学术成果其实就是藤枝晃的《文字の文化史》，中译本就是《汉字的文化史》。实际上《文字の文化史》就是一本很小的"巾箱本"的书，曾经拿过法国的儒莲奖（Prix Stanislas Julien）。现在的一些中文的报纸上瞎忽悠，说儒莲奖相当于汉学界的诺贝尔奖，没那么厉害，怎么可能和诺贝尔奖相提并论。不过这本书在20世纪60年代就得了儒莲奖，当时儒莲奖基本是戴密微（Paul Demiéville）说了算。戴密微是真正有学问的汉学家。以《文字の文化史》作为底本，就可以逐渐建立以书籍为中心的写本学学科。

　　但是毕竟写本学以写本作为研究对象，写本有很多非常特别的因素，有很多"变体"。有些东西有规律，还有一些没有什么规律，这也需要我们去总结。比如现在敦煌写本中，很多正反面的关系问题，仍然没有学者进行系统的清理。参加这次敦煌学学术会议的朱利华老师，她做的是道经写本的背面内容。其实我很早就想专门做这个方面的工作，如果把同类所有的东西，如所有和道教相关的文献都过一遍的话，朱利华老师的文章就会很有意思。其实大部分道经在我的脑子里头（翻阅敦煌卷子的印象），背面基本上都是空白的。我是上大学的时候前后摇过三遍敦煌卷子，不过那时候是手摇的，当时经常不能完整地查阅一件写本的前后内容，看后边的就看不到前边，不像电脑上有高清图版那么方便。其实大部分道经的背面都没有字，所以我看这个文章非常好。要建立写本学，有很多的工作都可以这么做。比如，你把所有儒家经典背面的文字都统计一遍，总结正面和背面的关系。

　　我昨天说过一个写本的两面性问题，也就是看看一个写本的两面到底是什么。我曾经找到过一个例子，正背面分别是《史记》《汉书》，那就非常有意思。伏老师提到的我做过的那个诗集的卷子（S.6234+P.5007，P.2672）也就是如此。这个写本正面实际上是公文书，别人寄给他（诗集的作者）的一些公文书，后来公文书作废了，就在正面的天头地脚等空白地方和背面作诗，沿路大概从凉州一直到焉耆，从酒泉、敦煌等地一路走过去，出了铁门关，边走就边在纸张的空白地方作诗。过去我们见过史书里边有过一些关于诗人作诗的记载，这些记载都没有留下任何实物，我们并不能感受唐代诗人作诗的一些状态。比如李贺想到好的诗句，就赶紧写下来放进袋子里，这些灵感后来都缀成了诗。所以这个卷子是非常重要的，让我们看到唐朝诗人作诗的实态。我不知道大家有没有作过诗，其实作诗非常讲究技巧。法兰西学院曾经有很多chaire，汉学界的chaire曾经就是戴密微先生。戴密微在20世纪70年代曾经请饶宗颐先生去他老家瑞士旅游，饶先生一路就作了很多诗，戴密微就将他的诗集《黑湖集》翻译成法语，发表在一个纯学术的杂志上。我曾经询问饶宗颐先生你怎么作诗的，饶先生回答说，随身带一本韩愈或者苏轼的诗集，至少韵脚就不用到处去查了，就照着某一首诗的韵脚去拟诗句，写的都是阿尔卑斯山什么的，但韵脚都是从中国古代已有的文学作品中选取的。所以，一些传世文献中记载但现在很少见到的物质性东西，实物在敦煌大量地保留了下来，这是敦煌特有的价值。

原先我们都做文本研究，比如敦煌文献的校勘工作，如果我们所有人都进行敦煌文献的校勘，翻来覆去，那么敦煌学就会死掉了。改动前人校勘的几个字，就弄出一篇文章出来，很多炒冷饭的现象，而我们敦煌学没有学术规范，没有"标点本二十四史"，所有人都可以去建立，可以不管前人研究成果。我现在很想写一篇敦煌学的学术规范，我想写出来肯定会得罪人，所以现在也不敢写。

敦煌学有很多可以外延的领域。写本学和整个国际学术界研究书籍史的大背景有关。现在的书籍史已经不是单纯地讲版本、目录和校勘，而是更多地和社会史和文化史结合起来了。过去我们常说雕版印刷术出现以后，很快就取代了写本，知识就扩充了。但今天对宋元时代书籍史的考察来看，当时的雕版印刷术的影响还是相当有限的。比如湖州本，在当时该有多长时间才能流传到京师呢？可能当时京师是大都会，有很多人能够将这些本子带过去，那又有多少人能带到江西、陕西呢？其实这些问题是现在很多学者非常关注的。日本名古屋大学的井上进做了大量的统计工作，他统计了很多公私书目，结论是雕版印刷术真正取代了写本流传的时代是明代中叶，时代非常晚了。到民国时期，一些现象都非常值得关注，一些学者家里都养了很多抄书人。汤用彤先生家里就有很多专门为他抄书的人。像徐志摩先生就曾去胡适先生家里抄书，胡适先生管吃管喝，但实际上就是为胡适打工。胡适寄出的信都有留底，因为他有一大堆给他抄书、抄信的人。安徽黄山书社印的胡适秘藏档案，包括了大多数胡适寄出去的书信抄本。

这是我理解的写本学。今天我讲的都是跳跃性的。我不知道伏老师如何定义写本学，想听听他的意见。

我过去在日本做过一个长安学与敦煌学的讲演，其实我当时主要想讨论敦煌的材料对长安学研究的价值。我们现在说的敦煌吐鲁番文书，实际上是以这些文献的出土地来命名的。但是你仔细看的话，这些文献有一些来自长安，有一些来自四川。比如很多早期的印刷品，曾记录过"剑南""西川"等出产地，这说明这些敦煌文献都是四川出产的。因为敦煌和四川的关系，尤其是在唐末的那一段时期，实际上是非常密切的。尤其是张承奉金山国时期，很多文献材料都是巴蜀一带流传过去的。我过去有个长安学读书班，一个坊一个坊地考察。我们发现，有很多敦煌文献也能够回到长安的坊里去，回到长安的寺庙中去。

比如，我们可以从敦煌文献的这些内容里边（律令格式、告身、佛典、道经、本草书、官文书、历日、碑石拓本）都可以找到属于长安的文献。有一些可能和今天我们理解的写本学不同。我想伏老师所倡导的写本学还是希望建立一个大的"帝国"，将很多东西都囊括进去，当然文书的研究也应该在里边。像这个官文书，现在也算书，其实在唐代它介于文书和书之间。一些官文书发布了很多年，像一些"敕"就变成"格"了，整理成格式律令了。我们要真正研究从长安到敦煌的诏令，这是一件真正的诏令，作为《英藏敦煌文献》封面的写本，作为IDP的logo。这个"敕"是皇帝写的。过去我们知道官文书会画一个"敕"，却不知道会画这么大的一个"敕"，一个顶天立地的"敕"字。当时的皇帝会写一个"敕"字，然后在年月后面的"日"字前面留下空格，皇帝用比别的字要粗一点的字写上发出去的时间。

按照唐朝有关法律，正式的公文书使用若干年以后就废弃了。但公文书的纸张质地都非常好，所以寺僧就拿到寺庙之后用反面来抄经，因此这就是这些本子原本的功能。很多做历史学的人在接触敦煌学的时候，实际上都没有做三界寺藏经洞中的佛教文献，我们实际上都研究了反面的东西。比如，反面是一个户籍，一个法律文书。这些东西我们拿到了之后，就很快进行研究。这么早的户籍，尤其是唐代的户籍，对于我们研究唐代历史来说是非常重要的。研究均田制，研究赋役制度，研究人口制度，研究家族关系等，都可以利用户籍资料。但是对于唐代的和尚们来说，这些背面的东西对他们没有意义，对三界寺图书馆来说也没有意义。宋版书也有这种情况。上海古籍出版社印的一套宋代人的《易解》书籍，当时这些纸张背面都保存了宋代人的书信，后来为了研究这些书信，就将这部宋版书给拆了。现在有很多人都在做纸背文书。南开大学有一个团队研究洪武年间印本背面的文书，上海图书馆答应给他们拆开，其中背后就有元代的户籍资料。敦煌的很多户籍都写在写本的背面，在纸缝写敦煌郡、某某乡里，然后某年籍，并钤印，其时间和地点都写在那些纸缝中。寺庙的僧人们拿到这些写本户籍之后，为了抄经，他们不能让神圣的佛经之中出现这些阻碍的东西，因此他们就沿着这些户籍印章的地方切一刀，然后把这行文字印章压在纸缝下面，这样就把这些印章和字弄到了纸缝之中。过去中国学者研究户籍研究不过日本学者，中国学者要慢慢考证这些户籍的年份，而日本学者买一张飞机票到伦敦，拿灯光对着一照，里边清清楚楚写着某州县乡里和年月，根本不用考证。

古代的书籍基本是以卷为单位，每一卷都由多少纸张所粘连起来，构成一"卷"。十个"卷"包好了之后给一个千字文号——古代藏书都是以千字文号为单位，因为古人从小到老都是非常熟悉《千字文》的。所以过去我在写藏经洞的封闭原因的时候，就认为敦煌的藏经洞实际上就是三界寺的图书馆。突破口就是当时斯坦因拿出的第一堆包裹，他还没来得及拆开看，其中有一个包裹上有"摩诃般若 海"的字样。这实际上就是《摩诃般若波罗蜜多经》的"海"字编号。所以知道了这个编号，就知道了这个包裹中的内容是多少卷到多少卷。特别遗憾的是，现代科学的归类——比如英国将这些包裹丝织品都放在了大英博物馆，而这些纸本放到了英国图书馆。到了1973年两家一分，这些东西就分开了。法国也一样，丝织品放在卢浮宫，纸本放在国立图书馆。在俄国也是分别放在东方文献研究所和冬宫。他们原本的经卷和包裹皮（经帙）全都给分离开了。我去伦敦编目的时候，纸质经帙还完整地留在了大英图书馆。当时为了我们编目，中文部主任吴芳思（Frances Wood）女史提前请来北京图书馆善本修复部主任杜伟生，这个人是个揭裱高手。他当时在伦敦呆了一年，他将这些东西放在澡盆中，第二天就开始揭裱。最多时他能够从一个经帙上揭出三十多层纸。因此，像这个大"敕"字的诏书也都是他揭出来的，在我之前很多学者都没有见到过。当时我就给北大的《国学研究》写文章，将这个本子的录文写出来，以前很多学者写的文章的结论都可以因此推翻了。我们读书班的同学读《唐六典》——一般来说，某位同学读某一方面的书籍，我就分给他们相关的文书——我就给雷闻分了这份敕书。于是他写了一篇文章，发表在《唐研究》第一卷上，我的老师张广达先生就问是不是我化名写的，实际上是分给他了。这个本子是一件宝贝。

20世纪90年代我在日本访学，曾经和藤枝晃先生一起去看京都有邻馆的长行马文书，他认为是假的。他说这些纸的厚度不一样，不是公文书纸的厚度，他用一个测纸厚度的仪器测过——将来你们要做写本学，这些仪器，比如测量纸张厚度的仪器，一定要有。藤枝晃到哪里都拿测量纸张的仪器去考察，唐代的公文书纸张，真的都是误差极小的。我当时不太相信，我和藤枝晃、池田温、陈国灿四个人出来吃饭的时候，藤枝晃先生跟我说这些敦煌文书是假的，池田温就在他旁边说，这些内容没办法造假，一定是真的。我到了伦敦就一下子明白了，伦敦那些经帙里的文书，与有邻馆是一组，尤其是带有判案部分的那些文书，年代、事件都完全一致。这些是僧人完整地存放在敦煌藏经洞的，20世纪初才流散到世界各地。所以，日本有邻馆藏的那些文书大多都是后来经水泡揭裱过的，已经改变了物理结构的写本，不能说都是假的。这些情况藤枝晃并不知道。

我曾经搜集过英法的修复部编的论文集，其实非常有用。比如过去藤枝晃时代用显微镜照麻丝，只能照出五倍的大小，当时他们就按照这些麻丝的分布特点来判断卷子的真伪和出产地。他的标本，有的麻丝非常均匀，他就认为只有唐代宫廷能够造出麻丝这么均匀的纸，其他地方出产的麻丝这么均匀的纸都是假的，只能是18世纪以后的纸张。问题是藤枝晃采集到的18世纪以后的纸张标本都是日本出产的，敦煌卷子所反映出来的当地的植物结构，和18世纪以后的日本是完全不同的，又怎么能够确认是日本出产的呢？他认为当时斯坦因（Marc Aurel Stein）和伯希和（Paul Pelliot）走了之后，李盛铎和他的儿子们进行了大量的造伪，之后又将这些伪品都送到敦煌，出售给外国探险队，所以他认为日本、俄国和斯坦因第三次探险所收集的写本大都是伪造的。1997年时伦敦开了一个关于敦煌伪本的学术会议，当时我和俄国的孟列夫（Лев Николаевич Меньшиков）、法国的戴仁（Jean-Pierre Drège）等人，都是反对这个观点的。我的文章《李盛铎藏敦煌写卷的真与伪》实际上是针对藤枝晃的，不过当时我们都是各说各话，但他没有什么理由。

最近日本龙谷大学有一位江南和幸先生，他是工科方面的教授。原本他也是藤枝晃伪本论的支持者，但最近他能够用放大二百倍的显微镜拍敦煌写本照片，法国国家图书馆的网站就有他做出来的显微镜相片，可以看到许多过去藤枝晃时代显微镜看不到的纤维。可是这位教授没有来过中国西北，他不知道中国西北地区的植物结构。这位教授非常勤快，他经常去乡间采集植物，但他实际上是用日本地区的植物作为标本的。所以，我们现在还有很多事情可以做，像一些植物动物的纤维，都可以在这些纸张里边找出痕迹来。

佛经用纸的高度一般是28厘米，公文书是30厘米，为了符合佛经的体制，在把公文书裱糊经帙的时候，经常就把公文书的天头地脚给剪掉了。所以，很多敦煌文献，实际上都是没有天头地脚的，又经过水的浸泡，看上去不像真的唐朝文书，难怪藤枝晃先生会怀疑有邻馆的东西。不过，英国的修复部都是每拆一张，绘制一张图，非常敬业。

比如巴黎吉美博物馆藏敦煌发现经帙背面的《令狐怀寂告身》，经帙正面是非常精致的丝织品。过去在发表的时候，往往只是将它的正面发表了出来，我们关心的背面重要的部分看不到。这是一件告身，伯希和1909年就带到了北京，罗振玉、王仁俊都有录文，我们在巴黎的缩微胶卷敦煌写本中从来没有找到这一件文书。所有研究告身写本的人都没有找到这件文书。后来法国吉美博物馆介绍他们的藏品时，将这件文书的背面露出来了，我一看就知道这就是罗振玉他们录的那件告身。后来我托人将这个本子的高清图片找了过来，又让一位学生写了文章。

有些律令，或道经，都是经过了从凉州到敦煌的传抄过程，也值得注意。

再比如佛经中的题记。如 S.312 咸亨四年（673年）武则天为她父母所写的《妙法莲华经》题记，校对者都是太原寺的高僧大德，校完再发布到全国各地。这个过程，赵和平先生已经考证得非常清楚了。这个本子就是藤枝晃所说的宫廷写手所抄，而且是当时最标准的宫廷写本。如果能把这些东西的物理特征全部考察清楚，再去衡量那些麻丝非常均匀的纸张，是否长安出产，就清楚了。现在可能内容比较少，如果能够整理出来百十来件，那么就能够得出一些结论。其他的很多东西都是几代人辑录出来的，也需要一定时间的学术积累。

又比如这件老子《道德经》写本，其实这是当时官修的开元道藏的经本，是长安国子监学生抄录的。到了敦煌，寺学学郎拿来当作练字的本子，接连写了好几个"大乘无量寿经"。再比如这件龙谷大学藏敦煌本《本草集注》，原卷非常漂亮，日本龙谷大学善本丛书就出了这个卷子的专集。这个本子的后边有"开元九年九月十一日于都写本草一卷"的题记。"于都"指的就是长安城，这说明该卷确实是从长安流传到敦煌去的。

还有这个本子（P.2528）是《文选》残卷，学术界校勘《文选》的时候都经常利用本卷，该卷的题记正是"永隆年二月十九日弘济寺写"，弘济寺在长安，是从长安寺庙流传到敦煌去的。这件《文选》的卷子在吐蕃统治时期也没有被废，据高田时雄先生的考证，该卷题记后的藏文正是音译的"文选"二字。这说明在吐蕃统治时期，还有人在使用本卷。敦煌是一座丝绸之路城市，当年很多学者都认为，敦煌文献中很多非汉文文献都是作废纸用的，但实际上不好判定。当时敦煌讲回鹘语、吐蕃语、粟特语的人都有。今天国际藏学界认为，藏文的很多佛典，特别是密教类的，大都是10世纪在河西一带产生，然后再流传到西藏去的。

S.8444是唐朝文思院的一份账单，文思院是唐代专门为皇室制造金银器的作坊。当然还有S.1156沙州归义军进奏院状，即晚唐时期沙州节度使在长安城内设立的"办事处"，在当地抄写完成，然后作为报告后来传回了敦煌。我们刚才提到了有四川传到敦煌去的历日，这里也保存了从长安传过去的历日（见妹尾达彦《唐代长安东市の印刷业》）。如果中央没有颁布历日，敦煌地区很多事情都不能办。我们过去看吐鲁番出土的马料账，就说如何发正月的马料，不知道该月是大月还是小月，西州当地的小官吏就主张按照小月发，等长安的历日到了之后，如果是大月，再补发。

此外，做敦煌学的人，一定要关注宋人的笔记和小说，读《太平广记》中的小说，尤其是灵验记。一些不尊敬三宝会招来厄运的故事，反映了写本时代书籍流传的一些特点。宋代的人还能够看到很多唐人的书籍，他们所记录的东西对于研究唐代书籍流传非常有用。敦煌毕竟是较为偏远的地区，所以较为高级的书籍样式，我们仍然需要宋代人的笔记作参考。比如告身，敦煌所见的告身大多仍然是品阶较低的官员所作的，但给皇室成员所作的告身该用什么纸，只能去宋代人的记载中找寻。当我们把传世文献和这些实物进行了比对之后，就会发现很多东西都活起来了。

还有一些拓本。敦煌只保存了三个拓本，《化度寺碑》就是其中之一。去年我在《唐研究》上发表了一篇关于碑志的文章，伏老师刚才提到过。大多数人想到的是墓志（碑刻）和文本之间的研究，我就想到敦煌真的是一个大宝藏——从敦煌来看这个问题的话，例子是最为丰富的，既有碑刻的拓片，更多的实际上是碑刻的抄本。我们今天看到的古人抄的碑都成了刻本，我们不容易看出来有什么特点。但是敦煌的碑刻抄本，一类是从正式的文集中抄的，一类则是直接从当时的碑刻上抄来的。要是从文集上抄来的话，往往在逝者的年月日处留有空格，直接抄自原本的则没有空；而写本往往往会保留碑刻的格式，它的字往往会将碑刻的原貌保留下来。尤其是经过一抄、二抄和三抄之后，这些写本最终都变成了当地的文集，变成后来的人撰写碑志的范本。通过这个角度，我们才能知道这些文集在地方社会的传承过程。从缩写的标题也可反映出来，刚开始的抄本大都是非常正式的全称，到后来就成了简称，比如"吴僧统碑""索法律碑"。所以，这些碑志如何从拓本变成抄本，后来又变成刻本，敦煌文献给了我们很好的参考材料。

当然还有写本中保存的官方的各种印章，也是我们可以参考的材料。比如写本P.2819中保存的"凉州都督府之印"，钤在官文书之后。因为官文书不能随便盖章，有的就表明它们是官方的正式文本。告身是委托下一级官府抄的，不可能所有得了官的人都亲自去长安抄写，如果你在广西去长安抄的话，路费也很贵，告身都是层级地抄。先由道一级抄写，都是由凉州方面出发去长安抄写。这些人去长安抄写之后，钤上凉州都督府的印，再让凉州都督府下面的各州来抄。P.2819作为公文书，是敦煌保存的本子，自然保存着凉州都督府的印章。又比如有名的P.4634《永徽东宫诸府职员令》，后边也有"凉州都督府之印"，文后的题记则有"沙州抄律令"的字样，这说明了当时沙州方面有专门抄律令的人。因此，这些文字都非常像长安方面专门抄写律令的文字，非常标准的字体。还有Дx.01111+Дx.01113《老子道德经》写本，背面纸缝处也钤有"凉州都督府之印"，可知该本源于开元道藏。道经之中为什么会有"凉州都督府之印"？俄藏这件敦煌文献就能清晰地告诉我们，这个本子是道教文献的组成部分，是从长安道藏抄出来的。可以看出，这个本子是经过凉州都督府传抄到敦煌去的，所以才会在背面钤上凉州都督府的印章。从这个角度，我们能够看出在写本时代，书籍是以动态的形式在流传的，这也是敦煌文献非常具有价值的地方。

还有S.2464《唐梵翻对字音般若波罗蜜多心经并序》，题"西京大兴善寺石壁上录出"，这说明该本是从长安大兴善寺的墙壁上直接传抄而来的，其价值不言而喻。更重要的是，我们能够从文字中看出其保留了碑刻的字体，尤其是对于拥有护身符意义的《心经》来说。其实还有很多书，像P.2634《传法宝记》等，都是产生在长安的文献。我们现在看到的这些本子也很有可能都是从长安传过来的，当然很多本子没有题记，我们并不能随便判定。

比如我们看到的俄藏敦煌本《瑶池新咏集》——可以说这是俄藏敦煌文献中的重大发现，这是唐代女诗人的集子。我先发现了几个残篇，后来交给了徐俊先生。我跟徐俊先生的关系非常好，刚才我们也提到了徐俊先生的那本《敦煌诗集残卷辑考》——就是伏老师一直表扬的那部著作，这个著作打破了以往的文献整理方式。以往的整理敦煌诗文集的方式，即王重民先生他们那个时代，都是用别集的思维来整理敦煌本子。比如白居易的诗，他们就将其全部归入《全唐诗》中白居易的名下，尤其是他们在看到一份全部抄着白居易诗的卷子时，就理所应当地判定那个本子是白居易的别集。这是陈子昂集，那是高适的诗集。但实际上，敦煌的很多诗文集都是丛抄本，这些写本可能正反面有很多东西，其实都和这些诗集相关。徐俊先生是做诗集的，但一份写本的前前后后，他都仔细地著录了一遍。一些文书或者文章的部分，他不会校录下来，但都会讲清楚。当然，有些可能他也说不清楚，因为他是做文学的，做诗歌的，所以他就把稿子寄给了我。我帮他看了一个多月，我给他做了密密麻麻的批注，毕竟我是做归义军史的，那些涉及归义军的历史人物，哪怕是特别小的人物，我都能说上几句。因此我就给他补充了一遍。他完全按照唐代的状态来整理唐代的诗集，这是徐俊的开创性。我后来给他的论文集写了一个序，就涉及了一个故事：我在美国的唐研究学会参加会议，参会者主要是做文学的学者，结果他们一人手里拿着一本徐俊的《敦煌诗集残卷辑考》。当时的会长柯睿（Paul Kroll）教授是做唐诗研究的，他就拿着那本书说，"我们都应该用这本书来做唐代文学"。斯坦因和伯希和所得卷子中从来没见过这个女诗人的诗集（《瑶池新咏集》），我们当时首次发现这些残篇之后，进行了一番考证。

我过去研究敦煌学的时候，把每一个号的写本都做了卡片，每一个卷子全世界不管什么人研究过，我都有一张卡片。所以我知道敦煌学界哪些人是炒冷饭的，哪些人是录过新文书的。我非常佩服李正宇和郝春文先生，我在做卡片的时候，经常要用新卡片来著录他们的论著，这说明这些文书都是他们第一次录出的。但是有的学者，就没有录入过什么新的文书，全都是跟在人家后边抄，所以这些文章后来我都列入"我不看的目录"。

当时上海古籍出版社拍回来一批俄藏敦煌文献的照片，

他们先把编写的目录发给了我，我根据自己的卡片记录一一对照，我就知道某个卷号是哪些学者做过的。有些定不下来的，我就跟上海古籍出版社的同志们说，让他们把那些照片给我发一份过来。当时特别不方便，现在有手机了，有微信了，随时都可以看高清的大图。后来他们从圣彼得堡印回来一批照片之后，我就干脆到他们出版社旁边的小旅馆中住了下来，专门看了一个星期，这些东西都是那时候发现的。我一张照片一张照片地过，就找到了这本《瑶池新咏集》。还有这一份俄藏的诗集卷子，可以和 P.2492《唐人诗集》拼接起来。其前段部分都是法藏，过去王重民先生都把这个集子当成白居易的诗集，接在后边的却是李季兰的诗。李季兰是唐代著名的女诗人，因为给叛乱者写了歌功颂德的东西，后来被处死，很年轻就夭折了。经过这样的拼接之后，我们还能把这个本子称为"白香山诗集"吗？写本里边还保存了对唐朝来说非常忌讳的写了"反诗"的女诗人的作品。实际上，晚唐时代归义军节度使的那些官员，比如押衙之类，他们到了长安之后受了很多气，他们在心理上是对唐朝公卿权贵不满意的，所以他们最喜欢看《秦妇吟》，读《秦妇吟》中"内府烧为锦绣灰，天街踏遍公卿骨"的句子，自然是解恨，而这些公卿当年都是欺负过归义军的使节的，所以《秦妇吟》在敦煌地区最为流行，恐怕也有这种心理因素的作用。

我们的写本学和书籍史，首先就应该将这些书的原状，其中保存的各种各类的内容——比如一张纸的行格、宽度、跟普通的书籍（标准的佛经、经史子集）的区别、天头地脚的宽度、字迹的特点等，都反映出来。我现在就非常关心从敦煌到吐鲁番，到龟兹，到于阗，包括已经不存的王羲之的字帖，都把他们纳入研究的范畴之中。有人说《兰亭序》不是被封在了李世民的墓葬中了吗？民间学习的《兰亭序》都是从《圣教序》中辑的字，根本不是当时的原貌。但我们可以看到，敦煌人从官员到民众再到学郎，都在临摹《兰亭序》。这些材料都有，还非常丰富，说明《兰亭序》有抄本传世。

还有其他形式的书籍格式，如 P.4093《甘棠集》。这种格式受到了印度梵夹装的影响，是一种册子本的书籍。我们做今天的书籍史，要更加注重书籍的功能，要和社会史联系起来。赵和平先生将《甘棠集》整理了出来，实际上它是一种书仪，是表状笺启的书仪，是节度使中的掌书记（通常是节度使给宰相或者皇帝写报告的人）专门给节度使执笔作文的一份底本，这个本子显然就是他写文章的一个范本。所以，这个本子为什么会采用册子本呢？因为节度使的掌书记要随军征讨，他会和节度使一起外出作战，册子本非常有利于随身携带，而且他随时都可以打开到某一个部分，用来作为写文章的参照。因此，这些书籍的内容，一定和写本的形制有关。

过去我们不重视写本的外部特征，就很难将其与独特的社会历史文化结合起来。比如 S.76《食疗本草》。IDP（国际敦煌项目）非常方便，能够看到这些写本上的朱笔部分，以往这些东西我们都是看不到的。过去我整理编目过英藏一件《下女夫词》，标题都是用朱笔写的，字迹也非常工整漂亮。

我们原先都认为《下女夫词》是民间文学，看到这个写本，我认为《下女夫词》完全不能当作一个文本来对待。又比如这件《王昭君变文》，都是非常工整地抄写，天头地脚都密密麻麻，没有留下多余的部分。古代那些讲变文的民间艺人，身上携带的东西都非常少，他不能带太多东西，这些工整的写本都是他必须用到的。

敦煌文献非常丰富。这件是敦煌文献中保存的寺额。这是我昨天提到的Дх.2881+Дх.2882《开元廿九年二月九日沙州大云寺授菩萨戒牒》，这是敦煌某位僧人受戒的凭证，实际上是长安大安国寺某位大德为他受戒的。而且在受戒之前，要讲唐玄宗的《御注金刚经》，要讲《法华经》，整个构成了非常严密的受戒仪式。当然，有可能这个《御注金刚经》就是僧人从长安带过去的，时间在开元二十九年（741年）。这些都是书籍流传的情况。

谢谢各位。

（此为2018年7月16日在西华师范大学与伏俊琏、游自勇对谈的讲话记录稿，原载伏俊琏主编《写本学研究》第1辑，北京：商务印书馆，2021年3月，第1—15页。仅摘录笔者发言部分。）

"不仅仅是敦煌"

【问】《光明日报》

【答】荣新江，北京大学教授、中国敦煌吐鲁番学会会长

【问】1.您在《敦煌学十八讲》中，谈到了归义军史研究的旨趣。那么您觉得，敦煌学的研究旨趣是什么？它何以吸引着王国维、陈寅恪、季羡林、饶宗颐等一代又一代大学者孜孜以求，薪火相传？

【答】1900年敦煌藏经洞发现的大量写本书籍和文书，为20世纪初叶中国学术从传统走向现代提供了丰富的资料，其中不仅有中国学者所关心的经史子集，如六朝和唐代初年所抄写的《古文尚书》，两种久佚的《毛诗音》，还有已佚的《孝经郑氏解》《论语郑氏注》，以及小学类早已失传的陆法言《切韵》抄本、唐长孙讷言《笺注本切韵》等，可以解决从宋到清代学者一直弄不清楚的问题。同时，藏经洞中有许多俗文学作品，提供了研究中国小说的新途径。因此，罗振玉、王国维等人见到这些古佚经典，可以想见他们应当有多么振奋。

敦煌藏经洞写本以佛典为大宗，其中除了传统大藏经所

收的六朝、隋唐抄本之外，还有许多已佚的北朝经疏、三阶教经典、南北禅籍、疑伪经等，此外还有佛寺所收藏的道教经书，多是开元道藏的遗迹。因此，具有佛教研究素养的陈寅恪、季羡林、饶宗颐诸位先生，则更加关注佛典、道书中的学术资料，并与同时在敦煌、西域发现的梵本、胡本佛典相印证。

因此，藏经洞文献为20世纪新旧学术都提供了丰富的资料，包括大量旧史家所没有见过的文书档案，可以让我们根据原始文书撰写归义军史。这是另外一番敦煌研究的旨趣。

【问】2.在"纪念藏经洞发现120周年学术研讨会"上，您曾说，敦煌的价值不仅在于出土文物卷帙浩繁，更在于"它不仅仅是敦煌"。怎么理解这句话？

【答】敦煌文献虽然发现于敦煌莫高窟藏经洞，敦煌壁画虽然绘制于敦煌莫高窟、榆林窟、西千佛洞的壁上，但其中的文献和图像都不仅仅属于敦煌。我们知道，敦煌写本中有许多长安的"宫廷写经"，还有很多"开元道藏"的写本，都是从长安颁送到敦煌，或者和唐朝的律令格式一样，经凉州转抄到沙州。敦煌文献中还有由于各种原因从中原带过去的文本，也有沙州士子在中原抄回去的写卷，比如玄奘《大唐西域记》的写本，就是后来的求法僧作为出行指南而带到敦煌的；还有如唐人诗集，也是带在手边吟诵的文本，最后留在敦煌；还有一些表状笺启类的"书仪"，也是随军的掌书记或文秘人员带在身上，随时备用的写信范本；大量变文、药方、占卜书等，都是各类技术人员随身之物。敦煌还有少量的印本，包括从长安和成都传过来的具注历，还有佛经。敦煌壁画上描绘净土世界的城池有五个门道，这不可能是敦煌城的写照，而是长安的宫城正门朱雀门、冃凤门和外郭城的正门明德门的写照。敦煌壁画上很多的甲第、亭台楼阁，许多精美的器皿和珠宝，虽然画的是天国的理想世界，或菩萨身上的璎珞，但其实是唐朝物质文化的表征，因此它们反映的是整个唐朝文化，而不仅仅是敦煌。

【问】3.您新近出版的《从学与追念》一书，看似是学术随笔，却是对敦煌学研究领域大家们学术成果的梳理。您认为百年来，敦煌学研究最为重要的发现是什么？对填补历史空白有怎样的意义？

【答】如前所说，敦煌藏经洞出土的写本，不仅仅有传统的经史子集四部典籍，还有很多已佚的佛典、道书，同时藏经洞中留存了大量的官私文书，为我们研究中古时期政治制度、社会风俗、佛教社会、民间组织、民众信仰、不同阶层的文化，提供了远远超出传世文献的资料。与此同时，藏经洞文献中还有大量反映丝绸之路的文献，如佛教、祆教、景教、摩尼教东传的记录，中原文化西传的记载，还有市场物价表、旅行者的书信、买卖契约等直接印证丝绸之路的文书，而且发现了活跃在丝绸之路上的粟特人、吐蕃人、于阗人、回鹘人用自己的语言文字所写的文献，更真切地反映了丝路的面貌。我在《从学与追念》一书中记录过一些研究敦煌文献的学者的伟大功绩，借助他们著作之外的故事，来表彰他们对阐述敦煌文献的价值、弘扬敦煌学的贡献。

【问】4.敦煌文化与中华文明是什么关系？代表着中华文明的哪些特征？

【答】敦煌从汉武帝时期，就进入中原王朝的版图。汉朝"列四郡，据两关"，敦煌郡成为河西走廊中最西的边郡，而以敦煌西面的玉门关、阳关为界，又与西域地区紧密相连。敦煌一方面是中原王朝的组成部分，另一方面又是临近西域的边陲重镇。因此，敦煌传承的文化主体，无疑是中华文明的一部分；同时，敦煌文化中又具有边境人民的坚强的韧劲、勇敢的精神；还有敦煌是丝绸之路上的咽喉之地，是一座丝路重镇，因此敦煌文化中又包含着开放的性格、进取的精神。这些特征我们可以通过敦煌藏经洞出土文献和敦煌莫高窟的壁画清楚地看出，构成敦煌文献的无疑以中原的传统为主体，即便是外来的佛教，已经是纯粹的汉化佛教，以汉文经典为主体。与此同时，又有很多反映边地文化的特殊文本，比如大量的非汉文的边境民族文献，还有汉文文书中反映边地文化生活的诗歌（如边塞诗）、书仪（如河西或朔方书仪）、俗文学作品（如李陵、王昭君变文），以及当地的地志图经、求法僧的旅行记（《慧超传》《西天路竟》）等，表现了具有特色的中华优秀传统文化。

【问】5.在《敦煌学十八讲》中，您几次提出，敦煌学研究需要与国际学界广泛开展交流合作，这既是您的学术实践，也符合习近平总书记在敦煌研究院座谈时提出的要求。未来，中国学者在国际敦煌学研究中将担任怎样的角色？

【答】敦煌藏经洞文献发现于清末中国积贫积弱的年代，加上当地官僚的昏庸，所以大量写本被英国斯坦因、法国伯希和、俄国奥登堡和日本的大谷探险队攫取到手，转运出国，现藏英国、法国、俄国、日本的国家图书馆或大学图书馆。以后敦煌散出的写本，又通过劫取、倒卖、馈赠、交换等方式，分散到全世界的许多城镇的公私收藏者手中。这无疑是中国文化宝藏流失的伤心史。但从另一个角度来看，敦煌文献的外流客观上促进了东西方各国学者对敦煌文献的研究，因为敦煌文献丰富的内涵，也促进了各国学者对有关中国古代历史、文化、科技、宗教等各个方面的研究。敦煌学的研究者一般来说是海外对中国友好的汉学家，他们热爱中国文化，也对中国文化的研究和传播做出了很多贡献。我从1984年以来多次在欧美、日本走访敦煌文献的收藏单位，与各国敦煌学研究者广泛接触，对此有深刻的认识。因此我一直主张敦煌学需要国际合作，中国的敦煌学也需要"国际视野"，在历年来的敦煌学研究中，也一直奉行季羡林先生提出的"敦煌在中国，敦煌学在世界"的理念。

由于中国学者在处理汉语文献方面的突出能力，而且有大量的研究力量的投入，因此目前来看，敦煌学中的汉语文献的研究方面，中国学者无疑在许多领域都走在前面。但敦煌学是一个复杂的体系，汉文文献中有大量宗教文献，敦煌写本中还有大量非汉语文献，如藏语、于阗语、粟特语、回鹘语，有的还属于印欧语系的语言，对于中国学者有一定的难度。同时敦煌是一个艺术宝库，对于壁画和塑像的研究，又需要艺术学的理论和美术史的训练。在宗教、胡语、美术等一些方面，欧美、日本学者由于学术积累雄厚，图书资料储备充分，所以还是走在前头。因此，敦煌学需要各个学科的共同努力，也需要具有不同专业特长的各国学者的共同推进。在敦煌学领域里，需要更多的国际合作，包括共建数字化的国际共享平台，召开跨学科的国际会议，共同组建一些研究课题的攻坚团队，建立平等互利的国际敦煌学组织，等等。在今天，我们更期望敦煌学具有"国际视野"，来共同推进对敦煌这一世界文化宝藏的研究。

（原载2020年12月19日《光明日报》光明悦读。）

《旅顺博物馆藏新疆出土汉文文献》的整理与出版

2020 年 10 月，《旅顺博物馆藏新疆出土汉文文献》32 册及《总目索引》3 册由中华书局隆重推出。我想谈以下几点体会。

一、学术价值

旅顺博物馆是一座具有丰富馆藏的博物馆，其中名闻中外的一个方面，就是收藏着大量的新疆出土的文献和文物。这些 20 世纪初叶日本大谷探险队三次中亚探险所获得的"文化财"，由于种种原因而保存在了旅顺博物馆，成为世界上新疆出土文献，特别是吐鲁番出土文献的一大"宝藏"。

这一宝藏的内涵尚未全面揭示，其中包括汉文、梵文、吐火罗文、粟特文、回鹘文、中古波斯文等各种语言文字所写的文献，也有大量的汉文和回鹘文的世俗文书。其中我们所整理的汉文文献，就有从公元 3 世纪到 13 世纪之间 1000 年内所写的各种佛教典籍、儒家经典、道教文献，以及经史子集各类图书，还有反映中原王朝在吐鲁番地域进行统治的各种官私文书。这批总计2.6万片的文献残卷，有着多方面的学术价值，同时也在印证古代丝绸之路，阐明中华文化在新疆地区的传播等许多方面，具有现实意义。

二、整理经过

我是1988年参加北京举办的中国敦煌吐鲁番学会的学术研讨会时，在文津街北京图书馆（今国家图书馆）配合会议的一个展览上，初次见到旅顺博物馆所藏新疆出土汉文文书的真面貌，虽然只有几件，但很亮眼。1990—1991年，我在日本龙谷大学访学，每日所在的西域文化研究会的研究室就在大宫图书馆内，这里收藏着大谷探险队所获文书的另外一部分，就是1945年匆匆从旅顺运回去的两大木箱文书，所以那时有机会看了全部大谷文书的缩微照片和部分原件，而西域文化研究会的研究室里，也有不少有关旅顺博物馆藏品的文献，让我更多地了解了这批文献的价值。回国后，曾在1995年与龙谷大学的上山大峻、小田义久、木田知生三位先生一起访问旅顺博物馆，得以更加清晰地见到旅博藏新疆出土文献。

多年来，旅顺博物馆的同仁们一直在整理这批文献，在修复、编目、比定、研究方面做了大量工作，也曾经和龙谷大学的研究者合作，整理其中的佛教典籍，但由于这批文献数量庞大，很难一时竣工。

2014年7月，中华书局总经理徐俊先生邀我一道访问旅顺博物馆，得到王振芬馆长的热情接待，看到了大蓝册、小蓝册中的许多文献，也讨论整理、出版可能遇到的问题。

　　2015年，旅顺博物馆决定正式启动"旅顺博物馆藏新疆出土汉文文献"整理计划，王馆长特地来到北京，与我们商议如何实施整理计划，于是形成旅顺博物馆、北京大学中国古代史研究中心、中国人民大学国学院的整理团队，并确定由中华书局出版。随后从北大中古史中心申请到教育部社科基地重大项目，中华书局则申请国家出版基金立项。在各方面的大力支持下，我们组成了由上述三个科研单位，以及来自首都师范大学历史学院、中国社会科学院古代史研究所的老师和同学，前后计有近五十多人参加整理工作。

　　旅顺博物馆藏新疆出土文献主要来自石窟和寺院遗址，有些是墓葬出土物，多是残片。大谷探险队队员橘瑞超等人早年曾经整理，把残片黏贴在所谓"大蓝册""小蓝册"上，后来旅顺博物馆把更残的残片也贴在蓝册上。我们根据数字化的图片，在北京据图版来加以整理，主要工作是定名、定性、录文，然后到旅顺博物馆核对原件。在这个基础上，再撰写解题，编制图录。因为残片的主要部分是佛典，所以"中华电子学会"制作的佛典数据库——CBETA起了很大的作用，当然还有《四库全书》《道藏》等电子数据库，为我们的比定工作，提供了前所未有的方便。而我们的这批博士生、硕士生，都是操作数据库的"高手"，能够很快判断一些残片的所在。

　　经过几年的努力，我们在原本被贴着佛典残片集子的中间，发现了大量道经写本，也发现了大量的经史子集各类图书，还在佛典中发现大量疑伪经和禅宗典籍，大大丰富了我们对于古代新疆地区（特别是吐鲁番地区）汉文化传播的认识。

　　对于无法通过数据库定名的文献残片和公私文书，则根据我们多年来整理敦煌、吐鲁番文书的经验，加以考订，或按照古代文书的制度加以定名。从2019年开始，陆续进入排版和校对的阶段，在中华书局的图录排出一批以后，参加项目的老师们进行一遍又一遍的校对工作。按照我们的工作程序，我们六位老师——孟宪实、荣新江、史睿、游自勇、孟彦弘、朱玉麒，还有两位青年学者段真子、刘子凡，每人每校都看一遍，这样反复校对。今年初开始，受到疫情影响，停顿了一段时间。疫情稍微好转，我们就开始重启校对工作，一般做法是游自勇开车从中华书局把校样运到北大西门，我们从西门运到朗润园的中心，我们北大的三位校完之后，再运到校门交给段真子带回人民大学，经孟宪实和真子校对后，送首都师大游自勇校，其间孟彦弘、刘子凡通过网络或微信，做相应的查核工作，最后由游自勇送回中华书局。后来北大校门可以预约进入，各位老师基本上集中来北大中古史中心做校对工作，后来赵洋加入，帮忙制作《总目索引》，也参加部分校对工作，还有先期回京的个别同学也参与。最终克服疫情带来的种种不便，按期交稿，排版印刷，顺利出版。

三、出版意义

　　由于大多数19世纪末、20世纪初欧美、日本探险队在敦煌、西域获得的出土文献在相当长的一段时间里都是个别的或局部的陆续发表，所以给学术研究造成很大的障碍。从20世纪90年代开始，在中国敦煌吐鲁番学界和中国出版界的共同努力下，敦煌文献开始以大型（8开）图录的形式整体出版，包括《俄藏敦煌文献》《法藏敦煌西域文献》《国家图书馆藏敦煌遗书》，以及各家规模小一些的收集品，如北京大学图书馆、上海图书馆、上海博物馆、甘肃各家馆藏、浙藏等。《英藏敦煌文献》虽然开了一个好头，但限于出版经费的条件，只收录"佛经之外的文献"，所以不全。这些图录为学术研究做出巨大贡献，但现在看来，一个最大的缺点是黑白图片，很多原卷的情况还是不够清楚。吐鲁番文书的情况更不如敦煌文书，图录的出版最主要的贡献就是唐长孺先生主编的《吐鲁番出土文书》的精装本，可惜也是黑白图版。

进入21世纪，中国经济发展，保护传统文化的意识更加强烈。在国家出版基金和一些出版单位、学术单位的大力支持下，敦煌吐鲁番文献开始有了全彩版的合集出版，如中华书局出版的《新获吐鲁番出土文献》（2008年），北京燕山出版社出版的《首都博物馆藏敦煌文献》，上海古籍出版社出版的《甘肃藏敦煌藏文文献》。这次我们出版的全彩版32册八开本《旅顺博物馆藏新疆出土汉文文献》（图1、2），可以说是敦煌吐鲁番文献中规模最大、学术含量深厚、印刷水平最高、定价最低的一套。

精美的印刷品不仅能够让热爱书法的学者保藏，也给研究中古历史文化、丝绸之路、中国传统文化在西域等许多方

图1 《旅顺博物馆藏新疆出土汉文文献》32
册及《总目索引》3册

图2 《旅顺博物馆藏新疆出土汉文文献》书影

面提供丰富的素材，必将大力推进西域史、丝绸之路等方面
的研究。

谢谢大家。

（2020年12月20日《旅顺博物馆藏新疆出土汉文文献》出版座谈会上的发言稿，部分内容收入臧继贤《座谈："旅顺博物馆藏新疆出土汉文文献"首次全面整理出版》，《澎湃新闻》2020年12月24日。今将原稿全文刊出。）

《吐鲁番出土文献散录》编纂感言

2021年4月,中华书局出版了我和史睿合作主编的《吐鲁番出土文献散录》(以下简称《散录》,图1),这是一个漫长工程的最终成果,参与的学者、学生和编辑都付出了劳动,也积累了一些整理出土文献的经验。这里把三十多年来的经历、体会略微整理,希望与出土文献的整理者分享。

一、吐鲁番文书残片的追寻

1985年春夏之际,我独自一人穿行在西欧和北欧的一些城市之间,寻访敦煌和西域出土文献,先后到过英国伦敦、剑桥,法国巴黎,西德汉堡、不莱梅、西柏林,丹麦哥本哈根,瑞典斯德哥尔摩等地。我当时是硕士生在读,作为合作培养于1984年秋去荷兰莱顿大学汉学研究院进修。我的硕士论文题目是"归义军及其与周边民族的关系",同时与张广达先生合作研究于阗历史,因此那时主要的关注点是敦煌文书中的归义军和于阗史料,以及和田出土的汉文文书。当时出国还不是一件容易的事,所以只要有机会,不论敦煌还是吐鲁番、也不管和田还是库车出土的文书,能够接触的,都

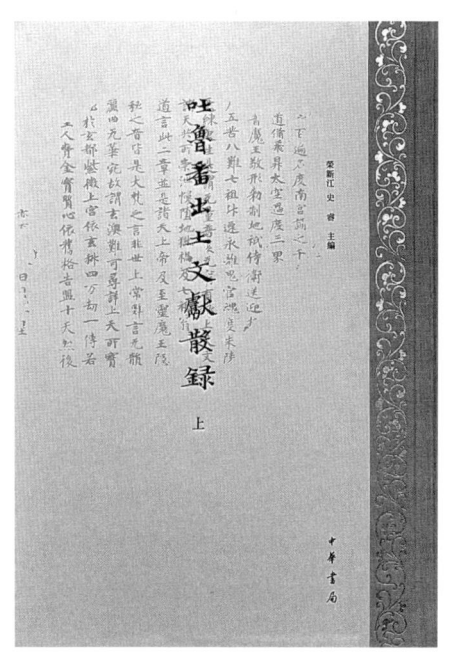

图1 《吐鲁番出土文献散录》

动手抄录，想方设法收集照片。在英国国家图书馆，我稍稍接触了斯坦因第三次中亚探险所获吐鲁番文书，感觉在马伯乐（H.Maspero）1953年刊本之外，还有不少珍贵的文书没有发表。在西柏林的德国国家图书馆，承蒙主人好意，赠送给我一套原藏美因茨科学院的吐鲁番汉文文书照片，其中就有在仁井田陞《唐宋法律文书研究》中看到过的所谓"五保文书"。当时东西柏林分立，我以旅游者的身份进入东柏林转了一天，在布莱登门附近的东德科学院大门前驻足，因为德国探险队所获吐鲁番文书的主体就收藏在里面，但我没有事先联络，所以只有望门兴叹。

1990年秋开始，我有机会到日本龙谷大学访问，这里收藏着大谷探险队从吐鲁番所获的大量文书，其中不少资料已经发表，但没有整体面世。我有机会通过缩微胶卷浏览了全部文书图片，也调阅了若干原件。当时这批文书由小田义久教授带领的一个团队整理，已出版《大谷文书集成》第一卷，正在编辑第二、三卷。这本书按编号顺序发表全部录文，同时选择一些重要的文书刊布图版，但录文不太精到，图版也不全，对于专业研究者来说，不敷所用。我作为龙谷大学的客人，不能抢人家的工作，所以我也就没有对这批大谷文书做录文工作。

在日本期间，我还有机会走访了另一个吐鲁番文书的收藏地——东京的书道博物馆，但那时的书道博物馆管理不善，每年只拿出几件写经陈列，据说没有极为亲密的关系，是无法看到原件的，所以我也没有多作指望。在书道博物馆的失望，却在东京的静嘉堂文库得到补偿。这里的吐鲁番文献原为新疆清理财务官梁玉书（素文）的藏品，已经装裱成八函，除日本个别学者提到过这里面的佛典外，没有人做过系统调查。我购买了一套全部文书的图片，并写了《静嘉堂文库藏吐鲁番资料简介》，向国内学界通报有关信息[1]。此外，我走访了京都藤井有邻馆，看到了部分西州、北庭的长行马文书，但不出藤枝晃教授发表的内容。又走访奈良宁乐美术馆，承蒙馆主热情招待，看到日比野丈夫发表的蒲昌府文书，并获得照片，这部分后来由陈国灿、刘永增整理成书出版。最让人欣喜的是在京都大学附属的羽田亨纪念馆中看到一些未曾发表的敦煌吐鲁番文书，但因为我很快就在1991年初离开日本，所以未及再去抄录。所幸后来池田温先生等

①《敦煌吐鲁番学研究论集》，北京：书目文献出版社，1996年，第176—188页。

先后前往，录出《天宝二年交河郡市估案》等重要文书①。早期的海外调查收获，已记录于拙著《海外敦煌吐鲁番文献知见录》（江西人民出版社，1996年）。

　　与此同时，国内散藏的吐鲁番文书也一直是我关注的对象。1985年曾据《历史档案》发表的照片，整理了辽宁省档案馆所藏唐蒲昌府文书和僧人名籍②。又根据张玉范老师编制的北京大学图书馆藏敦煌文书目录，检出唐开元二十九年西州户籍③，这里收藏的北凉赀簿朱雷先生早有深入研究④。此外，20世纪90年代笔者在国家图书馆检阅敦煌写本残片，从中也发现若干吐鲁番文书，曾就其中的烽燧文书残片做了研究⑤，其他则置于箧中，未及深究。后来在吐鲁番博物馆，在甘肃省博物馆，也都有所收获。

　　1996年6—8月，我应柏林自由大学东亚系邀请前往讲学，得以有机会遍检柏林德国国家图书馆、印度艺术博物馆（今亚洲艺术博物馆）、柏林科学院吐鲁番研究所三处所藏吐

　　① 池田温《盛唐物価资料をめぐって——天宝二年交河郡市估案の断简追加を中心に》，创价大学《シルクロード研究》创刊号，1998年，第69—90页。

　　② 荣新江《辽宁省档案馆所藏唐蒲昌府文书》，《中国敦煌吐鲁番学会研究通讯》1985年第4期，第29—35页。

　　③ 荣新江《〈唐开元二十九年西州天山县南平乡籍〉残卷研究》，《西域研究》1995年第1期，第33—43页。

　　④ 朱雷《吐鲁番出土北凉赀簿考释》，原载《武汉大学学报》1980年第4期，第33—43页；收入其《敦煌吐鲁番文书论丛》，兰州：甘肃人民出版社，2000年，第1—24页。

　　⑤ 荣新江《唐写本中的〈唐律〉〈唐礼〉及びその他》（森部丰译），《东洋学报》第85卷第2号，2003年，第1—17页，图1—4。

鲁番文献，抄录了其中所有的非佛教文献①，这其实构成我编纂《散录》的初衷。出国之前，我在中国国家图书馆善本部找到1935年和1937年走访柏林的王重民先生和向达先生拍摄的一批老照片，在柏林确认了它们的存佚情况，仍存者确定了新编号②。1996年末，我又走访了美国普林斯顿大学的葛思德图书馆，根据其馆刊透露的消息，终于看到所有馆藏吐鲁番文书，也订购了一些照片，其中不少是未被吐鲁番学界所知的材料。在我之后，我的硕士生、后来任教于中山大学人类学系的姚崇新走访普林斯顿大学，又拍摄到一批照片。最后是我的另一位硕士生、后来到普林斯顿大学攻读博士的陈怀宇，才全面整理了这批文书，撰成《普林斯顿葛思德图书馆藏敦煌吐鲁番汉文写本》一文，把著录和图版发表在普林斯顿大学的《东亚图书馆馆刊》上③，为我们的工作提供了帮助。此外，我的博士生付马于2010—2011年赴赫尔辛基大学进修，笔者托他调查马达汉收集的吐鲁番文书，也获得不少重要的信息。

---

① 荣新江《德国"吐鲁番收集品"中的汉文典籍与文书》，饶宗颐编《华学》第3辑，北京：紫禁城出版社，1998年，第309—325页；又《再谈德藏吐鲁番出土汉文典籍与文书》，《华学》第9、10辑（三），上海：上海古籍出版社，2008年，第854—877页。

② 荣新江《中国国家图书馆善本部藏德国吐鲁番文献旧照片的学术价值》，国家图书馆善本特藏部敦煌吐鲁番学资料研究中心编《敦煌学国际研讨会论文集》，北京：北京图书馆出版社，2005年，第267—276页，图1—3。

③ Chen Huaiyu, "Chinese Manuscripts from Dunhuang and Turfan at Princeton's Gest Library", *The East Asian Library Journal* 14/2, 2010, pp. 1-208.

二、敦煌吐鲁番文献合集公布的机遇

吐鲁番文献分藏之散，难以全部过目，更何况有些在私人手中，更是难得一见。所以，高清的大型图录的出版是我们收集材料的另一个目标。比如第二次世界大战时留学德国的日本学僧出口常顺曾经在柏林购得一组德国探险队所获吐鲁番文书，带回日本大阪四天王寺。1978年，藤枝晃对这组文献做了整理，并依原大全部影印为《高昌残影——出口常顺藏吐鲁番出土佛典断片图录》（非卖品）。此书只印一百部，国内没有收藏，我在龙谷大学访问期间得以寓目，并将非佛经文献复印回来。2005年出版了藤枝晃编《吐鲁番出土佛典之研究：高昌残影释录》①，我也获赠一册，对我们的《散录》工作提供了帮助。

更为重要的进步，是从20世纪90年代初开始，国内一些出版单位对敦煌吐鲁番文献的影印出版抱有极大的热情，投入巨大的人力财力来做这件事情。特别是上海古籍出版社，先后出版《上海博物馆藏敦煌吐鲁番文献》两册（1993年），《上海图书馆藏敦煌吐鲁番文献》两册（1999年），《北京大学图书馆藏敦煌文献》两册（1996年），其中多多少少有一些吐鲁番文书，甚至还有非常重要的文书。而《俄藏敦煌文献》17册（1992—2001年），包含着相当数量的俄国探

153

---

① 藤枝晃主编《トルファン出土佛典の研究：高昌残影釋録》，京都：法藏館，2005年。

险队所获吐鲁番的汉文文献，经过学者们的分析剥离，也构成我们这本《散录》中相当一组文书的素材。

与此同时，在日本方面的推动下，中国历史博物馆（今中国国家博物馆）在1994年和1999年分别出版了史树青主编的《中国历史博物馆藏法书大观》第12卷《战国秦汉唐宋元墨迹》①和第11卷《晋唐写经·晋唐文书》②，其中不仅有黄文弼所获吐鲁番出土文书，而且还有历博多年来收集的罗振玉、罗惇曧、唐兰等人旧藏的吐鲁番文书，均十分珍贵。后来因为与新疆师范大学黄文弼中心协议，要专门出版一本《黄文弼所获西域文书》，所以黄文弼所获文书部分从《散录》中析出。与中国国家博物馆藏吐鲁番文书关系密切的中国国家图书馆藏吐鲁番文书，也由北京图书馆出版社陆续出版，即中国国家图书馆编《国家图书馆藏敦煌遗书》146册（2005—2012年），使我们得以从中检出原本属于吐鲁番的文献。

进入21世纪，日本方面在敦煌吐鲁番文书的图录出版方面也有进步。收藏吐鲁番文书十分丰富的书道博物馆归属东京都台东区，在矶部彰教授等人的努力下，编成《台东区立书道博物馆中村不折旧藏禹域墨书集成》大型图录，一函三

---

① 史树青总主编《中国历史博物馆藏法书大观》第12卷《战国秦汉唐宋元墨迹》，吕长生主编，东京：柳原书店，上海：上海教育出版社，1994年。

② 史树青总主编《中国历史博物馆藏法书大观》第11卷，杨文和主编，东京：柳原书店，上海：上海教育出版社，1999年。

册，彩版印刷，2005年出版①，收录该馆所藏全部敦煌吐鲁番文献，虽然是非卖品，但重要的学术机构都获赠其书，北京大学国际汉学家研修基地的汉学图书馆也获赠一套，成为我们编纂《散录》时的重要参考书。

此外，从2009年3月开始，大阪的杏雨书屋开始出版《敦煌秘籍·影片册》，总计9册，其中也有一些分散的吐鲁番文书，有些过去见于羽田亨纪念馆所藏的黑白照片，现在知道原件所在，而且全是彩版印刷。

迄今为止海内外大宗吐鲁番文献尚未公布者，可能就是芬兰的马达汉收集品了，好在2008—2009年日本学者西胁常记先生两次前往赫尔辛基调查，撰有《关于马达汉收集品》一文，附有一些道经和世俗文书的小照片②。结合我们此前的收集，得以校录出其中重要的典籍和文书。

在本书编纂过程中，承蒙国家图书馆刘波先生的提示，我们还从美国旧金山亚洲艺术博物馆的网站上，见到王树枏旧藏《唐人玉屑》一册，得以录出几件珍贵文书。

可以说，当我们2005年开始着手进行《吐鲁番出土文献散录》的时候，我们处在一个非常幸运的时间点上，通过一些大型的图录，一些大规模的吐鲁番收集品，如新疆博物馆和吐鲁番博物馆所藏的、日本龙谷大学和宁乐美术馆所藏

---

① 矶部彰编集《台东区立书道博物馆中村不折旧藏禹域墨书集成》，东京：文部科学省科学研究费特定领域研究东亚出版文化研究总括班，2005年。

② 西脇常記《マンネルヘイム・コレクションについて》，作者《中國古典時代の文書の世界——トルファン文書の整理と研究》，东京：知泉书馆，2016年，第169—285页。

的、英国国家图书馆所藏的吐鲁番文献，都有了颇具规模的整理，我们不必阑入。而分散在海内外大大小小的吐鲁番收集品，此刻大多数都有图版见刊，有录文可寻，甚至像德国藏卷也有了全部数字化的图片上网，还有一些意外的网上新见和走访所得，在这样的条件下，编纂《散录》的条件已经比较成熟。

三、整理团队的组织

然而，并不是所有的材料都收集起来，就能编成一本吐鲁番文献的合集，因为吐鲁番文献的内涵非常繁杂，包括经史子集，各类文书，时代跨度在千年以上。虽然很多文书有前人整理的基础，但还有大量的没有录文和研究，定性命名都是问题，汇为一编，非一人精力和能力所及。因此，要做这件事，需要有一个团队。恰好我们在2005年组成一个团队，开始整理吐鲁番地区博物馆新获吐鲁番出土文书，而这个团队也就成为整理《散录》的基本队伍。在这个队伍当中，我们有历史学出身的多年来研究吐鲁番出土文书的学者，也有中文系出身的研究吐鲁番文学文献的老师，还有对写本书法、道教典籍、占卜文献等有研究心得的专门人才，也有一批精力充沛的年轻学子。在我所做的德藏等吐鲁番文献录文的基础上，开始进行录文、校录、定名和考释工作，并扩大收集有关的参考文献。

参加过整理小组的年轻学人，也以《散藏》收录的文书从事专题研究，结出学术的果实。如熟悉道教文献的刘屹，先后撰有《天尊的降格与道教的转型——以德藏吐鲁番道教文献 Ch.349、Ch.1002 为例》[①]和《德藏吐鲁番双语文书残片 Ch/So 10334（TIα）v 的道教内容考释》[②]，阐述了一些德藏道教写本价值。过去较少受人关注的吐鲁番占卜类文书，也有了新的研究，如余欣《中国古代占风术研究——以柏林藏吐鲁番文献 Ch.3316 为中心》[③]、陈昊《德藏吐鲁番文书"推三阵图法"古注本考释》[④]、游自勇《德藏吐鲁番文书〈推十二支死后化生法、推建除日同死法〉考释》[⑤]。

典籍类中，林晓洁《德藏吐鲁番出土宋版〈新唐书〉残片小考》考证出德藏残片出于南宋初年的刻本，属于嘉祐本系统，十分珍贵[⑥]；徐畅《德藏吐鲁番出土〈幽通赋注〉写本的性质、年代及其流传》对此六朝写本做了透彻的研究，确定是项岱单注本[⑦]；李昀《吐鲁番本〈文选〉李善注〈七命〉的再发现》[⑧]和《旅顺博物馆藏〈金刚经〉注疏小考——

---

① 载《吐鲁番学研究》2011 年第 1 期，第 77—88 页。

② 收入渡边义浩编《第四回日中学者中国古代史论坛论文集·中国新出资料学の展开》，东京：汲古书院，2013 年，第 257—264 页。

③ 收入高田时雄主编《唐代宗教文化与制度》，京都：京都大学人文科学研究所，2007 年，第 87—114 页。

④ 载《文献》2009 年第 4 期，第 17—25 页。

⑤ 载《国学学刊》2010 年第 4 期，第 84—90 页。

⑥ 载《文献》2009 年第 4 期，第 35—46 页。

⑦ 载《吐鲁番学研究》2013 年第 2 期，第 30—60 页。

⑧ 收入朱玉麒主编《西域文史》第 9 辑，北京：科学出版社，2014 年，第 135—154 页。

附李善注〈文选·七命〉补遗》①两文，比定出更多的《文选》残片并将其缀合。

在文书方面，来北大历史系的访问学者毛秋瑾，也参与我们的整理工作，撰成《〈唐开元十六年（728年）西州都督府请纸案卷〉研究》一文，从书法角度加以探讨②；整理小组成员雷闻，则撰成《吐鲁番出土〈唐开元十六年西州都督府请纸案卷〉与唐代的公文用纸》，从历史的角度加以研究③。史睿发表了《新发现的敦煌吐鲁番唐律、唐格残片研究》④。

整理文书一直是我在北大历史系进行敦煌吐鲁番课程训练的一个组成部分，所以在历年的"敦煌吐鲁番文书研究"课程上，把一些可以作为研究主题的残卷，提示给选课的同学，让大家自告奋勇，认领课题，在我们老师辈的指点下，从录文开始，学习整理文书，并以小见大，从一件文书，联系一个方面，把文书整理出来，也做出一篇文献学或历史学方面的研究论文。

在历年的课程中最终发表的文章有：研究中外关系史的

---

① 收入王振芬主编《旅顺博物馆学苑》，长春：吉林文史出版社，2016年，第88—111页。

② 收入孙晓云、薛龙春编《请循其本：古代书法创作研究国际学术讨论会论文集》，南京：南京大学出版社，2010年，第201—212页。

③ 收入樊锦诗、荣新江、林世田主编《敦煌文献·考古·艺术综合研究——纪念向达先生诞辰110周年国际学术研讨会论文集》，北京：中华书局，2011年，第423—444页。

④ 载《出土文献研究》第8辑，上海：上海古籍出版社，2007年，第213—219页。

王媛媛《新出汉文〈下部赞〉残片与高昌回鹘的汉人摩尼教团》，涉及德藏摩尼教文献①；考古文博学院的王璞《普林斯顿大学葛思德图书馆藏高昌郡时代缺名衣物疏考》，从文物考古的角度审视了这件早期衣物疏中的名物②；研究吴简的凌文超《普林斯顿大学葛思德图书馆藏两件天山县鸜鹆仓牒考释》，用处理简牍文书的方法考释吐鲁番文书③；治魏晋南北朝史的胡鸿《柏林旧藏吐鲁番出土"不知名类书"残卷的初步研究》，分析了这件残卷的内容和性质④；研究宋史的林珊《德藏吐鲁番文献中的宋诗习字残片》，为我们考释出几片习字的宋诗归属和流传过程⑤；跟我做文书研究的包晓悦《日本书道博物馆藏敦煌吐鲁番"写经残片册"的文献价值》，则比定出《前汉纪·孝武皇帝纪》《老子道德经序诀》《老子道德经》《洞玄灵宝长夜之府九幽玉匮明真科》等⑥；何亦凡与朱月仁合作《武周大足元年西州高昌县籍拾遗复原研究》，把我们收集的散藏于龙谷大学、旅顺博物馆、书道博物馆、圣彼得堡东方文献研究所、芬兰国家图书馆5处12片文书排列出来，做了一个非常成功的复原研究⑦。

　　可以说，整理出土文献，需要一个涉及多学科的整理团

---

　　① 载《西域研究》2005年第2期，第51—57页。

　　② 载《吐鲁番学研究》2009年第2期，第63—70页。

　　③ 载《吐鲁番学研究》2009年第2期，第79—88页。

　　④ 载《敦煌吐鲁番研究》第12卷，上海：上海古籍出版社，2011年，第441—449页。

　　⑤ 载《文献》2009年第4期，第26—34页。

　　⑥ 载《文献》2015年第5期，第36—47页。

　　⑦ 载《文史》2017年第4辑，第197—214页。

队，还要有一批年富力强的年轻学者和博士生、硕士生，他们有干劲，肯钻研，集合大家的力量，把零散的文书聚合成一个颇具规模的文献宝藏。

四、编辑工作的程序

要编辑一本出土文献的合集，首先是要收集原始资料。在确定了范围之后，要尽可能全地收集所要整理的文献。正如上面所述，这个过程往往要花很长时间，特别是像《散录》这样的原始资料十分分散的情况，把材料集中起来，就是一个贡献。

对于这些原本来自吐鲁番的碎片，有时候我们可以碰运气地将一些残片缀合起来，有些则可以归为一组。在《散录》中，像《礼记》《一切经音义》《文选》李善注本等典籍写本，我们都有超出前人成果的新缀合或归组的工作，包括新近才得以整理的旅顺博物馆藏卷。在文书部分，比如像《周大足元年（701年）西州高昌县顺义乡籍》，我们就把日本龙谷大学、旅顺博物馆、书道博物馆、俄罗斯圣彼得堡东方文献研究、芬兰国家图书馆藏残片归为一组，并复原其前后顺序。另外，我们把好几组中国国家博物馆与中国国家图书馆的残卷相互缀合，如《唐开元年间瀚海军状为附表申王孝方等赏绯鱼袋事》（国博43+国图BD09337/周058）、《唐军府规范健儿等纲纪状》（国图BD09330/周051+国博38）。这些残片单独经过许多学者的研究，但一直没有缀合在一起，这次我们借图版发表之惠，终于将它们缀合到一起，为唐朝制度和地方军事的研究都提供了重要的文书依据。

　　与此同时，要全面收集前人有关原始文献的研究成果。由于吐鲁番研究课题广泛，而且《散录》涉及的原件存于许多国家，最初往往是该国学者加以整理和研究，因此研究文献也涉及多种语言的论著。不论什么语言撰写的大大小小的相关文章，都要收集。这就是我们在每条文献的解说中要列出著录、研究过该条文献的全部参考文献的原因。掌握了前人研究成果，有些已经确定的名称、断代等工作就不必重复。我们对于有些文献的研究也远较解题详尽，因此参考文献也会帮助读者检索到我们的研究论文所在。

　　整理出土文献的最重要工作是录文，这是提供给读者原始文献的识读结果，也为后人使用这些文献提供可以引用的文本。按照整理出土文献的原则，一般都是要按行录文，上下的残缺状况也尽可能地表现出来，有时候看上去犬牙交错，其实这中间是见功夫的。录文要准确，这就要克服各种不同字体和俗别字的识读难点，所以整理出土文献要有一定的文字学功底。录文应当增加新式标点，也是表明这是经过整理的文本，因为没有读懂，是无法点断的。但增加标点，就会影响到录文本每一行的长度，有些行的下面就无法和原件的样子相像，这是没办法解决的问题。其实有些写本字体原本也有大小的不同，除了正规的书籍，每行字数也不可能像刻本那样整齐，所以即使不够整齐，标点还是第一位重要的工作。

　　有些文本虽然残缺，但因为有现存文本的对照，或者可以据诗歌的句式，推断出残缺的字数。在这种情况下，我们可以在原状录文之后，附上一个复原本，特别是诗歌文本，这些复原本是有助于韵脚的确定，对读者有很大的帮助。

出土文献经常是一些碎片，没头没尾，因此需要根据内容来加以定名。现在古籍数字化进步非常之快，不像1991年我在英国国家图书馆编敦煌残片目录时，基本上没有电子本，都是人工去查找。现在不仅几乎所有佛典都有了电子本，还有《四库全书》涵盖的古籍，甚至《道藏》等，对于文书残片的定名给予极大的帮助。但在电子文本提供多种选择时，或者电子文本也查不到时，还需要编者加以判断，并作出正确的取舍。

在标题之下，需要有简短的解题，交代尺寸大小、写本上的一些特殊情况，以及年代，无法定名的要给出大致的性质。因为出土文献的整理，主要是提供给读者文本，因此解题文字不宜过多，但要介绍一些录文看不出来的情况，因此解题还是需要花费功夫来写的。

上面已经提到过，在解题下面，最好的整理本是要把关于该文献的研究论著罗列出来。我们编辑《散录》和此前编纂《吐鲁番文书总目》（欧美卷）、《新获吐鲁番出土文献》等一样，都把相关的研究巨细无遗地著录出来，具体到页码。为了不使文字冗长，这里都是采用缩略语的方式，而把缩略语表放置在文末，虽然增加了翻检之劳，但节省了很多篇幅。书后的缩略语表，其实就形成了本书的参考文献，自有其功用。

根据我们整理敦煌吐鲁番出土文献的经验，以上各项，都是必不可少的工作，因此一本书的编成，有许多方面的工作要做，切不可掉以轻心。

出土文献的整理，是20世纪初叶以来才逐渐发展起来的一门学问，因此有很多问题需要探索。吐鲁番出土文书是出土文献中最为破碎的材料，《吐鲁番出土文献散录》所收几乎都是非正规考古所得的材料，有些经过多次分散流传，给整理工作增加了许多人为的困难。但正是面对这样复杂的情况，才给我们的整理工作提出许多前人没有遇到的挑战。经过对这些零散文献的整理，我们不仅提供给学界珍贵的写本和早期印本文献，还希望在整理方法上能够总结出一些经验，逐渐形成规范，为出土文献的整理与研究做出贡献。

（2021年6月5日完稿，原载《古籍整理出版情况简报》2021年第7期，第4—14页。编者加正题"吐鲁番出土文献整理之一例"。）

关于推进北庭学发展的几点浅见

尊敬的各位领导，各位专家：

  很高兴能够参加第四届北庭学研讨会，这次会议是新疆大学人文学院、昌吉州文学艺术界联合会、中国社会科学院考古研究所北庭考古工作站、吉木萨尔县北庭学研究院主办。我是1983年第一次随老师张广达先生走访北庭故城，也是在那时第一次来到这次会议所在的新疆大学。这次北庭学与新疆大学再次汇聚在一起，可以说也是一种缘分。

  在各位领导讲话之后，我想我是代表与会学者在开幕式上发言，谈谈自己对北庭学的一点浅见。

  这些年来我被拉入北庭学的两个微信群里，得知很多北庭学研究的新发现，每一个发现，哪怕是一砖一瓦，也会引起大家的兴奋。所以不论在历史、考古、文化方面，北庭学都在突飞猛进地发展，取得了一些可喜的成绩。我们知道，现在一个学科的发展，不论什么学科，起点都很高。所以，北庭学的研究，也是在一个很高的起点上开始的。与相关的敦煌学、吐鲁番学研究相对，我们北庭学有急起直追的感觉。我们知道，因为19世纪末、20世纪初各国探险队发现了许多文物，特别是许多文书材料，引发了世界范围内的敦煌学、吐鲁番学研究热潮。北庭学研究不利的方面是没有那么多文书材料的出土，有利的方面是外国探险队对北庭遗址的发掘不多。我看到北庭学的研究是以考古发掘为引导，以文化遗产保护的理念为理论基础，来推进北庭学的研究。在"以地为名"的学科中，希望北庭学能够奋起直追，与敦煌学、吐鲁番学早日鼎足而三，共同发展。

北庭放在历史的层面上，是一个重要的历史名城，是丝绸之路上的一个节点。这些方面，近年来学者们多有研究，不用我在这里多说。我本人在北京大学所教的专业一个是隋唐史，一个是中外关系史，这两个方面恰恰在北庭是一个重要的展现之地。对于我们做历史的人而言，如果你站在一个历史的时点和地点上，其实有很多可以发掘的内容，北庭就是这样一个可以发掘的点。

从隋唐史方面来说，我们知道，北庭最早是贞观十四年（640年）唐灭高昌国后设立的西、伊、庭三个直辖州之一，这一点非常重要。唐太宗历来听魏征的话，但在这个问题上，他坚持己见，设立直辖州县。过去我们从玄奘的《大唐西域记》和《大慈恩寺三藏法师传》中得到的印象很深，主要关注的是西州设立直辖郡县问题，其实同样的意义也可以落在庭州上，即太宗要把庭州定为直辖州。这是一个重要的定性，就是一旦我们知道庭州是一个直辖州县，那么唐朝针对直辖州下达的任何一个诏令、任何一个大赦书、任何律令格式公文，都会有一份发到庭州来。我们看吐鲁番文书中就有许多律令格式、开元道藏的抄本，从凉州辗转抄来的，庭州也同样有人到凉州——河西八州的首府——去抄写唐朝都城长安颁布下来的公文、典籍。我们在敦煌吐鲁番文书中看到的这类文书，其实都有一份发到庭州。这其实是我们研究历史的一种方法，要举一反三。庭州从一个州郡到都护府，到节度使，每一个层级都有从唐朝来的文书，把这些文书从典籍，如《唐大诏令集》《唐六典》《唐律疏议》，从敦煌吐鲁番文书中拿出来，就可以理解或解释北庭历史在各个不同历史阶段的情形，给予北庭合理的历史定位。

由于北庭历史地位较高，其实比吐鲁番所在的西州要高得多，所以就会有不少重要的官员、文人来到北庭，我们比较熟悉的是岑参。文化的传播不是一两个人的，我们在北庭没有文书，但有石刻碑铭存下了。这些碑铭的文辞、书法水平都很高，表明北庭当时的文化水准相当高。所以，北庭聚集的人物文化水平恐怕比西州的还高。

比如说有一个例子，唐朝的悟空从印度求法回来，要经回鹘路回长安，在北庭这里遇到一位于阗的三藏法师尸罗达摩。我们今天看《西游记》中的唐三藏，好像三藏没什么了不起，耳熟能详，其实如果在唐朝，能够称为"三藏法师"的，那可不是一般的人物，三藏法师必须通经、律、论三藏。经、律、论三藏至少在悟空的年代，就需要有5000多卷书装在脑子里！不管人们问他经书、戒律，还是论，即各个佛教部派的论述，他大体上都要能说出个所以然来，这才叫真正的"三藏法师"。其实唐朝真正的"三藏法师"，就是玄奘、义净、不空，还有于阗去的实叉难陀，这些人才叫"三藏法师"。一般的和尚、一般的学僧只能叫法师、律师、论师、禅师，偏重在某一门类，如果叫"三藏法师"，那就不得了了。所以一个能容纳"三藏法师"的寺院，也一定是一个非常大的寺院。我们这里有龙兴寺，龙兴寺是国家派驻到每一个正州的官方寺院，它往往和节度使的衙署并排而立（如在敦煌）。我们今后的考古可能要关注节度使衙、龙兴寺这些地点的相对位置。这个龙兴寺绝对要比北庭西大寺更加重要。所以我们可以根据唐代现有的史料研究，反推出许多内容。

我的另外一个专业就是中外关系史。北庭正是丝绸之路上的一个重要节点，这个大家已经讲到了早期的草原丝绸之路，后来通往回鹘的回鹘路，河西走廊断绝的时候，都走回鹘路，这个大家都非常清楚。其实沿着这些路，我们也可以看到北庭在丝绸之路上的重要地位，文化的，经济的！《北庭学研究》第一辑中我讲过一个裴仙先的故事，那就是一个非常典型的材料，就一方墓志和一篇传记，提到裴仙先，就是唐朝宰相裴炎的侄子。因为裴炎得罪了武则天，被杖杀，他的侄子就被流放到了北庭。他娶了北边突厥可汗的女儿，然后大做生意，而且派了眼线在洛阳，因为武则天在洛阳，所以那时候洛阳的消息，很快就到了北庭，这就可以反映出丝绸之路上往来的密切。

安史之乱以后，这里也有《神会语录》的抄本，这其实也是非常了不起的。因为当时北方的大庙都烧了，北宗的僧人也被杀了，所以神会一枝独秀，而《神会语录》居然在我们这里有。这说明北庭的文化当时占有非常高的地位。

直到回鹘占领这个地区以后，我们在德国吐鲁番所获摩尼教文献的第1号，即摩尼教赞美诗的跋文里面，可以看到北庭的摩尼教僧侣首领是属于第二等级的拂多诞。我们知道，武则天时中国接受摩尼教，拂多诞在延载元年（694年）来朝，就是这个等级的人物，他是第二等级，第一等级的是慕阇，整个摩尼教世界当中只有12个人，而一个拂多诞一般都是较大教区的宗教领导人。北庭的摩尼教、佛教、道教、基督教曾同时并存，一直到元代长春真人到来时，都有一些相关的记录。

所以，长话短说，我们今天可以借助"一带一路"的国策把北庭学的研究发展下去，我相信北庭学的研究一定有光明的前景，而我们这辈学人赶上了这样一个时代，我们应该一起努力，共同推进北庭学的研究！

（2019年8月19日北庭研究院与新疆大学联合举办的"第四届北庭学研讨会"上的发言稿，据录音整理。）

绝学不绝

饶宗颐《选堂集林·敦煌学》读后

　　饶宗颐先生治学范围极广，敦煌学是他宏伟学术大厦中的一部分。据我所知，饶先生在某一方面的论文发表到一定数量的时候，就结集出版，随写随编，可以说是饶公治学的一大法宝。除了每个专题的专著外，按类而言，有关史学的文章集为《选堂集林·史林》三册（香港中华书局1982年版），有关文学的文章集为《文辙》（台湾学生书局1991年版），有关美术史的文章集为《画𩜹》（台北时报出版社1993年版），唯独敦煌学过去没有集为专书，虽然各篇文章大多散入其他文集或专著，但不易体现其敦煌学的研究成就，而且有些书，如《固庵文录》（台北新文丰出版公司1989年版），印数有限，传播不广，其所收敦煌学文章，往往被学界所忽略。2015年12月，香港中华书局出版了《选堂集林·敦煌学》，首次将饶先生的敦煌学论文结集出版，填补了这一空白。本书共收录饶公有关敦煌学文章五十余篇，按内容分为六类，大体上是（1）敦煌文献、（2）敦煌语言文学、（3）敦煌曲子词、（4）敦煌琵琶谱、（5）敦煌书法与绘画、（6）我和敦煌学。每类中的文章大体按时间排列，可以看出饶先生对敦煌学某个方面的贡献与推进的年代。这种编排很有匠心，既能反映饶先生敦煌学研究的学术成就，又能从学术史的角度看这些研究的历程与文章之间的相互关联。

书前有敦煌研究院院长樊锦诗先生撰写的《序言》，从治学具有极为广博宏通的视野、对每一个领域力求开拓创新、对每一个研究力求穷其源流、敢于提出不同意见、坚持自己的学术观点等几个方面，高屋建瓴地提示了饶先生治学的方法和境界。笔者自20世纪90年代初以来，有机会多次赴香港，从饶公游学讨教，也曾先后撰写过《饶宗颐教授与敦煌学研究》①《敦煌：饶宗颐先生学与艺的交汇点》②两篇文章，对饶先生敦煌学研究的成绩有所阐述，这里不必重复。本书所收，有些篇章不常为学界关注，笔者虽然都曾读过，今日重新学习，又有所感，因就读后心得，补述一二。

第（1）类敦煌文献部分，有《写经别录引》一篇，是为1987年香港中文大学文物馆展览图录《敦煌吐鲁番文物》所写，其中概述唐朝官府写经制度，并勾稽文集、笔记中有关写经的记录，论述北魏至赵宋时写经情形，是仅从敦煌写经题记来谈写经问题者所不及。饶先生学问广博，见到一题，就有所发挥，如他给王尧、陈践《吐蕃时期的占卜研究》作序，论及吐蕃鸟占渊源于汉地鸟情占；为王素、李方《魏晋南北朝敦煌文献编年》作序，演成一篇《敦煌出土镇

① 初稿载香港《信报财经月刊》1993年5月号，修订稿载《中国唐代学会会刊》第4期，1993年，第37—48页。

② 原载中央文史研究馆、敦煌研究院、香港大学饶宗颐学术馆编《庆贺饶宗颐先生九十五华诞敦煌学国际学术研讨会论文集》，北京：中华书局，2012年，第21—29页。

墓文所见解除惯语考释》；为赵和平《敦煌本〈甘棠集〉研究》作序，引入《通鉴》记刘邺上疏为李德裕昭雪之相关史事，以证此书论证刘邺疏非伪作之功。此外如《敦煌本〈瑞应图〉跋》《敦煌本〈立成孔子马坐卜占法〉跋》《敦煌〈大学〉写本跋》，均有发明。

第（2）类敦煌语言文学诸篇中，有《记唐写本唵字赞》一文，持 P.3986 唐玄宗所题梵书诗，指出与陕西咸宁县卧龙寺宋熙宁十年（1077 年）石刻的不同，以及与河南登封县元至大元年（1308 年）石刻的相同现象，文章虽短，却是写本与石刻对照研究的佳例。

第（3）类敦煌曲子词是饶先生用力很多的领域，曾在1971 年编成《敦煌曲》一书，由戴密微（P. Demiéville）译成法语，合汉法双语在巴黎刊行①。以后又续加探讨，特别是回应任半塘先生要破除"唐词"的说法，为"唐词"辨正。这部分的文章，构成本书最厚重的部分，前面从《〈敦煌曲〉引论》，到《敦煌曲系年》，录自《敦煌曲》一书，此后各文也基本收入作者《敦煌曲续论》（台北新文丰出版公司 1996 年版）。这部分我首次读到的是 1980 年 8 月写于北海道大学的《敦煌资料与佛教文学小记》，文字不长，言韵文部分解释佛教释子为何在敦煌寺院中喜抄曲子词，散文部分提示《梁武帝东都发愿文》为北人抄写的原因、唐人所写僧

---

① *Airs de Touen-houang（Touen-houang k'iu）, textes à chanter des VIIIe-Xe siècles*. Manuscrits reproduits en facsimile avec une Introduction en chinois par Jao Tsong-yi, adaptée en français avec la traduction de quelques textes d'Airs par Paul Demiéville, Paris 1971.

人别传，以及学僧赞文等的价值。佛教文学是敦煌学不容忽视的组成部分，饶先生早有论说。

第（4）类敦煌琵琶谱为专门之学，我没资格讨论。其中颇涉归义军史事，我想饶先生的意见是对的。

第（5）类敦煌书法与绘画方面，对于敦煌写卷中书法和白画资料的发掘，饶先生绝对是着鞭在先。这里收录的原载1959年香港大学《东方文化》杂志上的《敦煌写卷之书法》和1978年原在巴黎所刊《敦煌白画》[①]中的各篇，都不太容易见到，也是今日讨论相关问题所不可缺。今日重读，仍有感触，因为本身具有书法和绘画的造诣，饶先生才能将敦煌写本中的书画资料，一把提炼出来。

第（6）类是饶公谈自己和敦煌学的关系。在《我和敦煌学》一文中，追忆了与敦煌资料接触的机缘，按时间先后，把所涉及的多个敦煌学领域都说了一遍，对后学十分有益。饶先生说："我喜欢运用贯通的文化史方法，利用它们（敦煌经卷文物）作为辅助的史料，指出它在某一历史问题上关键性的意义，这是我的着眼点与人不同的地方。"这样的总结，对于理解饶先生的敦煌学，十分重要。在2006年发表的《敦煌应扩大研究范围》一文中，饶先生提出："1. 敦煌学要突破以研究隋唐为主要的时代坐标的局限，所以我的关注点是：由秦代到魏晋南北朝都有仔细研讨的必要。2. 敦

---

① *Peintures monochromes de Dunhuang. Manuscrits reproduits en facsimile, d'après les originaux inédits conserves à la Bibliothèque Nationale de Paris*, avec une introduction en chinois par Jao Tsong-yi, adaplée en français par Pierre Ryckmans, preface et appendice par Paul Demiéville, 3v., Paris 1978.

煌学也要突破以经卷文献和石窟图象为主要研究材料或物质对象的局限，所以我提倡研究简牍和石刻史料等等。"这是饶先生对自己敦煌学研究特色的阐述，也是对今后敦煌学发展的希望，值得我们牢记在心。

本书编校质量颇佳，唯第13篇之标题中"吐鲁番"当作"吐蕃"，目录与正文均误，再版时一定要改正。

2018年2月6日，饶宗颐先生离开我们，不过他给我们留下了丰富的学术遗产，包括他的敦煌学论著，是我们取之不尽、用之不竭的文化源泉。

（2021年2月1日完稿，原载《华学》第13辑"选堂先生纪念专号"，上海辞书出版社，2023年。）

冷门不冷，绝学未绝

——段晴教授和她的团队对西域胡语文献研究的贡献

冷门绝学过去一般指人们比较少关注而且难度较大的学问，西域出土非汉语文书，如佉卢文犍陀罗语、佛教梵语、于阗语、古藏语等材料，自然应当属于冷门学问，因为其中不仅是西域的古文字，而且有些还是"死文字"，也就是后来再也没有人使用的语言文字，如于阗语，这就是绝学了。北京大学外国语学院段晴教授和她的团队多年来一直致力于研究这些西域出土文献，取得了令学界瞩目的成就（图1）。但因为是冷门，所以关注她们成果的毕竟是少数；而分散发表的大量文章，如果不集中起来，也很难弄清楚各自之间的相互关系；不明白这些关联，就不能清楚这项研究过程的艰辛与成就的伟大。笔者一直关注于阗历史，在于阗这个点上与段晴教授的领域相交织，所以多年来一直关注她和她的团队的研究成果。在2022年春节前后集中又过了一遍，希望借助这篇文章，理清她们研究课题的内在学术理路，勾连起她们如何用一砖一瓦垒筑起雄伟的学术大厦。

图1 段晴带她的团队考察中

一、佉卢文犍陀罗语文书

佉卢文（Kharoṣṭhī）是古代印度的一种文字，在西北印度的犍陀罗地区用来书写当地流行的俗语（Prakrit），后来剑桥大学的贝利（H. W. Bailey）教授命名为"犍陀罗语"（Gāndhārī），为学界所采用。除了印度西北外，犍陀罗语文献也在中国新疆的和田、楼兰、库车等地发现，如和田出土的犍陀罗语《法句经》、汉佉二体钱，尼雅、楼兰出土的大量官私文书，龟兹王国范围内的文书和洞窟题记等。

20世纪初英国斯坦因中亚考察过程中，共获得佉卢文文书近千件；斯文·赫定（Sven Hedin）、亨廷顿（E. Huntington）、大谷探险队也都有少量发现。中华人民共和国成立后，1959

年和1980年，新疆博物馆、新疆考古所、和田地区文物保管所也在尼雅获得数十件佉卢文简牍；1988—1997年，新疆考古所与日本佛教大学合作对尼雅遗址进行考古调查和发掘，又发现佉卢文简牍数十件；其他还有一些零散的发现。这些材料现在收藏在新疆维吾尔自治区博物馆、新疆文物考古研究所、和田地区博物馆、策勒县文管所等单位。

　　进入21世纪，段晴和她的团队开始着手整理研究中国所藏佉卢文犍陀罗语文献。首先是对中国国家图书馆入藏的一组文书的考释，其成果即2013年4月中西书局出版的段晴等著《中国国家图书馆藏西域文书·梵文、佉卢文卷》（图2），列为《梵文贝叶经与佛教文献系列丛书》③。此书后半的篇幅是对五件佉卢文木牍文书的解读，包括解题、黑白图版、拉丁转写、汉语译文、专有名词注释。五件文书具体情况是：（1）段晴的研究生张雪杉解读的鄯善国王马伊利（Mairi）第六年的一份判决文书，结论是被告Saṃgamovi（萨迦牟云）等四人从龟

图2　《中国国家图书馆藏西域
文书·梵文、佉卢文卷》

兹回精绝路上没有杀人，文书年代在 3 世纪末到 4 世纪初。此件前期成果以中英文形式发表①。(2)(3) 由另一位研究生皮建军解读考释，前者是鄯善王元孟 (Vaṣmana) 第四年 (约在 4 世纪初) 一件楔印的 Saṅgamoya 买卖契约；后者底牍是鄯善王国名叫 Namsiṃta 的统治者给克罗那耶 (Kranaya) 地方官的信札，为偿还债务事；封牍内侧是克罗那耶写给家人信。上述两件研究的前期成果也已发表②。(4) 段晴解读，是元孟王第八年一件土地买卖楔印契约，其前期成果已以中英文发表③。(5) 最后一件由段晴考释，是内容不明的佉卢文木牍，其文字与一般楼兰、尼雅出土佉卢文不同，而与斯坦因在安迪尔 (Endere) 发现的 No. 661 号于阗王纪年文书一致，估计是古代于阗的佉卢文文书，所以更加珍贵。因为都是世俗文书，所以史料价值更高。除个别新词随转写翻译后有所讨论外，一般词都汇在所有文书释读之后统一为《佉卢文文书词汇总表》。其后是解读者关于前面四件文书的英文考释文章，以及文书中出现词汇的英语释文。后附佉卢文字

179

① 张雪杉《中国国家图书馆藏 BH5-6 佉卢木牍文书释读与翻译》，朱玉麒主编《西域文史》第 6 辑，北京：科学出版社，2012 年，第 27—33 页；Zhang Xueshan, "A Wooden Tablet in Kharoṣṭhī Script: National Library of China Collection, No. BH5-6", *Annual Report of the International Research Institute for Advanced Buddhology at Soka University* (以下简称 *ARIRIAB*)，15，2012，pp. 71-76.

② 皮建军《中国国家图书馆藏 BH5-4、5 佉卢文信件和买卖契约释读与翻译》，《西域文史》第 6 辑，2012 年，第 17—25 页。

③ 段晴《中国国家图书馆藏 BH5-3 佉卢文买卖土地契约》，《西域文史》第 6 辑，2012 年，第 1—16 页。Duan Qing, "A Land Sale Contract in Kharoṣṭhī Script: National Library of China Collection, No. BH5-3." *ARIRIAB*，15，2012，pp. 63-69.

符表。全书最后是国图编号与内容的双向对照索引表，便于读者查找。最后是参考文献目录。

　　随后，她们又对和田博物馆藏佉卢文书进行了整理研究，其中一组文章集中发表在《西域研究》2016年第3期上，包括：（1）段晴《萨迦牟云的家园——以尼雅29号遗址出土佉卢文书观鄯善王国的家族与社会》①，她指出斯坦因发掘的尼雅29号遗址是当年萨迦牟云（Saġamovi）的家园，有22件佉卢文书出自这里，国图的两件也来自这里。她据这些文书把萨迦牟云从逃婚到龟兹，再返回鄯善，转换身份，重新定居在耶婆聚落的过程勾勒出来，并由此看出鄯善王国家族制度与社会关系。段晴指出和田博物馆藏有萨迦牟云文书群中最早的一件，是他逃到龟兹时购买房屋的证据。（2）这件文书由段晴指导的研究生王臣邑（Diego Loukota）在《和田博物馆藏源于龟兹国的一件佉卢文木牍》一文中发表②，其为鄯善人在龟兹所书，提到龟兹王的名字，十分难得。此外，作为一个团队的工作成果，（3）研究生吴赟培发表的《和田博物馆藏佉卢文尺牍放妻书再释译》，是对林梅村曾经识读过的疏梨阇（Sulica）王六年（359年）文书的再诠释；（4）研究生关迪撰写的《古鄯善国佉卢文简牍的形制、功用与辨伪》，从汉地简牍制度指出鄯善简牍之制是从中原引入的③。这一观点也可以在段晴的英文论文《一件6世纪梵文布

---

　　①《西域研究》2016年第3期，第54—64页。

　　②《西域研究》2016年第3期，第65—74页。

　　③两文载《西域研究》2016年第3期，第75—83页，第84—93页。

帛文书反映的契据、钱币和国王称号》中读到①，是段晴团队对于佉卢文木牍形制来源的共识。

青海藏医药文化博物馆收藏有四件佉卢文文书，段晴教授与该馆副馆长才洛太合著《青海藏医药文化博物馆藏佉卢文尺牍》（图3），2016年12月中西书局出版，列为《梵文贝叶经与佛教文献系列丛书》⑤。

图3 《青海藏医药文化博物馆藏佉卢文尺牍》

这里刊布的文书虽然是该博物馆购自拉萨，但段晴在前言中根据文书的内容，确凿无疑地指出这些文书是来自新疆民丰尼雅遗址斯坦因编N.XIII房屋，也就是鄯善王国精绝当地居民佛图军（Budhasena）的家园。斯坦因曾经在此发掘到佉卢文文书17件，结合新出4件，前言对于这处遗址做了详细的阐述。本书主体在彩色图版之后，是对4件文书的整理，包括解题、黑白图版对应拉丁转写、汉译文、词汇注释。特别值得指出的是，有些图版是用红外线照片才显示出

① Duan Qing, "Deed, Coins and King's Title as Revealed in a Sanskrit Cloth Document from the 6 Century", *Eurasian Studies, English Version IV*, ed. Yu Taishan & Li Jinxiu, Asia Publishing Nexus, 2016, pp. 182-195.

字迹的。从内容来说，尺牍（文中作文牒）一是鄯善王安归伽二十六年（272年）佛图军的证言，说自己把物品运送到指定地点。尺牍二也是一件证言，佛图军证明自己在家中放置的是神咒，不是做巫术①。尺牍三是有关佛图军家的酒税被主簿索哲伽认定不需再交，内容与斯坦因所获N.431/432号文书有密切关系，故此附有N.431的转写和翻译。尺牍四有所破损，可以知道是有人欠佛图军及其弟斯坡伽（Spága）粮食，以马抵偿。书后附有段晴的两篇长文，都是由尺牍三的话题引申出来的。第一篇是《公元三世纪末鄯善王国的职官变革——以大主簿索哲伽为个案》②，结合新出尺牍和此前所获佉卢文书中有关索哲伽的记录，将其生平事迹按时间先后做了清理，并比定佉卢文cozbo为汉语的"主簿"，不是前人所说的"州长"，鄯善王国也没有州的建制。第二篇是《佉卢文契约文书所见酒、氍毹、毹毾与罽》，对于文书中出现的葡萄酒和各种纺织品做了详细的解说，并指出相应名词所对应的实物情形。书后是人名、地名、官名索引和参考文献目录。

2021年，段晴团队对新疆博物馆收藏的佉卢文文书的部分研究成果，借李肖主编《丝绸之路研究》第2辑刊布，包

---

① 尺牍一、二的考释，又见段晴、才洛太《佉卢文的证言——青海藏医药文化博物馆藏两件佉卢文尺牍研究》，孟宪实、朱玉麒主编《探索西域文明——王炳华先生八十华诞祝寿文集》，上海：中西书局，2017年，第292—305页。

② 此文英译发表为 Duan Qing, "Transformation of the Administrative System in 3rd-Century Shanshan（Nuava）: A Case Study of the Great Cozbo Soṃjaka"（tr. Chen Hao），*Eurasian Studies, English Version V*, ed. Yu Taishan & Li Jinxiu, Asia Publishing Nexus, 2017, pp. 86-109.

括（1）外国语学院助理教授范晶晶《新疆维吾尔自治区博物馆藏四件佉卢文木牍研究》①，木牍一（XB6954）是马伊利二十年有关二子归属的法律文书，木牍二（XB6953）是关于借粮纠纷的法律文书，木牍三（XB6937）是税收记录，木牍四（XB6940）是账目记录。（2）段晴的研究生姜一秀《新疆维吾尔自治区博物馆藏佉卢文书信释译》②，实为自家骆驼和马被他人拿走的诉状。

　　尼雅遗址位于尼雅河下游尾闾地带，在塔克拉玛干沙漠腹地，南距民丰县城100多公里。这里原本是西汉时的精绝国地，东汉明帝时为鄯善国兼并，成为以楼兰为中心的鄯善王国下属的精绝州（Cad'ota raya）。442年，鄯善王国灭亡，精绝之地后来并入于阗王国，是其最东边的城镇。由于早期出土的一大批佉卢文书很早就转写翻译发表，所以相关研究也有很深厚的积累。段晴团队借助她们对于梵语的深厚功力，很快就上手整理国内各处收藏的佉卢文书，解读了多件未刊文本，借此进而深入研究了鄯善国的行政制度、家族形态、诉讼制度等，大大推进了沉寂多年、颇受冷遇的佉卢文犍陀罗语文书及相关问题的研究。

183

二、佛教梵语文献

　　梵语（Sanskrit）是古代印度的标准书面语，原是印度西

---

① 李肖主编《丝绸之路研究》第2辑，北京：三联书店，2021年，第8—15页。

② 李肖主编《丝绸之路研究》第2辑，第16—27页。

北上流知识阶级的语言，与一般民间使用俗语（Prakrit）相对而言，又称为梵文雅语。原始佛教的经典原本是用俗语写成的，后来才逐渐梵语化，形成了一种特殊的佛教梵语（Buddhist Sanskrit），又称混合梵语（Hybrid Sanskrit）。随着佛教从西北印度向西域（古代新疆）的传播，大概从公元2世纪下半叶开始，梵语文献也进入西域的绿洲王国，先在北道流传，以说一切有部经典为主；5世纪以后也在南道于阗流行，主要是大乘经典。随着19世纪末、20世纪初西域探险时代的到来，大量佛教梵语文献残片被带到西方，语文学家们一直在做残卷内容的比定、残片之间关系的重构，并把它们放到原本的某个佛教传统中去研究。

段晴在北大攻读硕士期间，师从季羡林教授，季先生在留学德国哥廷根大学的时候，导师正是西方解读西域佛教梵语文献最大的权威瓦尔德施密特（E. Waldschmidt）。三代学人，传承有序[1]。虽然后来段晴又到汉堡大学攻读于阗语，这是属于中古伊朗语的范畴，但梵语的训练是段晴的看家本事，所以一旦有新的材料，马上可以上手整理。

段晴团队对新出佛教梵语文献的整理，开始于对中国国家图书馆藏卷的整理。在整理进程中，她曾发表《宝藏遗踪——近年来和田地区新出非汉语类文书综述》[2]，简要介绍了新发现的西域胡语文书，包括于阗语、佛教梵语、佉卢文犍陀

① 参看段晴《德国的印度学之初与季羡林先生的学术底蕴》，《敦煌吐鲁番研究》第12卷，上海：上海古籍出版社，2011年，第1—14页。

② 载樊锦诗、荣新江、林世田编《敦煌文献·考古·艺术综合研究》，北京：中华书局，2011年，第293—305页。

罗语、藏语、据史德语、吐火罗语、犹太波斯语等语言文字书写的文献，重点介绍了佛教梵语文献的初步整理成果，探讨了利用于阗语文书为佛教梵语写本断代的尝试。此文原是提交给"从桦树皮到数据化资料库：佛教写本研究的新进展"学术研讨会的论文，题为"新疆新发现的印度语与于阗语写本"[①]，所以偏重佛教梵语的讨论，但对新出文献的概说大体涵盖了各种材料。

2013年出版的段晴等著《中国国家图书馆藏西域文书·梵文、佉卢文卷》，刊布了国图近年入藏的所有梵文和佉卢文写本，前面是写本的彩色图版，十分清晰，后面是整理研究篇；有关整理分工和文献价值，段晴教授在《前言》中有所概述，不必赘述。占本书较多篇幅的是研究篇的《梵文残叶研究》，梵文均为写在纸本上的佛典，婆罗谜文为西域南道字体，所以应当来自和田地区。本书基本按照《大正藏》的佛典顺序排列，每件写本给出编号、尺寸、前期发表、平行文本等介绍，然后是黑白图版、拉丁转写、平行文本（如有）转写、汉译文，有些有校记。内容包括：

（1）《撰集百缘经》，（2）《八千颂般若经》，（3）《二万五千颂般若经》，（4）般若部类经典，（5）《妙法莲华经》。

---

① Duan Qing, "Indic and Khotanese Manuscripts: New Finds and Findings from Xinjiang", Paul Harrison and Jens-Uwe Hartmann, eds., *From Birch Bark to Digital Data: Recent Advances in Buddhist Manuscript Research. Papers Presented at the Conference Indic Buddhist Manuscripts: The State of the Field*, Stanford, June 15-19, 2009, Vienna. Österreichische Akademie der Wissenschaften. 2014. pp. 267-276.

以上五种由外国语学院副教授叶少勇整理，部分残片曾在所撰《新疆新发现的佛教梵文残卷》一文中发表①。

（6）《宝星陀罗尼经》由外国语学院副教授萨尔吉整理，给出梵文、藏文和两种汉译的平行文本，除三叶外，此前也由整理者发表《一件新的〈宝星陀罗尼经〉残卷》②和《新获〈宝星陀罗尼经〉残卷》之一、之二③。

（7）《贤劫经》由段晴教授整理，指出这是迄今发现的唯一一件婆罗谜文佛教梵语写本，此前只有阿富汗发现的佉卢文犍陀罗语残片，所以十分珍贵。整理者据藏文本做了构拟文本，并给出对应的竺法护汉译本，附有梵文与汉文词汇对照表。整理者的前期成果是《梵语〈贤劫经〉残卷——兼述〈贤劫经〉在古代于阗的传布及竺法护的译经风格》④，对应的英文本也已发表⑤。

（8）《佛名经》，（9）《金光明经》，（10）《智炬陀罗尼经》。（11）内容不明梵文残叶，可能是阿毗达磨文献；其余

① Ye Shaoyong, "Buddhist Sanskrit Fragments Recently Found in Xinjiang Province", *ARIRIAB*, 13, 2010, pp. 87–110.

② Saerji, "A New Fragment the *Ratnakepuparivarta*", *ARIRIAB*, 11, 2008, pp. 95–103.

③ Saerji, "More Fragments of the *Ratnaketuparivarta* (1)(2)", *ARIRIAB*, 13, 2010, pp. 111–120; 14, 2011, pp. 35–57.

④ 载沈卫荣主编《西域历史语言研究集刊》第3辑,北京:科学出版社,2010年,第201—232页。

⑤ Duan Qing, "A Fragment of the *Bhadrakalpa-sūtra* in Buddhist Sanskrit from Xinjiang", *Sanskrit Manuscripts in China*, China Tibetology Publishing House, 2009, pp. 15–39.

小残片，尚未比定。以上由叶少勇整理，少数文本刊其上引文章。

此外，萨尔吉还完成《北京大学塞克勒考古与艺术博物馆藏梵文文书》（中西书局，2020年12月），比定出同样来自和田的梵文写本《二万五千颂般若波罗蜜多经》《妙法莲华经》《首楞严三昧经》《决定义经》《出生无边门陀罗尼经》《大寒林圣难拏陀罗尼经》等。本书全部刊出彩色图片、拉丁转写、汉译、平行梵文和藏文本拉丁转写、对应的汉译佛典等。课题组成员关迪先期对其中三叶写本做过研究[1]。

还有段晴的研究生袁勇发表《来自古代于阗的一叶梵文写本——〈诸法最上王经〉》[2]，系私人收藏，在已知梵文、藏文本中未见，十分珍贵，内容与隋阇那崛多汉译本基本一致。

和田此前已经出土了大量的梵文佛典写本，段晴团队为这个宝藏添补了许多新的文本，而且其中的《佛名经》《八千颂般若经》《撰集百缘经》还是前所未见的梵文写本[3]，更

---

① Guan Di, "Three Sanskrit Fragments Preserved in Arthur M. Seckler Museum of Peking University", *ARIRIAB*, 17, 2014, pp. 109–118.

② 北京大学外国语学院外国语言学及应用语言学研究所编《语言学研究》第28辑，2020年，第26—35页。

③ K. Wille, "Survey of the Identified Sanskrit Manuscripts in the Hoernle, Stein and Skrine Collections of The British Library", *From Birch Bark to Digital Data. Recent Advances in Buddhist Manuscript Research*, pp. 223–246. 按，该文附有详细的《业经比定的和田出土梵文写本目录》，也包括中国近年发现的材料，虽然有些信息还不完备，但可以一目了然看出新出写本在已有写本中的位置及"孤本"所在。

加珍贵。位于西域南道的于阗是汉唐时期西域大乘佛教中心，这些写本对于西域佛教史的研究至关重要；同时，于阗又是佛教从印度到中国的中转站，许多汉译佛典的母本都来自于阗，如《般若经》《涅槃经》《华严经》等，所以这些梵文佛典对于中国佛教的研究也不可或缺。

三、于阗语佛典与文书

于阗语是西域于阗王国使用的官方语言，属于印欧语系的东伊朗语支，文字则采用印度的婆罗谜文，与当地流行的佛教梵语所用文字相同。于阗语大概从5世纪开始行用，佛教典籍和世俗文书都有，一直沿用到11世纪初。19世纪末叶以来，和田当地发现过大量于阗语的典籍和文书，大多数收集品都流散到俄、英、瑞典和日本等国。

近年来，和田地区又发现了数量颇为可观的于阗语文书，辗转入藏到一些博物馆和图书馆中。段晴教授是国内唯一一位在汉堡大学受过科班训练的中古伊朗语学者，跟从恩默瑞克（R. E. Emmerick）教授主攻于阗语，获得博士学位，因此各馆收藏的于阗语文献自然也就送到她这里进行整理研究工作。

中国文化遗产研究院、新疆维吾尔自治区博物馆编《新疆博物馆新获文书研究》，2013年10月北京中华书局出版，其中收录了三篇文章：（1）段晴《于阗语〈僧伽吒经〉残叶》①，前面介绍了这部佛经的流布情况，此前在和田已经发现过145件写本，这次新比定出来的新疆博物馆残片共4件，内容都是此前残片所没有的，所以十分珍贵。本书刊布了彩色图版、拉丁转写、汉语译文、对应梵文本、两种佛典汉译本、词汇注释。（2）段晴《于阗语〈佛说一切功德庄严王经〉残叶》，5个残片，大概属于两个纸叶。这部经的梵本曾经在吉尔吉特发现，但于阗语是首次发现，因此极为重要。整理工作包括彩版、拉丁转写、汉语译文、对应梵文转写和汉译、藏译、义净汉译文、词汇注释。（3）段晴、叶少勇《未知名于阗语、梵语佛经抄本残片》，都是一些文字很少的佛典残片，只作转写和汉译文，无法比定。

段晴著《中国国家图书馆藏西域文书——于阗语卷》（一）（图4），2015年1月由中西书局出版，列为《梵文贝叶经与佛教文献系列

图4 《中国国家图书馆藏西域文书·于阗语卷》

---

① 这部分的英文论文是 Duan Qing, "Some Fragments of the *Saṅghāṭa-sūtra* from the Xinjiang Museum, Urumqi", *ARIRIAB*, 14, 2011, pp. 127-134.

丛书》④，刊布了国图所藏一批于阗语佛典和三件于阗语案牍文书，仍然是按照学术界整理西域语言文字文献的规范，包括图版、解说、拉丁转写、汉语译文、词汇注释等项，对于不同文献，处理方法稍有差异。

于阗语佛典部分基本上按编号顺序整理，其中比定出名称或内容的文献如下：（1）《对治十五鬼护身符》，写本尾部有原题"对治十五鬼护身符"，是保护受胎妇女和儿童的符咒。题记表明此卷属于一个名叫 Säväkä 的女子。在和田沙漠遗址中发现的写本，大多残缺不全，像这样近两米长的写本，还有经题和题记，实在很少见，因而异常珍贵。段晴此前有专论《于阗语〈对治十五鬼护身符〉》发表①，与本书内容大体相同。还应提到丹丹乌里克也曾发现过一件于阗语《明咒护身符》，分别由段晴和施杰我（P. O.Skjærvø）解读发表②。（2）《智炬陀罗尼经》，1 叶。（3）《菩萨入胎降生》，1叶，内容确定，但未比定为哪种经。（4）《金光明经》，有 2残叶，分别相当于义净汉译本的《散脂品》和《诸天药叉护持品》。这件《散脂品》抄本与已知抄本均不同，而且内容

---

① 载《敦煌吐鲁番研究》第 11 卷，上海：上海古籍出版社，2009 年，第 101—119页。

② 段晴《明咒护身符》，中国新疆文物考古研究所、日本佛教大学尼雅遗址学术研究机构编著《丹丹乌里克遗址——中日共同考察研究报告》，北京：文物出版社，2009 年，第 267—279 页；P. O. Skjærvø, "A Khotanese Amulet", M. Macuch, M. Maggi, and W. Sundermann（ed.），*Iranian Languages and Texts from Iran and Turan*, *Ronald E. Emmerick Memorial Volume*, Wiesbaden：Harrassowitz Verlag 2007［2008］, pp. 387-401。段晴对于施杰我上文的商榷文章，见 Duan Qing, "Misfortune Caused by Kings", *ARIRIAB*, 13, 2010, pp. 173-183.

多于梵文本，与义净汉译本接近，很富研究旨趣。因为其重要，段晴此前已用中英文发表了研究成果①。（5）《百五十般若波罗蜜多经》，即《理趣般若经》，2叶。（6）《赞巴斯特之书》第二章，1叶。此为于阗人自己编纂的佛教诗体著作，又译作《赞巴斯塔书》，发现残片极多，段晴的于阗语导师恩默瑞克曾有刊本②。这次段晴又比定出一叶，而且原有页码"119"，比此前发现从146叶起始的要前面很多，是一重要发现，这可以说是学术接力的最好证明③。（7）《出生无边门陀罗尼经》，2叶，是这部经的最后一叶，此前发现品中未见。此经过去段晴曾比定过旅顺博物馆收藏的残片④，这次又比定出一件。（8）《无垢净光大陀罗尼经》，2叶。除了这两个残片之外，整理者还从私人手中看到一件该经完整的长

---

① 段晴《新发现的于阗语〈金光明最胜王经〉》,《敦煌吐鲁番研究》第9卷,北京:中华书局,2006年,第7—22页;Duan Qiing, "Two New Folios of Khotanese *Suvarnabhāsottamasūtra*", *ARIRIAB*,10,2007, pp. 325–336.

② R. E. Emmerick, *The Book of Zambasta. A Khotanese Poem on Buddhism* (London Oriental Series 21),London,1968.

③ 段晴有关这部经典的研究,还可见段晴《于阗文本〈修慈分〉》,《西域文史》第3辑,北京:科学出版社,2008年,第1—57页;Duan Qing, "The 'Maitrī-bhāvanā-prakaraṇa'. A Chinese Parellel to the Third Chapter of the Book of *Zambasta*", in M. Macuch, M. Maggi, and W. Sundermann (eds.), *Iranian Languages and Texts from Iran and Turan. Ronald E. Emmerick Memorial Volume*,Wiesbaden:Harrassowitz,2007[2008], pp. 39–48.

④ 段晴《于阗语〈出生无边门陀罗尼经〉残片释读》,《西域研究》1993年第2期,第46—51页;又《旅顺博物馆藏于阗语〈出生无边门陀罗尼经〉残片释读》,叶奕良编《伊朗学在中国论文集》第1集,北京:北京大学出版社,1993年,第9—14页。

卷，计有539行，出版了一部专著《于阗语无垢净光大陀罗尼经》（中西书局，2019年4月，列为《梵文贝叶经与佛教文献系列丛书》⑥）。还有一些未能比定的经典，有些写本从外观看像是《赞巴斯特之书》或《金光明最胜王经》，但不能确定。

此前已经比定的于阗语佛教文献，恩默瑞克《于阗文献指南》做过详细的梳理①。段晴的上述比定，又为丰富的于阗佛教藏经添砖加瓦，给今后于阗佛教的研究提供了更为丰厚的材料。

与佛典相比，于阗语世俗文书的价值更大，特别是给我所关心的于阗历史方面，提供了第一手的材料。这其中最引人注目的是一批木匣（木函）案牍文书的发现，有些还属于一个人物，而且大多数带有于阗国王的纪年，因此异常引人注目。我们按照段晴考订的于阗王纪年先后，依次介绍其整理研究成果。

新疆博物馆收藏有四件于阗语案牍，虽然来自民间征集，但从内容知道原本出自一个遗址，因为内容均属于叫福清（Sudapuñä）的一家人。段晴陆续做了解读工作，三篇文章都与新疆博物馆的侯世新、李达联合署名，解读当然是段晴教授手笔。

（1）《于阗语大案牍——新疆维吾尔自治区博物馆藏初

---

① R. E. Emmerick, *A Guide to the Literature of Khotan*（=*Studia Philologica Buddhica, Occasional Paper Series III*）, 2nd ed. rev. & enl., Tokyo 1992（1st ed. 1979）; idem., "Research on Khotanese: A Survey（1979-1982）", *Middle Iranian Studies*, Leuven 1984, pp. 127-145.

唐案牍研究》一文刊布了编号为XB17336之案牍①。此木匣较一般案牍要大，故称之为"大案牍"。案牍内容实际上包含了两件契约。封牍内底层的文字是于阗王Vijinta Sinhä第三十八年拔伽盼福里（Puñausalä）购买女子泉儿（Khāha）的契约。后来这件文书被涂抹掉，上面重新写另一契约，但涂抹得不够彻底，所以底层的文字还大致可以看出。后写的案牍是于阗王Viśya Saṃgrrāmä第十二年名为福清（Śudapuñä）的人购买女子炫彩（Vimaupraba）及其子阿尤勒（Argula）的契约。作者认为Vijinta Sinhä是唐初的于阗王伏阇信，而Viśya Saṃgrrāmä则是伏阇雄。

（2）《石汉那的婴儿——新疆博物馆藏一件新出于阗语案牍》一文刊布的是编号XB17333的一件木匣案牍②，记录了Viśya Sīhä王第四十九年福清从石汗那（Cākanī）人那里收养了一个男孩，有石汗那朝贡者、向导以及当地官人作证。这位于阗王被比定为伏阇信，其四十九年在660年前后。

（3）《于阗伏阇雄时代的两件契约》一文刊布了两件案牍③，一件编号XB17334，是作者比定的伏阇雄（Viśia Saṃgrrāma）第五年福清在帕城（Pa'）购买一幼儿乌尼萨里（Vinesalä）的契约；另一件编号XB17335，是伏阇雄（Viśia Saṃgrrāma）第八年福清为自家庄园内的人偷了其他人家的芝麻而被罚款的赔偿记录。

193

① 载荣新江主编《唐研究》第22卷，2016年，第371—400页。

② 载《敦煌吐鲁番研究》第18卷，2018年，第265—278页。

③ 载荣新江、朱玉麒主编《丝绸之路新探索：考古、文献与学术史》，南京：凤凰出版社，2019年，第131—142页。

段晴《中国国家图书馆藏西域文书——于阗语卷》（一）刊布了三件于阗语案牍文书：

（1）《高僧买奴契约》（BH4-66），这件案牍文字写在木匣盖子的正面、内侧及底托内侧，内容是于阗王Väkrraṃ统治第四年时，一位名叫伊斯呵李（Iskhäli）的杰谢人出卖自家生人可鲁萨（Kharsa），屋悉贵的法师起贤（Udayabhadra）购买，多人出为证人。其先期研究成果是《于阗语高僧买奴契约》[1]。作者认为此Väkrraṃ可以比定为《旧唐书》所记天授三年（692年）即位的于阗王伏阇璘，故此文书年代在695年。

（2）《舅卖甥女契约》（BH5-2），这件木匣案牍上有两份契约，底牍内侧是Viśya Sīhyä王第九年保诺罗（Paunarāṃña）村人帕甘搦（Pakāṃdä）将自己的外甥女明艳（Vidyakāṃtta）卖给曼萨（Māṃsa）的契约；底牍外侧则是毗湿纳詹得利（Viṣṇa-caṃdrä）摄国第一年契约，同样是帕甘搦出卖明艳，买主的名字变成裴捹（Puñadattä），整理者认为他就是曼萨。这位Viśya Sīhyä王被比定为716年即位的尉迟伏师。其先期成果是《〈舅卖甥女〉案牍所映射的于阗历史》[2]。

（3）《伏阇达五年蠲除契约》（BH5-1），此案牍记录了杜弥萨劳（Dumesalāṃ）族落的贺悉具布（Haskabudä）典押其子亨举（Hankaṃ）给克舍罗（Khaṃśarāṃ）族落的怄悉具

① 载《敦煌吐鲁番研究》第11卷，上海：上海古籍出版社，2009年，第11—27页；收入作者《于阗·佛教·古卷》时增加了部分注释，并做了订正。

② 载秦大树、袁健主编《古丝绸之路：2011亚洲跨文化交流与文化遗产国际学术研讨会论文集》，新加坡：八方文化创作室，2013年，第33—58页。

（Auśyakä），后亨举不幸身亡，典押金 2000 文钱成为问题。最后由于阗宰臣经调查后，判定两方平分此钱，不再争议。契约订立在于阗王 Viśya Dharma 治世第五年，作者将此王比定为唐史所记的伏阇达，约 728 年即位，则此文书成立于约 732 年。其先期成果是《〈伏阇达五年蠲除契约〉案牍》一文[①]。

对于《高僧买奴契约》《伏阇达五年蠲除契约》两件案牍考释的未尽之处，段晴又撰写了《于阗文书所见古代于阗的典押制度》一文，从新释读出的 draṃmāja-（典押物），对上述文书的释读做了补充改订。作为旁证，还转写翻译了 Or.9268a 于阗语案牍，内容是遥居力（Yagurä）以 2500 文典得水作为抵押的文书[②]。此文的英文本 "Pledge, Collateral and Loan in Ancient Khotan" 作为附录二收入本书[③]，而其中的《遥居力（Yagurä）以 2500 文典得水作为抵押》一节的中文本则作为本书的附录一。附录三是专属名词，附录四是案牍类文书词汇。最后是参考文献。

最近刊出的段晴《浸没的家产——中国国家图书馆藏于阗语案牍 BH4-68 研究》，又提供了一件因盗窃僧坊而被处罚

195

[①] 载《敦煌吐鲁番研究》第 13 卷，上海：上海古籍出版社，2013 年，第 291—304 页。

[②] 载《敦煌吐鲁番研究》第 14 卷，上海：上海古籍出版社，2014 年，第 113—125 页。

[③] 原载 *Eurasian Studies* II, Sydney: Asia Publishing Nexus Australia, 2014, pp. 249-268.

的案牍文书①。

和田策勒县文管所获得公安部门移交的一批盗掘文物，其中有四件于阗语案牍文书，其图版已经发表在《策勒达玛沟——佛法汇集之地》一书中。段晴的整理工作如下：

（1）段晴《关于古代于阗"税"的辩考——基于策勒县文物保护管理所藏于阗语案牍所做观察》一文②，转写、翻译、考释了一件策勒藏案牍，三面书写，内容丰富，是于阗王伏阇达第三年（730年前后）勃那罗村（Batnarāṃña biśa）的疏里吉（Śūrakä）、疏里捺（Śūradattä）兄弟二人，因为无力交纳国家税钱，他们的庄园、土地、水将被剥夺，抵押给勃亮南迪（Brryanaṃdä）与勃罗南迪（Brranaṃdä），后者代为交纳各种赋税。作者借此文书，探讨了于阗的税收情形，其中还发表了一件私人收藏的以马抵税的文书。

（2）另一件木匣案牍是段晴《买卖僧房舍契约》一文的主题③。这件案牍仅存底牍，略有破损。底牍内侧先写，是比丘福贤（Puñabhadrra）买房契约；底牍外侧后来再次书写，是尉迟曜六年（772年）比丘月贤（Sūmabhadrra）和美誉贤（Yaśabhadrra）买房契约。

（3）段晴联合策勒县文管所一起发表《尉迟曜11年裴捺

① 载朱玉麒、李肖主编《坚固万岁人民喜——刘平国刻石与西域文明学术研讨会论文集》，南京：凤凰出版社，2022年，第362—372页。

② 载荣新江主编《丝绸之路上的中华文明》，北京：商务印书馆，2022年，第254—276页。

③《敦煌学》第36期，嘉义：南华大学敦煌学研究中心，2020年，第315—328页。

卖地案牍》①，释读了其中第一件木函案牍，内容是于阗王尉迟曜（Viśyi Vāhaṃ）第十一年（777年）勃罗南迪（Brraṃnaṃdä）与思略（Sīdakä）从裴捺（Puñadattä）及其子耶摩赐（Yamadattä）处购买土地的契约文书。随后，她又收集海内外于阗语文书中有关裴捺其人的各种记录，撰有《裴捺的人生轨迹》一文②，利用国图、策勒县文管所以及海外藏卷，按年代顺序勾勒出裴捺一生若干事迹。这就像她的《萨迦牟云的家园》一样，透露出在整理刊布新材料的同时，能够把新旧材料融会贯通，写出一个家庭或一个人物鲜活的历史。

2008年1月，笔者带队前往和田考察，在和田地区博物馆展览中，看到一件比较完整的于阗语文书，于是与馆方商议，带回来交给段晴教授解读。她很快完成释读工作，并联名和田博物馆，一起发表了《和田博物馆藏于阗语租赁契约研究——重识于阗之"桑"》一文③，特别强调这件租赁契

① 载朱玉麒主编《西域文史》第7辑，北京：科学出版社，2012年，第122—137页。英文本：Duan Qing,"Puñadatta's Contract of Sale of an Estate",*ARIRIAB*,17,2014, pp. 349-363.

② 载阿不都热西提·亚库甫主编《西域—中亚语文学研究：2012年中央民族大学主办西域—中亚语文学国际学术研讨会论文集》，上海：上海古籍出版社，2015年，第80—89页。英文本：Duan Qing, "Puñadatta's Life as Reflected in Khotanese Documents", *Commentationes Iranicae. Festschrift to Prof. Vladimiro f. Aron Livschits nonagenario donum natalicium*, ed. S. Tokhtasev and P. Luria, St. Petersburg：Petropoli in ædibus Nestor-Historia ,2013, pp. 435-445.

③ 载《敦煌吐鲁番研究》第11卷，上海：上海古籍出版社，2009年，第29—44页。英文本：Duan Qing,"'Mulberry' in Khotanese：A New Khotanese Loan Deed in the Hetian Museum", *Bulletin of the Asia Institute*, new series, 19（Iranian and Zoroastrian Studies in Honor of Prods Oktor Skjaervo）,2005（2009）, pp. 5-14.

约中有关桑的记录之重要。

国家图书馆还收藏有不少纸本书写的于阗语世俗文书，段晴教授已经对其中一些重要文书陆续展开研究，并发表了部分成果。其中主要有：

BH1-15汉语于阗语双语名籍，应当是派役的名录，因为是按照"村"来登记，所以对于认识于阗古代的基层社会结构很有帮助，也对于阗胡人名称的汉文对证，提供很多音译的例证，十分难得。段晴先是用英文撰写《新出汉语于阗语双语文书中的"Bisā-"和"Hālaa-"》①，随后又用中文发表了修订本《关于古代于阗的"村"》②。

BH1-17是一位叫吕琛的唐军"官健"用胡语写给杰谢胡人首领悉略（思略）、勃延仰、梅捺、阿童等人的牒，是为了催征当地胡人百姓交纳差科钱、驮脚钱以及其他钱、物等，又据文书中kva khaihvū"郭开府"为781年任四镇节度使郭昕的比定，而判断此牒文大概写于782年前后。段晴对此的解读论文为《吕琛胡书——对中国国家图书馆藏西域文书BH1-17于阗语文书的释读》③。

BH4-135是一件收支记账文书，内容丰富，有土地、酒、丝绸的支出记录，有用毡毯交换物品的记录，有用铜钱购买生活用品、谷物、酒、织物等的记录，还有乡长老、法

---

① Duan Qing, "Bisā- and Hālaa- in a New Chinese-Khotanese Bilingual Document", *Journal of Inner Asian Art and Archaeology*, vol.3, 2009, pp. 65-73.

② 载朱凤玉、汪娟编《张广达先生八十华诞祝寿论文集》，台北：新文丰出版公司，2010年，第581—604页。

③《西域研究》2022年第2期，第73—88页。

师友贤、Māṃmattī、Vämausa 在媲摩收税钱的记录。段晴对此于阗语文书做了详细的考释，并且联系到应当有密切关联的 BH4-136，这是一个带有封泥的长纸条，上面有一行粟特语，提到商队首领萨保（sartpaw）。由此段晴认为这件记账文书很可能是粟特商队在于阗落脚后，拜托当地寺院的法师帮忙购买土地和各种用品，所以她的文章名为《粟特商队到于阗——BH4-135 之于阗文书的解读》①。

就新疆博物馆所藏于阗语世俗文书，段晴在《新疆博物馆新获文书研究》上发表《萨波 Vaisa 之牒所隐括的社会变迁》，整理 09ZJ0032（a）号纸本文书。这是萨波 Vaisa 的一道指令，要求拔伽之地的人缴纳税钱。在拉丁转写和汉语译文之后，作者又结合已出文书，详细探讨了于阗文书的格式，所涉及的人名、地名，从"部人"的含义，讨论到于阗从唐朝治下到吐蕃统治的转变，而本文书则是吐蕃统治初期所写的。另外，段晴、郭金龙《于阗语世俗文书残片》刊布其他比较碎的世俗文书，整理方式相同。最后是张湛对一件《残余的粟特语书信》的转写和翻译。

此外，段晴团队已经开始研究中国人民大学博物馆藏于阗语文书，这些文书有些与国图藏卷有密切关系。段晴、李建强《钱与帛——中国人民大学博物馆藏三件于阗语–汉语双语文书解析》一文解读了一件双语的欠钱名簿（GXW0107）②；范晶晶《中国人民大学博物馆馆藏一件于阗

---

① 载荣新江、罗丰主编《粟特人在中国：考古发现与出土文献的新印证》上册，北京：科学出版社，2016 年，第 96—115 页。

②《西域研究》2014 年第 1 期，第 29—38 页。

语文书》一文刊布了守官瑟尼洛牒文①；段晴最近发表《中国人民大学藏于阗语文书的学术价值》，对这批文书给出了一个定位②。

段晴教授在前人基础上，根据新材料，对于一些于阗语难解词汇做了新的解说，对于新出现的词汇做了解读，在于阗语言方面推进了一大步，可以说是引领了当前国际于阗语研究的风尚。这些世俗文书涉及于阗历史的许多方面，包括王统世袭、社会组织、契约关系、税收制度、居民构成、农业种植等，为相关问题的进一步研究提供了大量的资料。

结　语

如上所述，可以看到段晴教授和她的团队在西域古代语言文字材料的解读研究上，取得了非常丰厚的学术成果，做出了巨大的贡献。从中我觉得有几点特别值得表彰：

一、解读古文书，是打硬仗，因为一篇文书放在眼前，无法回避，只能面对，把这个硬骨头啃下来。所以这是绝学，要绝地逢生。段晴教授在一些场合也在大力宣扬这种研究的重要，希望受到关注。但在我看来，这种研究与现实关联度不大，这样的冷门绝学也不需要热起来，热了，就不是绝学了。由此之故，段晴团队的文章大多数并不是在所谓核心刊物上发表，而大多数是在《敦煌吐鲁番研究》《西域文

①《语言学研究》第28辑，2020年，第26—35页。
②《中国人民大学学报》2022年第1期，第12—19页。

史》《创价大学高等佛教学研究年报》等专刊上推出，但这其实代表着最高学术水准。而且她们的论文常常是成组地推出，这种推出方式以及把哪类佛典和文书给什么刊物是精心设计和安排的，因此很有学术冲击力。

二、这些西域文书的解读研究，在国际上属于伊朗学、印度学、中亚学领域，因此备受关注，但这些学术领域的通用语言是英语。因此，这个团队从一开始就具有国际视野，把陆续取得的研究成果，用中英文同时发表，这就是我们从本文注释中看到的，大多数中文文章都有对应的英文论文。从另一个角度来讲，这也是要发出中国学术的声音。段晴教授大声疾呼："中国学者必然将参与这些世俗文书的解读，恢复出逝去的文明的故事。"①西域文书研究是一个高精尖的绝学，因此谁能做到最好，并展现出去，谁就引领国际学术潮流。

三、在整理西域出土文书这样繁杂的工作上，一定要有团队，成员一定要有团队精神。以段晴教授为核心，以北京大学外国语学院梵文巴利文研究团队为主力，以段晴教授历年来带的研究生为协助力量，分工合作，按部就班，把一批批佛典，一件件文书整理出来，一些学生毕业了，又一批学生进入这个团队，不仅完成了任务，也培养了人才。

四、这个团队的研究成果，给我一个深刻的印象就是她们的人文主义精神。在枯燥的文字解读中，读出原文的情

---

① 段晴、才洛太《青海藏医药文化博物馆藏佉卢文尺牍》，上海：中西书局，2016年，第8页。

境，甚至追寻到原本的遗址，回归现场，寻找事件主人的家园。为此段晴教授曾带队到和田、尼雅古代遗址进行考察。我们从段晴的《萨迦牟云的家园》《裴捵的人生轨迹》等篇章中就可以看到这种追求，让历史文书的记录活灵活现起来。

（2022年3月1日完稿，原以《西域胡语文献研究获得新进展——段晴教授及其团队的贡献》，发表在《中国社会科学报》2022年3月18日"绝学回响"版，略有删节，并略去大多数注释。全文原载《民族古籍》2022年第2期，第27—41页。）

谈谈《克孜尔石窟壁画复原研究》的学术意义

我的发言不能说是点评，其实就是再一次跟着赵莉老师学习了一遍龟兹的石窟、克孜尔的壁画，以及海外文物的回归之路。虽然我在最近十年里跟赵莉一起合作做龟兹石窟题记的调查、整理与研究，但是我们也都是非常忙的人，所以平常也没有这么系统地听赵莉讲她调查克孜尔石窟壁画经历以及复原研究，这一次从头到尾地听了一遍，收获很大。

最近我陆陆续续翻看了一下《克孜尔石窟壁画复原研究》这部书（图1），怎么说它的价值和意义呢，我想从下面几个方面来谈一谈。

首先，我们应该想象耶婆瑟鸡寺的原貌。"耶婆瑟鸡"是克孜尔石窟寺原来的名字，汉文史传中保留下来这个名字，我们通过龟兹石窟题记的调查找到了龟兹语的原名，这是我们的一大发现。实际上耶婆瑟鸡寺是一个非常大的区域，克孜尔石窟寺其实是当时龟兹的第一大寺，不仅仅是龟兹的第一大寺，也是整个西域地区的第一大寺。

为什么这样说呢？西域地区有两大佛教国家，北道的是

图1 《克孜尔石窟壁画复原研究》书影

信奉小乘佛教的龟兹，南道的是信奉大乘佛教的于阗，该地区没有任何一个国家比这两个国家更大。这两个地方王国最有财力，可以支撑这样大的寺庙的营建。因为佛教是寄生性的，所以必须有大的财力才能够修建这么大的寺庙。于阗在南道，离山体较远，所以基本上是在地面建寺，要做雕塑，绘制壁画，先得把墙立起来。又由于东北风常年吹袭着沙漠，致使早期的寺庙逐渐为沙漠掩埋。而北道龟兹的寺院，特别是石窟寺，往往依山而建，在山坡上或山脚下，墙就可以劈山而立，或造窟而入，不用再建墙，直接打窟，然后即可绘制壁画。

我想克孜尔石窟寺的规模，绝对在西域是数一数二的，虽然有很多洞窟都塌毁了，但现存的洞窟还有345个之多，如果原本的石窟寺完整地保存下来的话，不仅西域没有可以匹敌的，就连敦煌莫高窟，也都无法与之相比，它的壁画最多，雕像最多。所以在讨论克孜尔石窟壁画之前，我们要闭着眼睛想象一下，这座西域的第一大寺有多么雄伟，多么辉煌。

我们历史研究的对象其实大部分已经被毁掉了，所以我们必须通过人文的想象力来举一反三。对于克孜尔石窟，我们需要根据现存的洞窟为基础，把它们张大，想象这个石窟群原来有多大的规模。更重要的是，我们要把它放在一个佛教史的框架下去想象。克孜尔石窟到唐朝时基本就不再开凿了，7世纪初叶以后基本上没有绘制壁画的题记。那么它的洞窟大多数是早期的，早到什么时候呢？中方学者和西方学者对于石窟开始开凿的时间问题有很大争议，但是无论如何，克孜尔石窟是代表着佛教的说一切有部思想的，甚至在一段时间里应当是说一切有部重要的中心之一。

研究说一切有部的资料包括文献和壁画两个方面。克孜尔石窟发现了藏经洞，其中出土有梵文和龟兹文（所谓吐火罗文A方言）的大量写本，过去季羡林先生的博士论文就是研究其中的梵文写本的。整个克孜尔石窟的壁画、雕像、寺院，其布局和结构，都是说一切有部的，这些内容构成了佛教世界里说一切有部的完整画面。

唐朝初年玄奘法师西行求法到了龟兹，遇到一位说一切有部的国师，玄奘说这个僧人这也不懂，那也不懂。其实玄奘是大乘教徒，非常看不起小乘教徒，把他们贬得一塌糊涂。实际上我想各有各的说法，他们如果反过来问玄奘，玄奘也不一定都知道。现在我们看到的是玄奘自己写的，没法验证，我们听的是他的一面之词。如果我们把克孜尔乃至龟兹地区出土的梵文、龟兹文佛典和石窟图像解释清楚，那就可以恢复被玄奘所掩盖掉的龟兹说一切有部的情况。

第二，关于对待流失的龟兹石窟壁画的问题，这是自近代西方探险家到来时就是一个争议问题。德国探险队切割的壁画最多，他们内部也有不同的看法。格伦威德尔是一个美术史家，他希望在勒柯克切割壁画之前，自己要先看壁画的位置，详细记录，甚至制作摹本。但勒柯克有时候不管这一套，在格伦威德尔到来之前将其切割得面目全非，所以他们后来就发生了很大的矛盾。在柏林的亚洲艺术博物馆里，一直到现在，所有从龟兹石窟切割走的壁画都按照原来的高度，镶嵌在博物馆相应的位置上，包括拐角的壁画、窟顶的壁画，都按原位放置。

这些龟兹石窟壁画是经过了切割、转运、收藏、转卖，最后分散在世界各地的公私收藏机构中的，在二次世界大战之后，又一次被人为地重新分散，这里面复杂的故事太多了。我们看勒柯克的《新疆地下埋藏的宝藏》一书，可以看到他们是怎样仔细包装壁画，如何押运文物经过喀喇昆仑山。这些路很颠簸，他们说肠子都要颠坏了，可以想见壁画的情况。当时要到奥什才有火车。在二战前德国经济不好的时候，勒柯克按照博物馆的决定，把部分龟兹壁画分批卖掉，所以现在在美国、日本等地都有一些克孜尔壁画，都是从勒柯克那买的。还有就是苏联红军占领柏林后，一支特种部队不仅拿走一大批欧洲的名画，也把龟兹石窟壁画抢运回列宁格勒（今圣彼得堡）。一直到苏联解体后，在2008年才公布他们拥有几百幅龟兹壁画。这是因为俄罗斯通过了一个法案，所有二战的缴获品都是苏联人民用鲜血换来的战利品，不会还给任何国家。这样就增加了调查、复原克孜尔壁画工作的难度。所以赵莉老师这项工作实际是克服了大量的困难。

1996年，我有机会去柏林自由大学讲学，住的地方离印度艺术博物馆只有五分钟的路，这里收藏着德国探险队的收集品。当时的馆长雅尔迪兹对我很好，让我在库房里工作了一个月，看了所有收藏品。我需要的文书照片她也全部提供给我。她当时拿着一些德国探险队的老照片问我这是哪里，我说我哪里看得懂，你得去找克孜尔石窟的赵莉。这是赵莉开始做海外藏品复原的因缘之一。

第三，西方现在实际上对于第三世界的文物回归问题有两种态度，占主流的观点是，现在的博物馆不为殖民主义强盗买单，那是斯坦因偷的，是勒柯克盗的，和现在的收藏单位没关系。他们宣称我们是世界博物馆，你们谁来看我们都给看，但是你们不能拿回去，这是现在西方大馆主流的官方原则。但是，到了具体负责某类藏品的馆长、官员们，他们很多是学习东方文化出身的学者，喜爱东方文化，往往对我们非常友好。所以赵莉在海外的工作过程中，遇到了许多善人，这也是她自己的精神感动了这些人。比如现在德国亚洲艺术博物馆的馆长鲁克斯，我1984年去荷兰莱顿大学汉学院进修时，他在攻读博士学位，研究鲁班经，对我很好，他对赵莉的工作给予大力的支持和帮助。可以说，赵莉的工作得到了从国家文物局到新疆龟兹研究院到吐鲁番学研究院等国内外机构和学者的大力的支持，建议赵莉把苦寻二十年的经历记录下来，让王社长给她出一本《苦寻二十年》。

最后，我要强调一下复原的意义。无论从美术史研究来讲，还是研究龟兹历史文化来讲，都需要原始材料的完整性。联合国教科文组织在组织评价一个世界文化遗产的时候，是交给一个非政府组织——世界古遗址保护理事会（ICOMOS）来评估的。评估是否成为世界文化遗产的重要一条，就是文物的不可移动性。如果这些东西从原址移动走了，那就不能成为世界文化遗产。所以流散在外的文物、壁画等，都必须放回到原处去。把这些壁画放回原处，回到原处之后就有了场景，有了高低、环境、色彩，才会对壁画有整体的感觉。

现在我们托21世纪的福，可以用数字化的手法把文物放回原处，这是一项艰难的研究成果，赵莉的工作就是用这样的手段把流散的克孜尔壁画"镶嵌"到石窟原来的壁面上的。这项工作的另外一个意义，就是为将来按照世界文化遗产的完整性的要求，为这些文物的回归做学理的论证和具体的工作路线。

当然要表扬上海书画出版社的团队，其实研究者把壁画复原了，但是用多大的比例，用怎样精准的色彩，用大小适中的方式把它们呈现出来，其实不是一个容易的事。我们编《新获吐鲁番出土文献》时，我是一直盯到印刷厂的，拿着最精准的颜色照片和我们对实物的视觉感与机器印刷出来的彩版对比。我看了一下这本《复原研究》的图版，我相信出版社花了力气，印得很好。最近上海书画出版社出版的《国家图书馆藏山川名胜舆图》，同样是一部好书。上海书画出版社在王立翔社长的率领下，为学术界做了非常大的贡献，我们非常地感谢。

（此为2021年5月19日在北京大学人文社会科学研究院举办的"《克孜尔石窟壁画复原研究》出版座谈会"上的发言稿。后由《新京报》记者摘要与柴剑虹先生联名发表，题为《对于龟兹文化研究而言，壁画复原只是完成了基础性工作》，刊于2021年7月2日《新京报》网络版。今仍按笔者发言稿原文收入。）

"Young Tong" 时代的高田君

今年6月2日，欣逢京都大学名誉教授、国际敦煌学联络委员会干事长高田时雄先生70大寿，敦煌学同仁在首都师范大学小聚，就"从敦煌到汉字文化圈"话题，坐而论道。高田先生发表《我的藏书经历——以西文汉学书为中心》特别讲演，精彩纷呈。我与高田先生相识较早（图1），故以《"Young Tong"时代的高田君》为题，谈谈早年与高田先生交往的佳话。

一、何谓"Young Tong"？

"Young Tong"是"Young Tongcologists"的缩写，意思是"青年敦煌学者"，指的是日本关西地区五位青年学者，他们在1983年成立了一个Society。我不知道这里的Society是翻译成研究会、学会好，还是翻译成联谊会好，按照中国人的观念，前者一般都是人数比较多的正式学会，后者则是增进友谊而学术性不强的民间组织。Young Tong只有五个人，而学术性极强。

这五位青年学者，其学习出身和当时的身份情况，按照年龄大小，依次为：

森安孝夫，东京大学毕业，曾在巴黎跟从突厥回鹘学家哈密屯（James Hamilton）教授进修，回国后相继任金泽大学、大阪大学文学部副教授，主要从事中亚史，特别是回鹘历史研究。

熊本裕，东京大学毕业，美国宾夕法尼亚大学博士，师从德莱斯顿（Mark J. Dresden）教授，专攻晚期于阗语文书。回国后任教于大阪四天王寺国际佛教大学，后转任东京大学文学部。

高田时雄，京都大学毕业，留学法国社会科学高等研究院，师从李嘉乐（Alexis Rygaloff）教授，获得语言学博士学位。回国后任教于京都大学教养部，后转任京大人文科学研究所副教授。专攻中古汉语音韵与敦煌汉藏文献。

武内绍人，京都大学毕业，留学美国印第安纳大学，师从白桂思（Ch. I. Beckwith），获得博士学位。主要研究古藏文和古藏文文书。回国后先在近畿大学任教，后转任神户外国语大学。

吉田豊，京都大学毕业，在伦敦大学亚非学院进修，师从辛维廉（N. Sims-Williams），回国后先在大阪四天王寺国际佛教大学任教，后转任神户外国语大学。主要研究粟特语文献。

这几位东大、京大毕业的高才生，都具有留学欧美的背景，20世纪80年代初陆续回国后，都任教于京都、大阪、神户所在的关西地区，由于志趣相近，虽然专攻的语言文字不同，但主要研究对象是敦煌、吐鲁番、和田等地出土

图1　作者与高田先生在其书房
合影

的文书写卷，因此成立了 Young Tong Society，约定每月聚会一次，共同研究大家感兴趣的敦煌与中亚地区出土的文书。由于他们各自精通一两门古代语言，合起来可以覆盖中古汉语、回鹘语、藏语、于阗语、粟特语，也就是敦煌、吐鲁番出土文献的主要语言，因此他们选择一些不同语言文书所涉及的相同问题，或一种文献包含多种语言的材料来进行"会读"①。

1987年，张广达先生访问日本东京大学东洋文化研究所，其间曾走访京都、大阪，交流学术。他6月12日给我和王小甫一封长信，谈到他的一些见闻和感想："最重要的是我接触到了一批三十来岁的年轻一代学者，未来的日本学界显然属于他们……如大阪地区的森安孝夫、熊本裕、高田时雄、武内绍人、吉田丰五位，年岁在32—39之间，

---

①参看 D. Jackson, "A Group of Tun‑huang Scholars in the Kyoto‑Osaka Area", *Cahiers d'Extrême‑Asie* 3，1987，pp. 143‑145.

现在已在日本内外获得了'ヤントン'的绰号,即年轻敦煌学者(Young Tunhuanglogists)的简称。他们每周聚会,共同钻研敦煌出土的少数民族及死文字文献。他们共同钻研的项目有六类:(1)熊本裕的博士论文研读;(2)汉、藏、回鹘、和田、粟特文书的格式比较;(3)钢和泰杂纂卷(Staël-Holstein Scroll)藏文部分及和田部分的重新训读及考释;(4)Kara-Balgassun粟特文部分和汉文部分的重新训读及考释;(5)Mahrnāmag研读;(6)哈米屯新刊 *Manuscrits ouïgours du IXe-Xe siècle* 一书的研读。我和这一批学者在5月31日(星期天)下午2:30—8:30聚会了六个小时。"具体说来,其中第(2)项指各种语言文字所写的书信格式的对比研究,从这些实际使用的书信中,提取共同的要素,来复原、对比研究书信格式和相互影响;第(3)项是对所谓钢和泰(Staël-Holstein)藏卷上的藏文和于阗文所写的文书和行记的研究;第(4)项是对喀拉巴尔噶孙的回鹘、汉、粟特三体碑文的研究;他们也根据随时发表的新材料,调整会读对象,或者根据来访的客人,讨论不同的问题。

二、Young Tong 时代高田时雄先生对敦煌学的贡献

关于高田时雄先生对敦煌学各方面的贡献,2014年出版《高田时雄教授退休纪念东方学研究论集》时,东方学研究论集刊行会诸君撰写的《高田时雄教授之学问》,做了

非常简明扼要的叙述，包括"汉藏对音资料的研究""回鹘字音的研究""于阗语及河西方言""语言生活诸态的研究""音韵史料及中外交流文献研究"等，并附有高田先生《主要著作及论文目录》（截至2013年已出版部分），读者可以参阅，这里不必重复。我今天从敦煌学的角度，想强调他对敦煌学研究的几点突出贡献。

一是9、10世纪河西方言的确定。1979年，高田君完成巴黎大学博士学位论文"Documents chinois en écriture tibétaine découverts à Dunhuang pour servir de matériaux à l'histoire phonétique du chinois"（作为汉语音韵史资料的敦煌发现藏文音写汉语文书的研究），300多页，奠定了其敦煌学研究的基础。回国后，他陆续发表《チベット文字转写阿弥陀经の奥书——藏汉对音资料の年代についての考え》①《チベット文字で书かれた寒食诗の断片》②《杂抄と九九表——敦煌におけるチベット文字使用の一面》③等一系列论文，最后形成专著《敦煌资料による中国语史の研究——九、十世纪の河西方言》④，以及长文《チベット文字书写"长卷"の研究（本文编）》⑤，广泛收集敦煌写本中的汉藏对音资料，区分出《唐蕃会盟碑》所代表的长安

①《小樽商科大学人文研究》第65辑，1983年3月，第1—13页。

②《均社论丛》（小川环树先生古稀纪念号），1981年，第66—86页；尉迟治平译《藏文音译〈寒食诗〉残片》，《音韵学研究通讯》1983年第3期，第29—36页。

③《均社论丛》第14号，1983年，第1—4页。

④ 东京：创文社，1988年。

⑤《东方学报》（京都）第65册，1993年，第313—380页。

方音和敦煌对音材料所代表的吐蕃统治到归义军时期的河西方音，并总结出河西方言的音韵学特征。①在此基础上，除了专著中已经利用的于阗使用的婆罗谜文字音写的《金刚经》材料外，又广泛收集于阗语文献中的各种音写汉字的材料，1988年发表长文《コータン文書中の汉语语汇》②，把河西方言的影响范围，推进到西域南道绿洲王国于阗的地域中去。另外，他以河西方言的特征为基础，考察了吐鲁番出土的《慈悲道场忏法》等汉文注音资料，撰写了《ウイグル字音考》③《ウイグル字音史大概》④，解释了9世纪以后西迁天山东部地区的回鹘人以河西方言为基础而有所取舍的回鹘字音系统⑤。

　　高田君在20世纪80年代所做出的这项突出贡献，显然与当时Young Tong的学术氛围有密切关系，其中有治藏文、回鹘、于阗、粟特语的学者，相互启发，这从他们一些文章中互相感谢的文字可以看出。如他所撰《コータン文書

---

　　① 书出版后见到新的材料，又有补充，见高田时雄《レニングラードにあるチベット文字转写法华经普门品》，《内陆アジア言语研究》VI，1990年，第1—34页；《レニングラードにあるチベット文字转写法华经普门品(续)》，《内陆アジア言语研究》VII，1992年，第13—41页。

　　② 高田时雄编《汉语史の诸问题》，京都大学人文科学研究所，1988年，第71—127页。

　　③《东方学》第70辑，1985年，第134—150页。

　　④《东方学报》(京都)第62册，1990年，第329—343页。

　　⑤ 还可以参看高田时雄《回鹘文〈慈恩传〉中的汉语词汇和河西方言——兼论回鹘字音的历史变迁》，国际敦煌吐鲁番学术会议，1987年6月25—27日，香港，第12页。

中の汉语语汇》，就有 Young Tong 共同讨论的钢和泰藏卷于
阗语行记所音写的汉语地名；后来吉田豊撰写长文《ソグ
ド文字で表記された汉字音》，发表在京都大学人文科学研
究所的专刊《东方学报》上[1]，无疑也是这种相互切磋的结
果之一。

　　二是对敦煌多语言社会的阐述。敦煌作为一个丝绸之
路城市，从唐朝、吐蕃到归义军时期的语言状况如何，过
去我们是不清楚的，一些学者甚至把这里简单地理解为汉
语一统天下。高田教授通过对汉、藏等语言文字材料中的
宅经、具注历、童蒙书、《切韵》、社邑文书、契约、写经
题记、受戒文等材料的发掘整理，提出敦煌是一个多语言
社会，不同文字相互交流和渗透，给我们一个丝路城市语
言状况的清晰图像。这方面的文章有《五姓を说く敦煌资
料》[2]《藏文社邑文书二三种》[3]《有关吐蕃期敦煌写经事业
的藏文资料》[4]《吐蕃期敦煌有关受戒的藏文资料》[5]《敦煌的识
字水平与藏文的使用》[6]。比较综合的论述是 "Multilingualism
in Tun-huang"（敦煌的多语言主义），发表在 2000 年日本东
方学会的西文刊物《亚洲学刊》（*Acta Asiatica*）第 78 号

　　①《东方学报》（京都）第 66 册，1994 年，第 380—271 页。

　　②《国立民族学博物馆研究报告》别册 14，1991 年，第 249—268 页。

　　③《敦煌吐鲁番研究》第 3 卷，北京：北京大学出版社，1998 年。

　　④ 郝春文主编《敦煌文献论集——纪念敦煌藏经洞发现一百周年国际学术研
讨会论文集》，沈阳：辽宁人民出版社，2001 年。

　　⑤ 项楚、郑阿财编《新世纪敦煌学论集》，成都：巴蜀书社，2003 年。

　　⑥ 刘进宝、高田时雄主编《转型期的敦煌学》，上海：上海古籍出版社，2007 年。

上①，可见高田先生对这篇文章的重视。顺便说一句，《亚洲学刊》第78号是日本东方学会为纪念藏经洞发现百年而出版的"敦煌吐鲁番研究"专号，该专号由日本敦煌学大家池田温教授主编，收录日本中青年学者的四篇代表作：百桥明穗对莫高窟早期洞窟的探讨，森安孝夫有关沙州回鹘与西回鹘王国关系的新认识，高田时雄谈敦煌的多语言使用问题，吉田豊报告日德两国学者合作研究吐鲁番出土伊朗语写本的初步结果，其中三位是Young Tong成员，也可见Young Tong的厉害，而高田先生关于敦煌多语言社会的研究，也是当年Young Tong的话题之一。

　　三是国际性的敦煌学带头人。敦煌学是一门国际性的学问，高田教授在京都大学和法国社会科学高等研究院受到良好的教育，能够熟练使用英文、法文、中文等国际敦煌学界的通用语，这在同辈日本学者中也是少有的人物。而高田教授又是一位拥有国际视野、抱有世界学术关怀的学者，多年来一直活跃在国际敦煌学的领域，用日文以外的多种文字发表敦煌学的论著。比如早在1979年纪念伯希和的研讨会上就发表法文《藏文的鼻音》（Sur la naissance des tons du tibétain），1981年刊载在法国《亚洲学报》上②；1987年在法国学者编辑《远亚学刊》的"藤枝晃教授颂寿专号"上，用法文发表《九—十世纪河西地区的汉语方言

---

　　① 此文中文本《敦煌发现的多种语言文献》（标题并不与原文对应），载《敦煌学与中国史研究论集——纪念孙修身先生逝世一周年》，兰州：甘肃人民出版社，2001年。

　　② *Journal Asiatique*，269，1981，pp. 277–285.

考》(Note sur le dialecte chinois de la région du Hexi au IXe-Xe siècle)①;1988年日法学者在京都召开中亚写本研究会,提交法文《敦煌的直音方法》(Notations de prononciation à l'aide de la méthode zhiyin(直音) à Dunhuang),后在会议论文集发表②;1991年法语论文《藏文音写的汉文佛教文献:藏文音写汉文"长卷"与敦煌的汉藏社会》(Bouddhisme chinois en écriture tibétaine: Le Long Rouleau chinois et la communauté sino-tibétaine de Dunhuang),提交给日法学者在巴黎召开的"佛教与地方社会"学术研讨会,1994年刊出③;1993年与德国拉施曼(S. Raschmann)合撰《吐鲁番汉文写本中的回鹘字音》(Ein chinesicher Turfan-Text mit uigurischen phonetischen Glossen),在柏林的《古代东方学报》上刊出④;2002年参加在德国柏林举办的"重访吐鲁番:对丝绸之路艺术与文化的百年回顾"学术研讨会,用英文发表《吐鲁番的汉语:以切韵残卷为中心》(The Chinese Language in Turfan with a Special Focus on the *Qieyun*

---

① *Cahiers d' Extrême-Asie* 3 (Numéro special: Études de Dunhuang en l'honneur de Fujieda Akira),1987,pp. 93-102+1pl.

② A. Haneda, ed., *Documents et archives provenant de l'Asie centrale*, Kyoto, 1990.

③ *Buddhisme et cultures locales. Quelques cas de réciproques a daptations. Actes du Colloque Franco-Japonais de septembre 1991*, Paris: EFEO, 1994, pp. 137-144.

④ *Altorientalische Forschungen*,20,1993,2,pp. 391-396.

Fragments）^①；2008 年应俄罗斯科学院东方文献研究所所长波波娃的邀请，给《20 世纪之交俄国的中亚考察论集》，用英文撰写《日本学者对俄国收集品的研究》（Japanese Researchers of Russian Collections）^②；同年参加法国纪念伯希和学术研讨会，发表《从日本学者的角度来看伯希和对汉学的贡献》（La contribution de Paul Pelliot à la sinologie dans la perspective des savants japonais）^③，等等。加上上面提到的中文和英文论文，可见高田先生一直积极参与各国的学术研讨会等活动，并用会议所在国的语言，或选择该国语言撰写论文；或者选取会议国收藏的相关敦煌、吐鲁番文书来加以讨论。从 Young Tong 时代，一直到今天，Takata Tokio 的名字一直没有缺席任何国际敦煌学的重要会议和重要论集，对国际敦煌学研究做出很大的贡献，无疑是国际敦煌学的带头人之一。

三、Young Tong 时代高田先生与我的交往

1987 年 6 月中旬我收到张广达先生从日本的来信后不

---

① *Turfan Revisited−The First Century of Research into the Art and Cultures of the Silk Road*, ed. D. Durkin−Meistererernst et al.（Berlin：Dietrich Reimer Verlag, 2004），pp. 333−340.

② *Russian Expeditions to Central Asia at the Turn of the 20th Century*, ed. by I. F. Popova, St. Petersburg：Slavia, 2008, pp. 176−187.

③ *Paul Pelliot, de l'histoire à la légende*, Paris：Collège de France, 2013, pp. 327−335.

久，周一良先生参加同年 6 月 25—27 日在香港举办的 "国际敦煌吐鲁番学术会议" 归来，盛赞京都大学的年轻学者，即高田先生，感慨当时中国大陆一批上了年纪的人，面对着日本的学界新秀，鼓励我们努力向学。

1988 年夏，中国敦煌吐鲁番学会在北京召开学术研讨会，高田先生来京参加。那时开会，来参加的国际友人毕竟较少，所以敦煌吐鲁番学会会长季羡林先生发话，要认真接待，友好相处。记得高田先生提前两天到京，因为有张广达先生特意从巴黎来信叮嘱，我提前到饭店去和高田先生会面，因为彼此之间已有了解，所以一见如故。他提交的论文是《五姓说在敦煌藏族》，好像曲高和寡，没有多少对手。而当时中国的敦煌学界，目光更多地落在与会的藤枝晃、池田温等老辈先生身上。高田的文章后来发表在会议论文集选刊《敦煌吐鲁番学研究论文集》中，该书由汉语大词典出版社于 1990 年出版。但这部书是手抄排版，实在落后于时代，还不如高田先生本人提供给会议的电脑打字本清晰，也没有编入高田先生的《主要著作及论文目录》。

我与高田先生更为密切的交往，是 1990 年 9 月至 1991 年 2 月我在京都的那段时间。我是在好友木田知生先生的安排下，由百济康义教授邀请，到龙谷大学西域文化研究会做访问研究的。龙谷大学给我的条件很好，这里不仅有大谷文书原件，我所在的西域文化研究会还有非常丰富的敦煌、吐鲁番乃至中亚的图书资料，让我收获十分丰富。但有一点对不起龙谷大学的是，我没有参加从京大退休的藤枝晃先生当时在龙谷大学主持的"《高昌残影》读书班",班里有上山大峻、竺沙雅章、古泉圆顺、宇野顺治等先生,每两周的一个下午会读出口常顺氏所藏吐鲁番出土佛典,阵容强大,本来是可以学到很多东西的。但日本各个学校、研究会的读书班,往往定在同一时间,互相冲突,你只能认一家。于是我舍近求远,选择了京都大学人文科学研究所桑山正进教授主持的"《慧超往五天竺国传》读书班",因为这里集中着一批比较年轻的学者,包括森安孝夫、高田时雄、武内绍人、吉田豊、榎本文雄、稻叶穣等,而《慧超传》又和我的中外关系史研究密切相关。这样,我每两周就有机会和高田先生及其他几位 Young Tong 成员见面,当时所讨论的内容是慧超从中亚回到安西地区,恰好是 Young Tong 成员最擅长的场域,所以从他们那里学到很多。除了在读书班上的交流、学习外,读书班六点结束后,往往就是 Young Tong 的四位和我一起去喝酒,继续"晚上研究会"。虽然说是喝酒聊天,但 Young Tong 们往往还是三句不离本行,说着说着就说到自己关心的学术问题上来了,而白天不愿意说的某些学人的论文之误,也就借着酒力,全盘托出。当时的四位 Young Tong,专攻回鹘、汉、藏、粟特,而熟悉于阗的熊本裕已经回东京大学任教,我恰好研究于阗历史,由于 1984—1985 年在欧洲游学,对于阗语文献也比较熟悉,对于他们感兴趣的中亚史各种问题,因为自己翻检过一遍欧美东方学刊物,所以对中亚出土的各种语言的文献材料,也算熟悉,可以接上他们说的话。于是这样的聚会,就是我与 Young Tong 成员交流最为深入的

221

时间，而由于我的日语不好，虽然能够用英语对付，但还是麻烦高田先生很多，他对我的帮助最大，与他的交谈自然也是最多的。记得有两次喝到下半夜三四点钟，甚至有一次感觉脚底下踩了棉花，高田先生带我去吃了一碗乌冬面，才缓过劲来，打车回向岛的宿舍。

Young Tong 曾经专门安排我在他们的研究会上发表一次演讲，我考虑再三，最后选择《所谓"Tumshuqese"文书中的"gyāźdi-"》，在大阪大学森安研究室的一次聚会上发表，得到他们四位的指正，后来刊载在他们一起创办的《内陆アジア言语の研究》7，1992年，第1—12页，直接用中文发表。此文从发现问题到解决问题，还算立得住，所以多少年后用英文在给哈佛大学施杰我（Prods Oktor Skjaervo）教授祝寿文集上发表时，主编辛维廉（N. Sims-Williams）只添了三个注，内容一仍其旧①。

我那半年在日本的一项工作，就是调查日本散藏的敦煌、吐鲁番文书。这期间，藤枝晃先生给了我很多的帮助，高田先生也贡献很多，其中最重要的是有关李盛铎旧藏敦煌写卷的调查。关于此事，我在《追寻最后的宝藏——李盛铎旧藏敦煌文献调查记》一文中，有比较详细的记录②，这里择要说说，并补充一些细节。

---

① Rong Xinjiang, "The Name of So-called 'Tumshuqese'", *Bulletin of the Asia Institute*, new series, 19 (Iranian and Zoroastrian Studies in Honor of Prods Oktor Skjaervo), 2005 (2009), pp. 119-127.

② 文载刘进宝、高田时雄主编《转型期的敦煌学》，上海：上海古籍出版社，2007年，第15—32页。

李盛铎所藏敦煌写卷在 1935 年出售给日本某氏，但原件所在，学界一直都不知道。我在《羽田博士史学论文集》下卷中见到李氏旧藏景教《志玄安乐经》和《宣元本经》的旧照片[1]，推测羽田亨可能接触过售到日本的李氏文书。从高田先生那里知道，羽田亨先生去世后，大部分书仍在家里保管，但敦煌遗书还归大阪武田药品公司附属的杏雨书屋收藏，而部分资料则捐献给京都大学文学部，收藏在由其本人住宅改建的"羽田亨纪念馆"中。1991 年 2 月 13 日，高田先生驾车，带我到京都西郊外的"羽田亨纪念馆"，没想到羽田亨生前从事敦煌研究所用的照片，都收藏在这里，一共 933 张，其中有巴黎和伦敦的敦煌写卷，有旅顺的大谷文书，有日本书道博物馆、藤井有邻馆等私家藏卷，还有李盛铎旧藏的敦煌文书。之所以可以肯定是李氏藏卷，原因是上面钤有李盛铎的印，其中包括"敦煌石室秘籍""两晋六朝隋唐五代妙墨之轩""李印盛铎""木斋审定""木斋真赏""麟嘉馆印""德化李氏凡将阁珍藏"等。为了确认这些印鉴的真伪，高田先生把印文拍摄下来，我回国后对照了这些照片上所钤印鉴与北京大学图书馆善本部所藏李氏旧藏宋元善本书和《李盛铎印谱》上的同一印鉴[2]，确认这些印正是李盛铎所用，一点不假，从而确定了羽田亨纪念馆中哪些是李氏旧藏敦煌文书。我当时把有李

①《羽田博士史学论文集》下卷，京都，1957 年，第 6—7 图。

② 善本书上部分印鉴的彩色图片，见拙文"The Li Shengduo Collection: Original or Forged Manuscripts?"附图, *Proceedings of the Conference on the Dunhuang Forgeries in the Early 20th Century*，图 1a–d；黑白图片，见《鸣沙集》，86—90 页。

氏印鉴的写卷简单做了记录，回国后与北大图书馆所藏《李木斋氏鉴藏燉煌写本目录》稿本做了对勘，基本确定其中哪些写卷有全部照片或部分照片，在原卷公布之前，这是我们唯一能够看到李氏旧藏写卷原貌的珍贵资料。我当时和高田先生商议，是否能够刊布这些羽田亨所藏李氏旧藏敦煌文书照片，但听说京都大学方面觉得这些李氏旧藏文书的收藏者不明，怕引起麻烦，所以没有同意。我看到照片中一件记载某人在天德军地区旅行日程的写本，觉得这可能就是《李木斋氏鉴藏燉煌写本目录》中"驿程记"。高田先生特意想办法给我弄到一张照片，但嘱咐我不能发表。他在给池田温编《敦煌汉文文献》所写的书评中，首次将录文刊布①，泽惠学人。

　　我在1996年6月出版的《海外敦煌吐鲁番文献知见录》一书关于日本收集品一章的最后，非常简要地提到了我在羽田亨纪念馆看到过部分李盛铎旧藏敦煌写本照片②。在提交1997年6月30日—7月2日英国图书馆举办的"20世纪初叶敦煌伪本研讨会"的论文《李盛铎藏敦煌写卷的真与伪》中，我也提到了羽田亨纪念馆收藏的李氏旧藏敦煌文书的照片。为了学者们进一步调查李氏旧藏，我把北大图书馆所藏《李木斋氏鉴藏燉煌写本目录》重新整理过录，附在

---

　　①《东洋史研究》第52卷第1号，1993年6月，第124—125页。后来写卷正式公布后，他又写了正式的研究论文，见《李盛铎旧藏〈驿程记〉初探》，《敦煌写本研究年报》第5号，2011年，第1—13页。

　　②荣新江《海外敦煌吐鲁番文献知见录》，南昌：江西人民出版社，1996年，第218页。

《真与伪》的文章后面①。这些信息受到日本学者的高度重视，池田温、落合俊典、牧野和夫、岩本笃志等先生先后造访羽田纪念馆，据照片研究发表了其中的重要文书和典籍。

我从高田先生那里还得知，京都大学牧田谛亮先生手中，有羽田亨抄录的李盛铎藏《敦煌秘笈目录》，这份目录是羽田亨晚年委托给塚本善隆先生，塚本先生又委托给牧田先生的。我向牧田先生请求复制，没有得到允许，牧田先生还认真地做了解释，我完全理解。好在到了1998年，落合俊典教授获得该《敦煌秘笈目录》，指出其著录的前432号与北大所藏《李木斋氏鉴藏燉煌写本目录》全部432号完全对应②。2000年，方广锠博士介绍了一份用上海图书馆稿纸抄写的《日本羽田亨收藏李木斋（盛铎）旧藏敦煌遗书目录》（简称《羽田亨目录》），著录428号，内容与《敦煌遗书总目索引》散录三《李氏鉴藏敦煌写本目录》完全一样③。高田先生则综合几种目录，考证了《李木斋氏鉴藏燉煌写本目录》《敦煌秘笈目录》和《羽田亨目录》三者之间的关系，认为北大所藏《李氏鉴藏目录》是原始记录，

---

① 原载《敦煌学辑刊》1997年第2期，第1—18页；后收入《鸣沙集——敦煌学学术史与方法论的探讨》，台北：新文丰出版公司，1999年9月；《辨伪与存真——敦煌学论集》，上海：上海古籍出版社，2010年3月。

② 落合俊典《羽田亨稿"敦煌秘笈目录"简介》，郝春文编《敦煌文献论集》，第91—101页。

③ 方广锠《呼唤〈羽田亨目录〉中的敦煌遗书早日面世》，"纪念敦煌藏经洞发现一百周年敦煌学国际研讨会"论文，2000年7月25—26日，香港大学中文系。后载《中华读书报》2002年8月16日。

为售出之前的记载；《敦煌秘笈目录》是日本经手购买者抄录的稿本，这个目录由于某种原因而疏漏未记最后4件，后来发现而补记在尾页的纸背；《羽田亨目录》如名称所示应当抄于写本售与羽田亨之后，其制作年代也可能就在买卖成交后，但最后4件没有记录在案，所以成为428号了①。至此，李盛铎旧藏敦煌写卷到达日本后的情况基本清晰，即收藏在某氏处，但从未打散。其中部分照片在羽田亨纪念馆，而为学者所利用。直到2009年，武田科学财团杏雨书屋正式刊布所藏全部敦煌写本图录，其中前432号正是李盛铎旧藏敦煌写卷。

讲到这里，我眼前浮现出那个时代我见到的高田先生风度翩翩的身影，在北京市委党校利玛窦墓前，在巴黎埃菲尔铁塔下面，在莱顿大学汉学院图书馆中，在圣彼得堡东方文献研究所阅览室里面……

（2018年6月8日定稿，原载《国际汉学研究通讯》第17期（2018年6月），北京大学出版社，2019年5月，第129—140页。）

---

① 高田时雄《明治四十三年（1910年）京都文科大学清国派遣员北京访书始末》，《敦煌吐鲁番研究》第7卷，2004年，第20—22页。

古籍命脉

数字化关系国家命脉

现在这个时代确实是一个数字化的时代，但是就中国来讲，我觉得起步确实有一些慢。我从事敦煌学研究的时间比较长，敦煌这个领域，过去我们是到国外去抄文献，后来一些出版社有了动力，就做了大量黑白的图录，如英藏文献、法藏文献、俄藏文献等。但是在中国做图录的时候，英国就已经开始做IDP（国际敦煌项目）。其实，英国人在敦煌学的研究上并没有很大贡献，但是在敦煌文献的数字化上确实有非常大的贡献，有超前的意识。

在"十三五"古籍出版规划讨论的时候，各个出版社都策划要在5年之中出多少本整理本古籍，实际上没有那么多古籍可以整理。我提出，与其这样，为什么不搞古籍数字化，将国家用于古籍整理的经费支持中华书局等单位，牵头开展数字化整理。当时有3位老总站起来说我们的书卖不出去，不能搞。但现在开放了，非搞不可了，中华书局也已经开始牵头搞了。实际上，古籍数字化整理的东西跟纸本是两码事，并不影响纸本古籍的发行，而古籍数字化一旦弄好了，各大图书馆必须买，没有不买的，所以它实际上可以产生很好的经济效益，而且古籍数字化的大部分经费来源于国家和各类基金会支持。古籍数字资源非常便于学术使用，但与国外相比，我们的古籍数字化工作已经相当慢了。

然而，我们中国人多力量大，所以一旦着手开展这项工作的话，很快就能上去。当时讨论"十三五"古籍出版规划的时候，我就强调一点，数字化是一个国家战略，是一个国家的命脉。比如IDP的负责人魏泓要建成一个敦煌的数字帝国，而这个帝国都由她来把控，就是要把所有的数字化资源汇聚到英国。中国国家图书馆自己上传数据，但其他一些国家或较小的单位觉得没必要，就直接将图片数据交给英方来上传，一旦设在英国的服务器坏了，我们就都看不到了。这就涉及国家战略问题，因为一旦由英方掌握数据上传权限的话，原数据由对方掌控，那边出点什么事，我们就没有办法做工作了。

所以我把当时的发言稿整理后，由程毅中先生给李克强同志写了一封信，表明数字化是一个国家战略，所有的东西得由我们自己掌握、自己上传，这个原数据必须掌握在我们自己手里。虽然古籍是全世界的共同资源，但不管谁做过，我们都还要自己做。北京大学历史系的刘俊文先生是很有眼光的，他非常早就意识到了这个东西的重要性。现在他建立的古籍数字资源巨大，虽然是个人工程，质量存在一定问题，但毕竟他有这么大一个数据库，国外相关机构全都购买。

这是我第一点想说的，数字化是一个国家战略。

第二点，古籍的数字化会带来一个古籍重新发现的时代。过去我们只知道大的馆藏，但还有很多小的馆藏，过去是看不到的。而现在一旦数字目录发布了，甚至全文发布以后，我们不论做什么研究，都有可能在无意之中发现很重要的研究素材。

我指导学生研究中外关系史，这种古籍文献的新发现对摩尼教、景教等三夷教的研究都非常重要。特别是对摩尼教和景教的研究，多年来在文献上几乎没有新的发现。在沙畹写完《摩尼教流行中国考》、陈垣写完《摩尼教入中国考》后，几乎就没有新的材料。我在《历代法宝记》里面找到一条摩尼教徒和景教徒、佛教徒打仗的资料。外国人说你怎么找到的？我说就在1924年的《大正藏》里，但是你们是读基督教、摩尼教文献的，你们不读禅宗文献。实际上，在《四库存目丛书》印出来之后，用功的学生就会好好翻，因为这里有很多陈垣先生当年没有翻过的书，而陈垣把《四库全书》里的书基本上都翻过，是找不到摩尼教材料的。但现在古籍数字化以后，我们就有可能在小的馆藏里面发现一些珍贵的材料。

所以古籍数字化主要是两项，一是目录先发布，再是全文发布。这真是古籍发现的新时代，对于我们研究某一个方面的人帮助很大，这也是一个知识扩大的过程。我们可以在不同的地方来阅读。原来要去北海那边的国图看书，且不说从外地过去，即便从北大过去一趟也不是很方便。

现在古籍数字化建设也真是迎来了一个很好的时代，包括刚才上海图书馆介绍的"众包"的做法，把一些社会力量调动起来做古籍的数字化工作。

最后我想说的是，建议将来的古籍数字化工作更多地跟学术界合作、跟一些研究者合作。从研究者的角度来说，我们也有很多需求，哪些古籍先发布、哪些后发布，这其实也是一个国家战略。在某些研究上我们如何抢占一些制高点，比如说现在我们做"一带一路"的文献，特别像海上丝绸之路，这跟广东、福建、浙江这一带的地方图书馆有相当大的关系，特别是家谱这类文献，如果国家优先用资金支持这些图书馆开展这类古籍的数字化，那将是我们占据这个学术制高点的一个关键。当然做任何古籍的数字化，都会对于某一个学科的学术研究有用。比如说《赵城金藏》，虽然有《中华大藏经》的影印件，但是我们还是想看《赵城金藏》原本，这对我们现在整理旅顺博物馆收藏的佛典就非常有用。因为我们可以看到原本，我们不知道《中华大藏经》是不是被描改过。所以，我希望图书馆界能够在今后的古籍数字化工作方面多跟学术界对话，大家在方向上勾画一个先后次序。

（原为2019年11月12日在国家图书馆举办的"传承文明　服务社会——古籍数字资源联合在线发布座谈会"的发言，整理后发表于《中国文化报》2019年12月20日第8版。）

关于标点本《资治通鉴》的修订

我是研究唐朝的，不敢说宋朝。但是我们都爱宋朝，宋朝有我们非常爱戴的司马光，他留下一本《资治通鉴》。如果没有《资治通鉴》，唐史研究简直不知道是怎么样的一个基础了。其实从大的方面讲，像我们隋唐史的学生，第一就要读《资治通鉴》，读《六典》，都是读着中华书局的书长大的。从小的方面说，包括我做归义军史研究，我翻的最多就是《资治通鉴》晚唐到五代的部分。我也是先做长编，而这个长编的基础，实际上是拿《资治通鉴》做底子。《资治通鉴》对于我们来说，对于我们从学生成长起来，一直到做学者，都是非常重要的。记得很清楚，上大学的时候邓广铭先生、张广达先生都让我们看吕叔湘的文章，说《资治通鉴》的整理本好。

原来《资治通鉴》的点校本，一看后面所列的点校者的名字，我们就觉得很踏实，包括我们大学时接触的邓广铭先生等，这些都是当年的整理者，包括聂崇岐先生，他也是张广达先生整天挂在嘴边的人物，我们对那个本子感觉比较踏实，吕叔湘的修订，中华后来在重印时候进行了挖改，也把那部分改进去了。

当然这么大一部书有问题是肯定的，今天的整理也是很有必要的。从整理者、出版人和使用者的角度来讲，整理者现在找的是陈尚君老师的团队，出版者当然是中华书局，可以说现在这是最好的强强组合。我们使用者当然是站在现在立场上看，是一种期待。我们使用者对新的、将来的本子有什么期待呢？我记得"二十四史"刚开始修订的时候，大家都有一个担心，这新的"二十四史"出来后，学者会不会用，是不是就比旧的点校本强？当时是有这样的担心，新的修订本出版以后，这种担心基本上是没有了。虽然我们对原来的《资治通鉴》认知度是很高的，认定的位置是很高的，我相信新的整理本会更高的。

　　当年标点《资治通鉴》时动用了整个国家的力量，在古代修史都是宰相领衔，现在不一样了，其实学者领衔是最靠谱的。我刚才初看了一下整理计划，包括静嘉堂文库、台湾保存的这些最好的宋本现在都能用了，但是梳理《资治通鉴》版本还是一个很大的工程，因为《资治通鉴》的本子确实复杂，包括胡注，包括胡注里头引的那些书的处理。胡注职官的部分有用《旧唐书·职官志》，有用《六典》的，有些是没有注出处的，这个当然需要一定的工作量去梳理。计划里面说了一些，其中有一点讲到胡注跟《资治通鉴》引文不一样的情况，过去做了一些工作，这次还需要。我想《考异》是标注出处的，有这种书，还是没有这种书，比较好说；但是胡注有时候不标出处，还是有很大的工作量。

　　我想虽然有一门学问叫"通鉴学"，其实整体的"通鉴学"并不是很发达，真正研究《资治通鉴》的书，当然前面有岑仲勉的《通鉴隋唐纪比事质疑》，还有吴玉贵讲年代的《资治通鉴疑年录》，对《资治通鉴》做整理工作的研究成果，肯定很散，不是那么集中的东西，而这些前人的东西也要衡量。有些年代是不能随便改的，现在我们用的历、朔闰表其实是推的，不是原来唐朝的。唐朝的《实录》里头用干支，所以司马光用干支，他还是很有考虑的，他用干支实际上可能是正确的。我们今天说这个月里头没有，其实按照现在的历表去推，这是不对的。原来黄一农做过《麟德历》的一部分，现在有没有人全部做出来，我不知道，年代这个东西有一些还是不改好，可以出一个校记。

除了《资治通鉴》的本校、他校，最后理校是能够发挥的部分，现在有很多墓志，很多出土的文书，这部分还是应该做工作，到底校不校进去那是另一回事。还有敦煌文书中也有一些按照编年方式做的史书，所以过去饶宗颐先生想做"补《资治通鉴》编年"的长编，用出土文献来补《资治通鉴》，有些部分都是细小的事，但是有一些东西还是很重要的，汉简中有年谱的那些，值得注意。其实对《资治通鉴》的研究来说，有问题的还不是隋唐纪部分，最有问题的是我们现在看到相关的史料最少的魏晋南北朝及以前的，这些东西可能在工作中挑战性更多，有时候出土文献，特别是历谱、一些有纪年的诏令还是很有用的。饶先生编的那套里，像胡平生、李均明等做得那几本，我想肯定还是很有参考价值的。

我作为一个使用者非常期待这个修订本的出版，这个书是非常重要的，对中外史学界都是很重要的，过去蒲立本就专门写过关于《资治通鉴考异》的文章。修订本出来之后一定是定本，用着用着大家都会把别的本子淘汰的，所以一定要做成面貌全新、空前的定本，这是郑振铎先生当年的期望。我觉得在陈尚君老师的带领下，一定能做好这个本子，谢谢大家。

（原为2019年11月8日在中华书局主办的"司马光诞辰一千周年纪念暨《资治通鉴》修订工程启动仪式"上的发言稿，后作为《标点本〈资治通鉴〉修订工程座谈纪录》的组成部分，刊《文史知识》2020年第2期，第17—19页。）

中华书局与现代学术文化

——读徐俊《翠微却顾集》

　　本文的标题是徐俊《翠微却顾集》的副题，我选不出一个比这个更合适的题目来作文，所以就"借用"（网络语"盗用"）一下。按照我和徐俊兄的交情，他应当不会怪我，下面行文也不用敬称，我想也不会得罪他的。

　　我知道徐俊要编这样一本书，是2019年4月末，当时孟彦弘、朱玉麒张罗着给凤凰出版社编一套随笔类的小丛书，名为"凤凰枝文丛"，约稿名单中有徐俊，但他考虑之后谢绝了，因为文章主要都是写中华书局的。现在翻阅这本2021年12月中华书局出版的《翠微却顾集》（图1），的确如此，里面几乎百分之九十八的内容是和中华书局有关的，有些文章上来就是"局里"，放到其他出版社，的确对不上号。

　　这本以中华书局为叙事中心的书，看似随笔，其实作者是想说说中华书局与中国现代学术文化的联系。翻开还透着墨香的新书，一连串的名字映入眼帘——顾颉刚、汪篯、邓广铭、周一良、陈寅恪、何兹全、田余庆、启功、张政烺、郑天挺、蔡美彪、向达、周勋初、项楚、赵昌平、陈尚君

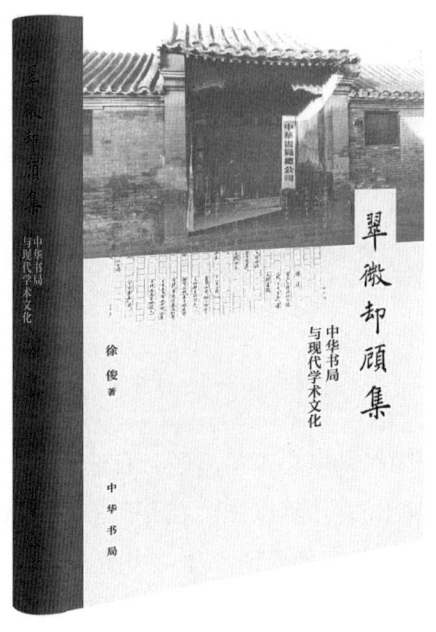
图1 《翠微却顾集》书影

等，还有中华书局的王仲闻、宋云彬、赵守俨、程毅中、傅璇琮等，仅仅看这个名单，就知道这本书与中国现代文史学术的关系了。但这本书并不是一部系统的学术史，而是选取一个个"有着典型意义的事件"，阐发其中的学术史价值。我读罢此书，想谈谈感触最深的三个方面。

一、编辑与学者

1954年中华书局从上海迁到北京，出版方向确定为以古籍整理和文史哲著作作为主，成立不久的古籍出版社也并入中华书局。在金灿然等书局领导的主导下，很快与文史哲各方面的学者建立了密切的联系，开展各项古籍整理和学术著作的出版工作。

徐俊书中相当一些篇幅，都是在讲述中华书局的编辑与学者之间交往的佳话，特别表彰编辑对于学者在完成其名山事业时的种种帮助。比如开篇讲不应被忘却的王仲闻，就是这样一位学者型的编辑。他在1959年接手唐圭璋《全宋词》时，受托加以修订，曾写下约千条修订加工记录，近十万言，以致原编者建议署名改作"唐圭璋编，王仲闻订补"。

周振甫帮钱钟书责编其学术巨著《管锥编》，是又一个学林传颂的佳话。周振甫是1948年钱钟书在开明书店出版《谈艺录》时的责任编辑，所以在《管锥编》完成后，钱先生首先给周看。周随后在1977年10月24日写了《建议接受出版钱钟书先生的〈管锥编〉》，中华书局编辑部次日即决定接受出版。周先生在编辑钱氏这部鸿篇巨制时，先后写有详细的审读报告，有数万言之多。钱氏逐条做了批注，有的接受，有的修改，有的不取，最终形成了我们现在看到的《管锥编》的样子。1983年中华书局出版《谈艺录》补订本时，周振甫再次担任责编，又写了十数条意见，钱氏也逐条做了批注。徐俊还特别从中华保存的档案中，全文抄出这两部书的审读报告和具体讨论文字及钱氏批注，让读者全面了解周振甫实为《管锥编》《谈艺录》两大名著的第一功臣，钱氏在《管锥编》序中称赞其"小叩辄发大鸣，实归不负虚往"，诚哉斯言！周振甫先生晚年又花了很大气力编辑了钱钟书之父钱基博的《中国文学史》三册，这固然因周原是钱基博在无锡国专的学生，也与周和钱钟书的友情有关。编辑与学者之间的友谊，在本书中比比皆是，徐俊在回忆周振甫的文章最后说道："令我深有所感的是，很多老一辈编辑，像周先生一样，一生作嫁，却安之若素，甘之如饴。"（第126页）

为了帮助学者完成学术大业，中华书局的领导还数次利用"上方宝剑"，调人入京，来协助工作。徐俊书中利用中华所存档案，记录了为帮助顾颉刚完成《尚书》整理、研究、今译等工作，从1959年夏开始运作调动在中国科学院南京史料处工作的刘起釪来中华书局。此事经过三年多的周折，最后在1962年11月终于成功。这个结果，不仅解了顾颉刚的燃眉之急，也成就了刘起釪的《尚书》研究事业。

在与学术界交往的过程中，中华书局充分尊重学者的意见。比如书中提到关于《史记·秦始皇本纪》中"禁不得祠明星出西方"的点校问题，虽然有争议，但中华点校本最后尊重邓广铭、周一良的意见而改订。又如书中详细介绍了王先谦《新旧唐书合注》稿本的整理及拟出版的"前世今生"。此书1945年即由商务印书馆校勘补订，准备排印，但因事未果。1954年科学出版社成立，又考虑出版，请王先谦门人瞿蜕园整理并标点。瞿氏全力以赴，写了数千条版本校对浮签和近十万字的校勘记。科学出版社送陈垣审订，以为原书值得一印，但要尊重王氏原文，不轻易增删。科学出版社写好了万把字的《刊行说明》，就等付印。1958年国家古籍整理出版规划制订，《新旧唐书合注》纳入"二十四史"整理计划，转入中华书局处理。中华书局随即约请北京大学历史系周一良、汪篯和科学院历史所贺昌群三位外审。周一良对《刊行说明》和瞿氏校记都有不同看法；而汪篯则写了近万字的否定意见。此外，唐长孺对全书出版也基本持否定态度。中华书局内部也让赵守俨做了审读，最终决定尊重专家意见，把稿子退回科学社。虽然此书题目与当时中华书局急于求成的"二十四史"集注本相合，也花费了很大的力气准备出版，但专家的意见高于一切，所以1959年10月即叫停。笔者过去听闻王氏此书在中科院图书馆尘封，在《唐研究》第3卷上发表过谢保成先生的介绍，今读徐俊此文，才真正了解到此书经过了如此多的行家之手。

中华书局的编辑与学者之间建立了深厚的友谊。启功先生在1971年借调到中华书局，参与"二十四史"及《清史稿》整理工作，直到20世纪80年代初返回北师大。他常说中华书局是他的"第二个家"，就是因为中华书局的人待他像家人一样，而他也为中华书局题写了大量书签，常常横竖简繁多写几条以备用。作为书法家，他还给许多中华书局的编辑写了"墨宝"，几乎是有求必应。

中华书局一贯尽最大的能力，帮助学者完成拟出版的专著。20世纪五六十年代约请30余位著名学者出版个人学术论文集，表示"只要具有较高的学术价值，可以不拘文体，不拘性质，不论考据、义理、札记，均可收入。对收入的文章，作者如愿意修改，可以；不作修改，也可以"（第49页）。徐俊书中完整揭示了中华书局为出版陈寅恪先生论文集而做的种种努力，特别是对于上面的沟通，克服了重重艰难险阻，要知道这个议题开始时，陈先生的《论再生缘》在香港被人翻印，引起一些麻烦（北大历史系资料室有此印本，我看过文中所说的序）。虽然由于中间人没有传递消息，最后此事竹篮打水一场空，但中华书局在接到陈先生确定把文集交给上海方面出版后，立刻给相关方面回函，并整理好完整的往来书信档案，都可见中华书局对于学术的敬畏之心，对于学者的认真负责。书中收录了中华书局为出版周一良《魏晋南北朝史论集》时的往来通信，可以看到中华书局安排人按照周先生的提示，找人去上海帮忙抄录作者的旧稿，由中华书局支付费用，"出版社把对作者的支持和付出，完全当作分内之事"（第51页）。

可以说，在"文革"开始前，中华书局为一批作者赶出了论集，既坚实了作者个人的学术地位，也为中国学术垒筑了基石。试想，如果没有这些论著的出版，到"文革"结束后回过头来看，中国大陆的学术会与日本、甚至港台的学术差距要更加远。

"文革"以后，中华书局秉承20世纪50年代以来的学风，仍然为学者编辑出版学术专著和论集，比如张政烺的各种古文字、易学专著，以及《张政烺文集》；郑天挺的文集、日记、讲义，以及后人编的郑先生纪念文集、学行录；项楚《寒山诗注》《敦煌变文选注》，到《项楚学术文集》8种11册；如此等等（其实还有许多没有在本书中谈到的学人论著）。另一方面，中华书局对于选题其实十分谨慎，对于书稿把关严格，编校仔细，所以出版的著作质量上乘。因此，学人也逐渐以在中华书局出书为荣，若不在中华书局出书，就好像在学术圈子里"未入流"的感觉。

正是因为中华书局对于学者如此这般的厚爱与帮助，所以当中华书局约请学者来做事时，大家也是有求必应，责无旁贷。上述学者帮助中华书局审稿的事例，即可见一斑，而最大规模的学术界与中华书局的合作，要属"二十四史"的点校和修订工作了。

二、"二十四史"点校本和修订本

自2005年以来，徐俊一直大力推动"二十四史"点校本的修订工作，可谓任劳任怨，鞠躬尽瘁。本书中大概一半篇幅都和"二十四史"的点校本和修订本有关，通过中华书局团队的档案整理工作，徐俊首次把"二十四史"点校本的成书过程，做了详细的阐述；同时也用访谈形式，把"二十四史"修订本的工作过程和陆续出版的成果，做了透彻的说明。

1958年成立的全国古籍整理出版规划小组以中华书局为办事机构，在其主导下，接续《资治通鉴》的标点工作，开始了"前四史"及改绘杨守敬地图的工作，中华书局全力投入其中。据徐俊介绍，当时为了向国庆十周年献礼，"前四史"的主要点校是中华书局的编辑和外聘编辑完成的。《史记》及三家注是宋云彬在顾颉刚点校本基础上加工、复校而成的，赶在1959年国庆节前出版；《三国志》由陈乃乾完成，同年12月出版；《汉书》由傅东华在西北大学点校本上加工而成；《后汉书》由宋云彬点校完成；后两部书到1965年才出版。

为了推进"二十四史"的点校工作，1963年中华书局报请中央宣传部，调外地学者郑天挺、刘节、唐长孺、王仲荦、罗继祖、王永兴等来京，入住中华翠微路大院，集中工作到1966年，取得较大成绩，特别是"南王北唐"主持的南北朝各史的点勘工作。1967年曾短暂恢复校史，但成效不大。1971—1978年，又抽调一批学者到中华书局王府井办公地点，集中校勘，周总理指示由顾颉刚总其成，其中两《唐书》、两《五代史》和《宋史》改由上海方面负责，京沪两地，都取得重大进步，"二十四史"各部点校本也陆续出版。

对于"二十四史"点校本阶段的工作，本书有多篇文章涉及。如《宋云彬：点校本"二十四史"责任编辑第一人》，活灵活现地把宋云彬的贡献描绘出来，让我们看到他可歌可泣的故事。文章更多地讲述了从点校本到修订本是如何过渡的，包括对郑天挺、何兹全、田余庆、蔡美彪、刘浦江的回忆文章和修订本出版后的访谈。

不言而喻，"二十四史"点校本对于中国现代学术的意义怎么说都不为过。徐俊说：《资治通鉴》和"二十四史"的点校出版，"不但奠定了现代学科意义的古籍整理学，也引领了中国古籍整理出版事业的方向，是里程碑式的事件"（第179页），"'二十四史'点校的成绩和贡献，并不限于古籍整理，而是对于这一时期整个中国历史学的发展起到的推动作用。'二十四史'点校本惠及每一位历史学家，意义重大"（第175页）。我在古籍整理与历史学研究中度过了四十年的光阴，对他的话深表认同。

不过，"二十四史"的整理条件非常艰苦，因此也有不少问题。按照徐俊的总结，主要是整理标准和体例不统一，底本选择不一，所用版本有限，检索途径贫乏，以及印刷技术的限制。在这种清楚的认识下，2005年徐俊等中华书局领导开始推动"二十四史"的修订工作。为此，徐俊带领团队，清理了有关"二十四史"点校本的工作档案，走访了在世的参加点校的成员或其弟子，制定了详细周密的工作总则、制度和流程，要"以程序保证质量"。在尊重原整理者、原参与单位、原点校校勘成果的基础上，确定修订本的负责人及其团队，"通过全面系统的版本复核、文本校订，解决原点校本存在的问题，弥补不足，在原有基础上，形成一个体例统一、标点准确、校勘精审、阅读方便的新的升级版本"（第457页）。到目前为止，修订本《史记》《魏书》《宋书》《南齐书》《梁书》《陈书》《隋书》《旧五代史》《新五代史》《辽史》《金史》等11种已经出版，成绩可观。过去我们对于"二十四史"点校本有一种不假思索的认可，引用时从来不考虑其得失，不像我们用《全唐文》中的篇什，总是要去看看《文苑英华》、个人文集等，所以在"二十四史"修订本开始阶段，一些人是有所疑虑的，觉得不会超过20世纪六七十年代那批整理者的水平。现在，我们看到徐俊给出的各史修订本的统计数字，知道增补多少，修订多少，维持原貌多少，可知这次修订本虽然样貌与点校本保持一致，但内涵的确是旧貌换新颜了。

关于"二十四史"修订的更高一层意义，徐俊说道："一部重要史书的整理，其意义不只在其书本身，还在于优势学科的建设和长期的影响，这也是'二十四史'修订获得学术界积极响应的原因。"（第134—135页）我的同事刘浦江教授主持的《辽史》修订，就以后续的事实证明了这一点，参加整理的年轻人后来出版了多部相关著作，如林鹄《辽史百官志考订》、苗润博《〈辽史〉探源》、邱靖嘉《〈金史〉纂修考》、陈晓伟点校《金史详校》等，可见其影响深远。

三、中华书局与学者型编辑

徐俊这本书的主题是中华书局与现代学术文化，他的书名虽然是取自李白的诗句"却顾所来径，苍苍横翠微"，但暗含着对中华书局（曾在翠微路）的眷顾。而书中的一条主线，就是强调中华书局的编辑要成为学者型的编辑。

记得2000年后中华书局在海淀一家书店召集的某次座谈会上，有位学人发言，对中华书局的编辑像做学问一样编辑书颇有微词，说编辑对作者的书吹毛求疵，非挑出一堆错来不可。我当时听了，不知若何。此时正是中华书局很多骨干编辑因为中华书局领导的更换、方向改变而纷纷离去的时候，徐俊也在这年底离开中华书局去了社科院文学所。现在读了徐俊的书，我真切地感受到什么是"学者型编辑"的职志。

书中说道，金灿然执掌中华书局的20世纪50年代末、60年代初，是中华书局学术品格和独特个性形成的时期。金灿然当时罗致了一批其他单位不要的学者来当编辑，包括前面提到的王仲闻、宋云彬，还有孙人和、马宗霍、杨伯峻、马非百、傅振伦等人。今日却顾，这些人都非等闲之辈，而是著述名家，他们做编辑，自然是以一个学者的素养来做工作的，这恐怕就是"学者型编辑"生成的缘由。

在追忆周振甫的文章中，徐俊特别强调周先生就是这样一位"学者型编辑的代表"，他还同时提到杨伯峻、王文锦、赵守俨等，他们既默默无闻地做着编辑工作，又都有专精绝学。从1983年开始，徐俊加入中华书局编辑队伍，"身处其中的压力和动力，仍宛然在身。前辈的指引，同事的砥砺，自己的努力，也使我们每一个人都有所获益"（第120页）。他说进入中华书局的年轻人，"不管你进局的时候是什么样，最后都被塑造成中华书局人的那个样子"（第339页）。他以其很少流露的文学笔法，描写这些前辈学人："他们的言传身教，如春风化雨，润物无声，这正是一种内在的职业品格的传递，而这种职业品格，对中华书局这样的百年文化企业来说，无论她走多远，都是不可或缺的。"（第126页）

徐俊还以傅璇琮为例，说道"编辑工作的清苦，编辑而具有学术追求，编辑加学者，更加劳力劳心。但是，他们的学术追求，他们的编辑实绩，成就了中华的事业，也成就了他们自身"（第151页）。他特别强调傅先生的编辑职业对他学术的影响，行文中随意说道，傅先生《唐代科举与文学》也许有黄仁宇《万历十五年》的影子，因为他是《万历十五年》的责编。过去我读《唐代科举与文学》，只觉得很好看，真过瘾，没想有些笔法或许真的有所借鉴。

由于有这样一批学者型编辑，有这样一个学术传统，确定了中华书局的性格。对此，徐俊总结道："走进新时代的中华一直坚持对古籍文献的深度整理，坚持为学术界提供古籍基本书的出版方向，坚持优秀传统文化为现代读者所用的理念。"（第130页）在回忆赵昌平文中，表扬昌平先生"既不从声流俗，又不固步自封，在今天的出版界是非常难得的品格"（第171页）。这些话语，显然是徐俊对中华书局的学术定位，对年轻编辑的期望。

　　这本书中涉及徐俊本人的篇幅并不多，但也可以看出他在编辑工作中如何自觉地把自己变成一个学者型编辑。1987年接受编辑陈尚君《全唐诗续拾》（后与《全唐诗外编》修订本合为《全唐诗补编》），他也像前辈王仲闻、周振甫那样，逐句核对每首诗的存佚、真伪，先后增删达五百多首，并与尚君先生反复磋商，共同完成了一部上乘的《全唐诗补编》。与此同时，徐俊也在开始自己着手系统校录敦煌写本中的诗歌，也就是他所说的找机会让自己去打一口深井，来触类旁通地去熟悉各种文献。2000年徐俊的《敦煌诗集残卷辑考》出版，不仅提供给学界精校的全部敦煌写本诗歌，还在五万字的前言中，谈到写本和刻本的区别，以及把诗歌放到原来流传的状态中去考察等观点，可以说开创了敦煌写本文献整理的新时代。这本《敦煌诗集残卷辑考》和他编辑的《全唐诗补编》，让我们看到一个完整的中华书局学者型编辑的全貌。

　　笔者与徐俊年龄相仿，旨趣相投，一见成交，日久弥坚。他书中提到我对他的《敦煌诗集残卷辑考》有所帮助，而他在已经担任繁重领导工作的日子里，还抽出时间给我的序跋集——《学理与学谊》当责任编辑。书出版后，第一时间撰写书评，揭示"序跋的意义"，对我所说的"学理"和"学谊"做了准确的概括和提升。正是徐俊身上有着学者的素质和编辑的责任，所以能够和我这样不善交友的人成为很好的朋友，这也是学者型编辑的一个方面。

　　徐俊于2003年回到中华书局进入领导班子，历任副总编辑、总编辑、总经理、执行董事兼党委书记（一把手），几乎放弃学术研究，全心工作。我们在谈工作时称他为"徐总"。作为职业出版人，他把一切工作都安排得井井有条。本书出版于他退休的前夜，这是对自己工作的总结，也是对晚辈的交代，让自己的职业生涯画上圆满的句号。

从此以后，希望徐俊兄可以开启新的学术人生，用他自己的话，就是"回到学术自身，回到我们每一个人所从事的学术研究、所从事的具体而微的学术工作"（第157页）。我们相信，作为学者一面的他，一定会在学术领域开辟出一片"苍苍横翠微"的新天地。

（2022年2月4日完稿，原载《中华读书报》2022年2月23日《书评周刊》。）

展望古籍整理研究的明天

　　在东西方几个古老文明当中，中国是一个很早就注重书写的国家；与印度、伊朗以史诗传唱，经典传诵为主要传播方式的文明不同，中国人更相信书写下来的文本，并以文本的形式传播自己的文明。中国是最早发明纸张的国家，这就为书写提供了廉价而又实用的书写载体，纸张较之羊皮、简牍、石板、铜器，能够书写更加丰富的内容，承载数量更多的文字。中国还是最早发明印刷术的国家，让书籍文本利用印刷的手段大量复制出来，使得中国的典籍比世界其他文明的典籍更早地大量复制，并流传广远。中国还是一个喜欢收藏图书的国度，举凡官府、学校、寺庙以及个人，都喜爱收藏，各朝各代都有公私收藏，保存了大量的图书典籍；而这些公私机构还组织抄书、印书，使得中国的古籍既得到保存，又不断推陈出新。因此，延至今日，海内外都有大量的中国古籍的留存，有许多还是善本。

　　然而，分散收藏在海内外的古籍需要信息收集、编目整理；通过研究，确认价值；重要典籍，则应当标点校注，出版弘传；有些古籍精华，还需要以通俗易懂的形式，广为大众所知，甚至译成外国文字，弘扬海外。为此，有一批古籍整理研究和编辑出版工作者，多年来一直为古籍工作投入大量精力，出版了许多重要的成果，做出可喜的成绩。最近，中共中央办公厅、国务院办公厅印发了《关于推进新时代古籍工作的意见》，对古籍整理工作的成绩给予充分的肯定，并对今后的古籍工作从宏观角度提出了指导性意见，这无疑对今后的古籍整理、研究、出版工作起到极大的推动作用。借此机会，我也想就多年来参与古籍工作的体会和本人熟悉的领域，对今后一些整理研究工作，提出一些展望。

一、古籍数字化是重中之重

因为有相当数量的古籍是善本，作为文物，要妥善保管，因此一般不轻易示人；而一般古籍的数量又十分庞大。由于此两个特点，要将古籍为一般读者所用，最好的保护和使用方法是扫描存储。而我们又拥有很多的标点本古籍，因此也具备进一步数字化的条件。目前来说，古籍的扫描工作有些单位积极，有些单位迟缓，也有一些单位拒绝，而数字化古籍虽然有了很好的发展，但数量上还赶不上个别私营的企业成品。这方面需要国家的投入，也需要国家层面的组织和命令，如果能够像"中华古籍保护计划"那样，对各公立单位有数字化的投入和要求，必将有较大的进步。我曾发表《数字化关系到国家命脉》一文（《中国文化报》2019年12月20日），希望把这个事情提高到国家层面来推进。

二、古籍整理要出精品

迄今为止，我国的古籍整理研究和出版已经取得了举世瞩目的成绩，在传世古籍方面，我们有标点本《资治通鉴》、"二十四史"和《清史稿》，有标点校注的《中国古典文学丛书》《中国古典文学基本丛书》《新编诸子集成》等古籍整理的精品，现在正在做的"二十四史"和《清史稿》的修订本，更是推陈出新之作。不能不说，经过多年来的整理工作，一些重要的古籍都有了不同程度的整理，近年来不论提交高校古籍整理研究工作委员的古籍整理项目，还是申报国家古籍整理规划出版领导小组的出版项目，有不少是不太重要的作家别集，甚至乡贤著述、地方志书、普通医籍。这些不能说没有必要整理，从我们历史研究的角度，可能某些书有其特殊的用途。但从整个古籍整理出版来说，我们还是应当选择中国古代典籍中的精品，在标点之外，做深度注释、研究，乃至外译，在这方面还有许多工作值得规划和推进。

三、海外古籍的调查与整理

由于各种各样的原因，大量的古籍流散到海外，特别是近代以来中国积贫积弱，许多珍贵古籍被殖民主义强盗掠走，成为中国文化的"伤心史"。但从另一个角度来说，这些海外古籍，也客观上推动了国际上对中国文化的认识，对中国学术的研究，所以也有可以欣喜的一面。多年来经过学者们的不懈努力，大量的海外古籍的传存情况已经调查清楚，甚至有不少以影印或标点本的形式整理出版。然而，还有一些重要的古籍收藏是此前工作的盲点或做得不够的地方，比如俄罗斯收藏的汉籍，还有日本私家的藏卷，我想还有一些欧美小国的藏书，也还没有系统的调查。我们近年来一直在调查俄罗斯国家图书馆藏斯卡奇科夫旧藏的汉籍，其中就有十分珍贵的文献。20世纪50年代苏联曾送还我国64册《永乐大典》，由此也可以推知其收藏之富，尚不为外界所知。如果从丝绸之路研究的角度来讲，也有大量的明清时期的海上丝路文献，收藏在葡萄牙、西班牙、荷兰、瑞典、丹麦这些曾经从海路来华的国家当中，我们应当像调查敦煌卷子一样，一个类别、一个卷子、一张残片都不放过地调查、记录，才能摸清底细，做出进一步整理的规划。

四、敦煌文献的深度整理

敦煌文献流失海外是近代中国文化的"伤心史"，因此历来备受中国学人关注，特别是1980年以来，随着海内外几大敦煌文献以缩微胶卷的形式公布，引发了敦煌文献整理研究的热潮，产生了不少成果。此后又有大型图录的出版，较缩微胶卷更胜一筹，大大推进了敦煌文献的整理工作。随着数字化技术的发展，目前又有大量高清彩色照片在网络上公布，使得先前以缩微胶卷和黑白图版为依据整理的敦煌文献，有进一步深度整理的必要。但目前还有不少敦煌文献没有数字化，比如倡导"国际敦煌项目"（IDP）的英国，就没有把英国图书馆的藏品全部上网（上了不到一半），所以敦煌文献数字化回归还有艰苦的工作要做。与此同时，敦煌文献作为写本文献，其整理的方法与传统以刻本为主体总结出来的校勘整理方法并不完全一致，而与今日新的"书籍史""写本学""古文书学"的发展密切相关，需要吸收这些学科的成果，对敦煌文献做"深度"整理，并为敦煌学之外的学界提供把握敦煌文献的工具和"善本"。

新疆吐鲁番、库车、和田以及内蒙古黑水城等地出土的文献，既有写本，也有刻本，也应纳入与敦煌文献相同的整理工作当中，因为它们拥有许多共同的特点，有时候必须放到一起整理，才能够做出一个完整的文献，比如郑玄的《论语郑氏注》，不可能把敦煌和吐鲁番写本分开整理。相对来讲，吐鲁番文书的收集、整理，特别是数字化方面，还有许多路要走。只有在这些工作充分完成以后，吐鲁番等文献的整理才能达到一个与敦煌文献相匹配的高度。而吐鲁番、库车、和田等西域地区出土汉籍的整理，又包含着中华文化在西域地区流传的另外一层重要意义。

五、民族古文字文献

敦煌、吐鲁番、库车、和田、黑水城等地出土的民族古文字文献，也是今后古籍整理工作的一项重点。这方面过去受到材料和语言人才的限制，很长时间里我们都是落后于欧美、日本。经过最近二三十年的努力，中国学者已经在多种民族古文字的解读、研究方面取得了突破性的成就，而各国收藏的各种语言文字的材料也在陆续出版，这些出版物由于晚于汉文文献，反倒有些直接出版了彩色高清图版，而国外也有一些网站在上传民族古文字文献方面较汉文文献更为积极，所以材料方面甚至更胜一筹。在丝绸之路沿线发现的这些梵语、龟兹语、焉耆语、于阗语、粟特语、中古波斯语、叙利亚语、藏语、回鹘语、西夏语、蒙古语等各种典籍中，有些译自胡语，有些翻传汉文，都是丝绸之路上的珍贵文献，其意义甚至较汉语文献更为重大。这些文献的系统整理，包括图版刊布，文本转写和翻译，规范出版，将极大丰富我们的古籍整理内容，也会大大充实中华民族多元文化的内涵。

（2022年4月19日完稿，原载《光明日报》2022年5月28日第11版。）

集体个体

北大中古史中心琐忆

　　北京大学中国古代史研究中心今年迎来成立40周年的喜庆日子，中心主任陈苏镇教授让大家写点回忆文章，这勾起了我很多记忆。该中心成立于1982年5月，在最早有email的时候，中心有一个集体的账号，密码就是198205，所以我对这个成立时间记得非常牢，永远也不会忘记。1982年5月，我们78级的学生即将毕业，我早就跟从属于中心的几位先生读书学习。同年9月我考上隋唐史的研究生，继续在中心的氛围中钻研学问。1985年硕士毕业留校，成为中心的一员。中心的办公地点几经搬迁，我都参加过搬家的劳动，因此也把中心当作自己的家。直到今天，我的大多数文章和书稿都是在中心的研究室里写出来的。想起中心这40年的历程，满怀感激之情，有许多话要说，不过这里仅就记忆中有关中心"定位"的几件事，略做陈述，因为有些事情外人或今天的年轻人不是很清楚的。

一、何谓"中古史"

　　中心成立时，名称是"北京大学中国中古史研究中心"，

英文作 "Research Center of Medieval China of Peking University"，这个名字和中心的缘起有关。1976年以后，北大历史系逐渐回复学术正途，系主任邓广铭先生极力推动历史系的教学和科研，当时的中国古代史教研室兵强马壮，尤其以魏晋南北朝、隋唐、宋辽金史的教员最多，因此邓先生想成立一个中心，在教学之外，推动科研的进步。于是在1982年中心成立时，就以"中古史"命名，包含的范围是魏晋到宋辽金，这个"中古史"没有特别的学理依据，主要就是把教研室中三个断代的人囊括进来，主要的参与者是邓广铭、周一良、田余庆、王永兴、张广达诸位先生，也包括历史系考古专业讲授魏晋到宋元考古的宿白教授，成立之初的中心主任是邓广铭，副主任是张广达。

因为在中古史一段，所以记得最初开展的工作主要是《历代诸臣奏议》的点校，《三朝北盟汇编》的整理；也由于中心内外北大的一些先生都参与了中国敦煌吐鲁番学会的筹备与成立工作，因此敦煌文献的整理与研究也是当时中心的重点研究方向。随后几年，以中古史中心名义编辑出版了专著《敦煌吐鲁番文献研究论集》1—5辑，还有《纪念陈寅恪先生诞辰百年学术论文集》。我留在中心之后，主要工作就是协助邓先生、王先生和张先生做编辑工作，到各位作者家里去送稿取稿，到抄录《敦煌吐鲁番论集》的老师家取缮清本，然后一遍遍地校对。

到了1999年，教育部在全国高校评选部属百所人文社科研究基地，我们中心以雄厚的实力成功入选，北大校方专门拨给我们朗润园中所漂亮的两进四合院作为科研和办公场所。按照教育部的规定，百所基地每一家必须以二级学科命名，由此我们中心改名"中国古代史研究中心"，英文名也随之变成"Center for Research on Ancient Chinese History of Peking University"。在英文语境下，"Ancient"往往被理解为先秦时期，其实我们的"古代史"是包括从先秦到明清各个断代的。这样一来，倒是给中心一个扩充发展的机会，但由于种种原因，中心最初成立时的五十多个编制已经不复存在，因此若干年来，只有治先秦史的朱凤瀚教授加入我们中心，也因为他主持的"出土文献研究中心"挂靠在中心下面，所以后来留校的韩巍、陈侃理等年轻学者也成为中心的成员。但明清方面，一直没有拓展，只是在中心每年承担的教育部重点课题时，我们请历史系元明清史的学者来主持，把中心作为一个科研平台，来推动中国古代史各个方面的研究。

二、不脱离教学岗位

邓广铭先生高瞻远瞩，在中心成立之初，就确定了中心成员不脱离教学，职称评定走教员系列，不像当年的北大南亚研究所和社会学研究所那样，走研究员系列。这一点极其明智，后来南亚研究所和社会学研究所经过痛苦的过程分别并入东语系和社会学系，就说明邓先生的决定多么英明，极具远见。

如果不脱离教学，对于老一辈的先生们来说，他们原本就是历史系的教员，仍然继续承担所教授的课程，带硕士、博士生，但对于我们这些中心成立以后留校的人，如何承担教学是个问题。当时的规定是中心成员承担三分之一的教学工作量。我留校后，先是被安排讲全校公选的"中国通史"，在一教的阶梯教室中，扯着嗓子给主要是理工科的学生讲通史，一个学期从北京猿人讲到1949年共和国成立。我现在还保留着当时的讲稿。这对于刚刚毕业的我是一个很大的挑战和锻炼，说明邓先生的做法对于年轻人的成长十分必要。后来我协助张广达先生讲授"中外关系史"，又独自开了"敦煌学导论"的专题课。

当年的北大十分贫困，承担教学任务是有课时费的，而中心陆续留下来的人逐渐增多，则历史系的负担越来越重，所以就有一段时间中心的人不再承担教学任务，专心科研。

这样一来，中心的年轻人除了基本工资，就只有每年年末学校发的500元"扶贫费"，这就使得一些人另谋出路。后来历史系党总支书记郑必俊老师退下工作岗位，来中心跟从老先生们做敦煌写本整理和研究，了解到中心的"贫困"状况，建议中心成员应当和历史系的教员一视同仁，承当同样的教学工作量，也同样享受年终的课时费奖励。中心成员由此成为正式的历史系教员，开设课程，带硕士、博士生，职称评定也和历史系一起，也就是除了承担教育部基地的科研项目之外，其他和历史系的教员没有任何差别了，这样对于中心年轻人的发展更加有利。

因为与历史系真正成为一家，中心在校外的名义是属于教育部的直属科研基地，但在校内只相当于系下面的一个教研室。历史系因为有中心加盟，所以魏晋到宋辽金一段也就没有特别专门留人，中古时段的断代史基本上都由中心的老师承担，而以后中心的成员也成为历史系最主要的"中国通史"课的教员。我曾经承担了历史系本科的"中国通史"上半段教学。这也是老先生们立下的规矩，本系的"中国通史"必须由正教授来讲授。我讲通史的那几年，有课的学期基本上不写文章，全心全意准备课程讲义。

中心的成员除了断代之外，往往都有某个专题研究，于是我们也在历史系开设了"中国历史地理""中国考古学通论""唐宋妇女史""中外关系史""敦煌学导论""四库全书总目专题""中国古代政治文化""隋唐长安""马可波罗研究"等许多选修课程，为历史学系的教学做出了贡献，也践行了邓先生早期给大家设定的教学方针。

三、高校古委会的下属单位

中心成立的时候，邓广铭先生同时担任全国高等院校古籍整理研究工作委员会（简称高校古委会）副主任，就把中心列为高校古委会的下属单位，因此我们也得到古委会的大力支持，直到今天，还吃着一部分古委会的"皇粮"。古委会的秘书处就在北大，但安平秋主任从来没有到中心检查工作，因为他绝对信任我们中心的科研实力，也多次在各种场合表扬我们的成果，对我们给予了最大力度的支持。

既然是高校古委会所属单位，古籍整理就是我们中心的一项任务，但我们和其他高校的"古籍整理研究所"不同，我们叫"中古史研究中心"，所以不少年轻学者留校后，更多地是做研究，而不是枯燥的古籍整理。邓先生没有强做要求，而是带着自己直接领导的宋辽金史团队，默默地工作，与多人共同合作整理《历代诸臣奏议》，与张希清合作整理《涑水记闻》，与李孝聪合作整理《宋史·河渠志》，与刘浦江合作整理《三朝北盟汇编》等。对传世古籍的整理，一直以来都是中心的一项任务，后来中心承担了中华书局修订整理"二十四史"中的《晋书》《辽史》，刘浦江教授生前最后阶段整理《辽史》的事迹，已经传诵于古籍整理学界。此外，辛德勇教授等整理出版了《两京新记》《长安志》，罗新教授等整理出版了《十六国春秋辑补》，朱玉麒教授等整理出版了《新疆图志》《新疆全省舆地图》《缪荃孙全集》等，这类工作仍在继续。与古籍整理相辅而行的古籍研究，也取得不少成果，如苗润博的《〈辽史〉探源》等。

　　除了传世古籍外，中心还是国内出土文献整理研究的重镇，是少有的能够覆盖从甲骨、金文、汉晋简牍到石刻和写本文书的全方位整理机构。在甲骨、金文、简牍方面，朱凤瀚教授的团队整理出版了《北京大学藏西汉竹书》5卷6册，他还出版了《新出金文与西周历史》《甲骨与青铜的王朝》，主编《青铜器与金文》专刊、《海昏简牍初论》；罗新教授等一直参与多卷本《走马楼吴简》的整理工作。在石刻方面，罗新、叶炜合编《新出魏晋南北朝墓志疏证》，叶炜主编《墨香阁藏北朝墓志》，荣新江等主编《大唐西市博物馆藏墓志》3册。在敦煌、吐鲁番文书等方面，荣新江、朱玉麒、史睿等参与编纂了《新获吐鲁番出土文献》2册、《旅顺博物馆藏新疆出土汉文文献》35册、《吐鲁番出土文献散录》2

册，此外荣新江还参与《敦煌邈真赞校录并研究》《敦博本禅籍录校》《向达先生敦煌遗墨》《首都博物馆藏敦煌文献》编纂工作。这些"冷门绝学"的成果，有多种获得国家和省部级大奖，在学界获得广泛好评。

四、"四十而不惑"

北京大学中国古代史研究中心经过多年来的锤炼，聚集了一批训练有素的研究人员，取得了相当丰厚的研究成果，现在已经到了"四十而不惑"的阶段。中心原来的基本成员大多数现在已经退休或接近退休年龄，虽然近年来中心和历史系在学校的大力支持下，引进和留校了一些优秀的年轻学人，可以维系中心的学脉。但不同时期有不同的学术思潮，有不同的学术课题，中心成立后的一段时间里，前辈学者抓住了敦煌学的热潮，跟进出土文献的整理，把握住中古史的学术脉搏，让中心的学术事业保持在相对的高度。今后如何在新的历史环境下，在坚持传统优势的同时，推陈出新，更上一层楼，将是中心年轻一辈学者的担当和任务。

祝愿中心像朗润园中所的松柏那样永葆青春，像这里的花朵那样争相绽放。

（2022年8月10日完稿，原载《上海书评》2022年8月26日，改题《回忆有关中古史中心"定位"二三事》，今以原题刊载。）

在中国唐史学会成立四十周年纪念会上的发言

各位专家，大家好！中国唐史学会成立四十周年，这是个大庆的日子。今天举办纪念会，是个很让人高兴的事。我刚刚发了一个微信朋友圈，来表示祝贺。

在唐史学会中，我实际上是晚辈，加入中国唐史学会较晚。我是1978年上大学的，所以唐史学会成立的时候我比较年轻。虽然在1983年曾经有机会在避暑山庄参加《中国大百科全书》中国历史卷唐史分册的编纂会议，听唐长孺先生讲课，当时还有胡如雷先生、陈仲安先生、朱雷先生等，跟着他们一起学习，但是我第一次真正的参加唐史学会是1992年，在厦门开会，当时何兹全先生、田余庆先生都去了，所以我对唐史学会的印象跟厦门有很大的关系。我记得那次到厦门，对南方的那种感觉非常好，而且我过去觉得我们北方人能喝酒，到了厦门之后，我发现南方的学者也豪饮。我们当时去过鼓浪屿韩国磐先生家的小院，感觉非常好，觉得在南方一个安静的地方做学问，真是好。所以我第一次参加唐史学会，主要的记忆就是这些，学术方面的情况都记不太清楚了。我大概写了一篇《唐五代归义军武职军将考》，这本来是我的归义军史研究的三部曲，第二部有关归义军的各个"志"，只写了这一篇，后来就不做了，感谢唐史学会把拙文印入论文集，也让我展示一下利用敦煌文书研究唐史的一点小小的收获。

我本人主要的研究领域是敦煌、吐鲁番文书和中外关系史，这其中有关隋唐时代的文书和史事也是属于隋唐史的一部分，但这些毕竟不是隋唐史的核心部分。我与唐史学会同仁们更多的联系，是因为我从1995年在唐研究基金会的支持下主编《唐研究》，一共23年，编了23卷。在这23年当中，得到了唐史学界同仁的大力支持，不论是约稿、投稿，还是审稿。如果说我对唐史研究有些贡献，那我想最大的贡献就是编了这23本《唐研究》。现在我把杂志还给唐研究基金会，基金会选择了年轻的学者来继续编纂工作，希望大家继续支持这个刊物。

因为很长一段时间里，我既是中国唐史学会的副会长，也是中国敦煌吐鲁番学会的副会长，所以我还想说一点，就是中国敦煌吐鲁番学会和中国唐史学会有过很多合作，1984年中国敦煌吐鲁番学会和中国唐史学会就联合开过座谈会，记得此后在北京我们中青年唐史学者联谊会也开过这样的会。虽然说分属不同学会的一些学者之间有相互看不起的情况，但其实我们坐在一起的时候还是开诚布公地来对话的。两个学会之间，或者两个学科之间，应该保持友好的关系，最重要的还是相互合作，相互补充。所以，我觉得今后唐史学会一定会和敦煌吐鲁番学会密切合作，两会的学者都会对唐史和敦煌学做出贡献。

2000年以来，我本人更主要的唐史方向是隋唐长安。我在北大有一个隋唐长安的读书班，有时候也作为一门长安研究的课，这个学期也在开。我们希望利用长安这个大场域来研究唐史的各种问题。其实今天在西安也有一些唐史学者，不管年龄大的，还是青年的，也都关注长安的问题。我们在去西安考察的时候经常受到西安唐史学者的关心和帮助，我也希望我们能和西安研究长安的唐史学会的学者进一步合作，共同推进隋唐长安社会与文化的研究。

今天的唐史学会在新一任会长杜文玉教授的领导下阔步前行，时常有会议，定期有《唐史论丛》，展示了我们学会非常好的明天。我谨此祝贺唐史学会诸位同仁研究精进，更上一层楼。

（2020年10月17日完稿，原载《中国唐史学会会刊》第39期，2020年12月，第12—13页。）

一本本书翻下去

傅杰（主持人）：

谢谢今天来参与讲座的各位朋友，以及现在正在线上观看我们节目的各位朋友，当然，也要谢谢志达书店。志达书店的主人是复旦大学二十多年前的学生，因为爱书办了书店，希望能有更多的同学通过逛书店而热爱书，因此邀我来主持一个名家讲座。我想，第一，我们靠近复旦，第二，虽然现场有很多朋友来自各个不同的专业，但是既然参与我们这个节目，肯定都是爱书人。那么跟学校的演讲主题有点区别的话，就是请一些我觉得书读得特别好、学问做得特别好的我敬佩的师友们，来跟大家分享一些他们读书的经验。

我非常高兴，跟志达书店的我这两位二十年前的学生刚刚议定这个讲座，就意外地发现有个大佬朋友发了个圈，他正在上海——这就是荣新江教授。

今年的疫情很严重，实在太糟糕了，但对我们来说有个好处，就是荣老师不能到处跑了，他只能在国内，要不然不知道他在哪里，一会儿在日本，一会儿在欧洲。现在他在国内也是来无影去无踪的，前不久在敦煌待了好长时间，是吧？忽然就到了上海。之前他来上海，经常是今天到明天走。我这次问他什么时候走，他说下周一，我就跟他讲有一个这样的讲座，希望他来支持一下。他在上海博物馆参会，排了时间，只有今天晚上有空，明天上午他要到上海外国语大学做个讲座，然后就回北京，所以今天能来，非常难得。

大家都是看了海报来的，荣老师的著作和头衔我就不重复了。我只说一句，他比我大一岁，在同龄人当中，哪怕是我敬佩的朋友，我大体能知道他们学问有多好、他们成就有多大，只有荣新江老师，我实在不知道他的学问有多大，我也不知道他懂多少种语言。我们海报上列举的书，除了《学术训练与学术规范——中国古代史研究入门》之外，不少是我看不懂的。他读书的经历非常丰富。他在欧洲访学的时间很长，到过很多地方，跟很多先生都有交往。

荣新江：

谢谢傅老师这一番夸奖，实际上言过其实，没有那么多语言，没有那么多学问。也谢谢志达书店给这个机会跟大家有一个互动，有一个交流。

傅老师说轻轻松松地讲，但是我也没有这么讲过，我想是一个探索吧，跟大家聊聊买书、看书、读书的一些——不敢说是"经验"，就是过去我们这一代人读书的一些体会或者一些感受。这对于今天的年轻人不一定都有用，但是可以当作掌故来听听。我们"文革"之后如饥似渴地读书的那个环境和读书的那种感觉，可以跟大家一起回想一下。其实我也是临时回想了一下，因为到了上海傅老师才给我这样的任务，所以我只在电脑和手机里头找到了一些图，请大家先看看我的图。

这是我现在回想起来很愉快的一件事

这是一张很简单的北京的中国书店的分布图。当然这是最近这些年的，我想找20世纪70年代末80年代初我上学时候的北京的书店分布图，没有找到合适的，但是这张图也可以代用。为什么讲这张图呢？我们在中学时代其实没有读什么书，到了大学，逛书店是很好的读书途径。

我是1968年上小学，1976年初中毕业，几乎没有念什么书，1976年到1978年这两年读了个高中。读这两年的高中就是我考北京大学唯一的准备。其实我考北京大学就是因为《水浒传》读多了。我在"文革"期间没什么书可看，就《水浒传》读得多。我读过五种版本，一百零八将倒背如流，对那些历史人物感兴趣，所以就报考了历史，就"蒙"上了。

我是天津塘沽区新港中学毕业的。我一直是班里的体育委员，不是念书的人。但是上了大学之后，在北大要什么书几乎就能找到什么书，我就特别爱念书了。中学的时候，我们中学的图书馆员把书都扔了，就剩下科技史的书。所以我倒是翻过很多科技史的书，像翻译过来的李约瑟《中国科学技术史》和一些化学史、数学史，虽然读不懂。当时我对这些很感兴趣。所以，上大学第一年，我在北大就是读科技史的书。但是读到最后，我读不动了，我根本就进入不了理科的计算世界，因为在中学没怎么好好学习。这时候敦煌吐鲁番学来到了北大，王永兴先生、张广达先生开班，我就跟着他们一头扎进了敦煌吐鲁番的故纸堆。

那个时候，我大概每个月一次，骑着自行车从北京大学出发去逛书店。我可以给大家演示一下，非常有意思。我骑自行车从北京大学到车公庄，再从官园这儿岔过来，过西四，然后，我记得是先到文物出版社的门市部，再到灯市东口的中国书店。灯市东口的中国书店现在还在。那时不仅卖中国古书，它里头有个门帘儿，帘后有一个屋子，我们都知道，撩开那帘儿就可以进去，里头呢，就是卖盗版书的，比如我们学日语用的《广辞苑》就五块钱，《牛津现代高级英汉双解词典》也是五块钱。如果没有那些盗版书，我们那一代真是出不来那么多外语人才。那书店也卖很多盗版的学术书，比如斯坦因（M. Aurel Stein）的《沙埋契丹废址记》（*Ruins of Desert Cathay*）、《沙埋和阗废址记》（*Sand-buried Ruins of Khotan*）。大部分书我都买不起，但林梅村买得起，他是有工资的。那时候的工资其实是很高的，特别是对一个大学生来说。当时我没有工资，只有十三块钱的助学金，所以我没有钱买书，就是去看书。

从灯市东口继续骑，经过东单的中国书店，沿着长安街走到六部口。六部口有一个书店是专卖杂志的，可以在那儿零买杂志。比如说，你要想找《世界宗教研究》的某篇文章，就得到那里找。再南下一点儿，就到了琉璃厂。逛完琉璃厂的古旧书店之后，先到西单主街旁的中国书店，然后到新街口的中国书店。新街口的中国书店卖什么？中华书局的书——从印厂直接运过来的，特别便宜地卖。所以，我买中华书局的书都是到新街口。但我的"二十四史"还不是在那儿买的，"二十四史"到哪儿买呢？北京展览馆前面有一个进出口公司的书店，我买出口转内销的书，就是在国外卖不出去，三四年后再拿回来卖的书。《史记》《汉书》这些基本上一块钱一本。这样呢，基本就是一天。在灯市东口有个锅贴店，一般中午吃一顿锅贴，然后骑着自行车走这么一圈儿。其实，我不是以逛书店为主，而是以看书为主。因为一本新书进入北大图书馆编目的话，要半年以后才上架，所以逛这一圈儿基本上就是为了熟悉新书，很多新出的书就是通过这一个月一趟的骑自行车逛书店熟悉的。现在再想要这么逛，已经很不容易了，因为电动车之类的骑不快。过去快的时候，我大概四五十分钟就可以到灯市东口，因为选择的路都是有单行道或者是有树荫的。这是我现在回想起来很愉快的一件事，现在基本上不可能有这样的愉快的日子了。

另外一个很好的读书途径，当然就是北大图书馆。北大图书馆后来盖了一个新馆，其实我们读书借书的时候都在它后边的一个老馆，在它的西边，跟它接着。

北大图书馆在高校图书馆里头是非常好的，不管中国传统的书还是西文的书，馆藏都很丰富。当时国家的经费不多，西文的书有时候集中由北大购买。比如博士生购书款，当时只由北大使用。北大购书后，各个学校的学生就去那儿查书。所以，北大得天独厚地有很多西文书。

最早我们一个学生可以借十本，我几乎没有停过这个"十本"，经常拿一个塑料网袋儿去借书。那个时候所谓的"十本"，不是十本书，一函的线装书也算一本。所以，我就要拿一个大塑料口袋，跟打鱼的人一样，背一堆线装书出来，然后一本本翻。那时候线装书还可以借出来。我的老师张广达先生就说："你就要不停地翻书，一本书一本书地翻。"敦煌卷子，我应该翻过三遍，很多书我也都翻过很多遍。书借了一个月就要还，还了之后呢，经常是想起来了就再借。

我居然还能够找到别人发给我的北大图书馆借书的卡片。这些卡片北大图书馆现在已经不用了，所以很多学生就抽出来，留作纪念。其实每一个卡片都是一个掌故。这是我研究生时期借书的一个卡片。你们看，那个130150，是我。北大图书馆的卡片，我们都不敢往上面写名字，写名字的都是季羡林、耿世民、马雍、张广达……我借的中亚史的书都是有他们签字在前的，我们只敢写学生证号。我本科的证号是7813045，我记得非常清楚。要记住我的7813045，绝对有非常多的书，这本在宿白先生的后面是7813045。到了研究生阶段，我的证号就是130150。当时借书是不能够扣住一本书不还的，一本书不能借很长时间，我用的时候就要不断地借。这是一本阿尔泰学的会议论文集，我也做突厥研究，用哪篇的时候就借。我也复印不起书，就不断地借，不断地借。你看，130150、130150……这中间有个320133，其实也是我，我借同学的证件借的书。另一张呢，是北大历史系的图书馆的卡片——这里我们敢写名字。这是"国学基本丛书"的《十六国春秋辑补》的卡片（图1），你看后边儿，都是魏晋南北朝史专业的，但我比他们借这书都早。后边儿有陈勇、罗新，都是研究十六国的。后来的陈奕玲、李万生都是田余庆先生的弟子，他们当时专门研究这个。因为我研究敦煌、中外关系，我也看《西凉录》那些，所以我也是用过功的。借这书很早，是1989年的时候。这图也是别人拍给我的，我就存在手机上了。我想跟大家聊聊这些过去读书的经历，可能现在年轻人没有的、很好玩的一些经历。很多北大的毕业生攒了很多这种卡片，其实一张卡片就可以写一篇小文章，很有意思。你们将来要是有机会借北大的书，也可以看到这些。

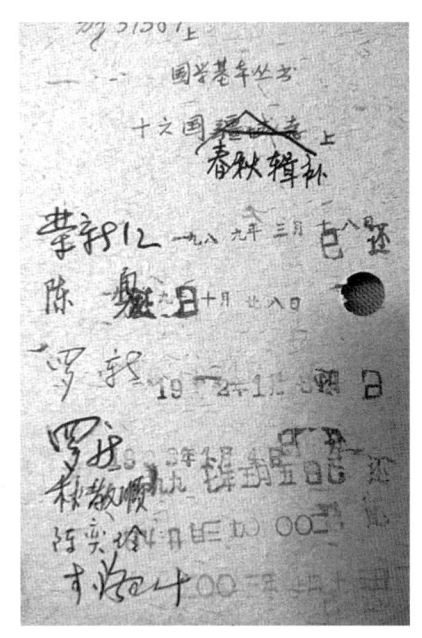

图1　历史系图书借书卡

我没什么珍本书，我只使用书

刚才傅老师说我在欧洲访学很长时间，其实我就是研究生的最后一年去了莱顿大学学习。我当时不到二十五岁，可以买一张欧洲铁路联营票。买完票的一个月之内，北到赫尔辛基，南到卡萨布兰卡，东到伊斯坦布尔，西到海岸线，你拿着这张价值人民币两百多块钱的票，所有的火车就可以随便坐，多少次都行，一天内可以往返坐。所以，有时候我就以汉堡为原点，一会儿去斯德哥尔摩、哥本哈根，一会儿去不来梅，一会儿去柏林。欧洲铁路联营票我买了两张，当时一荷兰盾等于人民币七毛三分钱，所以我买两张票就四百多块钱。一张票从火车开到荷兰的边境起生效，在荷兰本土不算。但是荷兰很小，火车一下子就到边境了，然后我就在欧洲"周游列国"了两个月。我就背着一个双肩包到处跑。当然，包里装着一身西服，因为我要拜访Bailey等爵士、教授，也要换上西装，装一下"洋蒜"。

欧洲其实没有中国这种逛书店的文化，他们还是习惯使用图书馆，不太用逛书店的方式看书。而且欧洲的书店规模都很小。我每周都去莱顿的BRILL，它现在的中文名是博睿书店。博睿是很大的商业出版社，我的《敦煌学十八讲》英文版也是它出的。博睿书店星期六会租给一个小伙子卖旧书，我就每星期六去翻翻。大部分贵重的我买不起，我就挑几本一荷兰盾一小本的薄薄的抽印本。实际上那抽印本往往是有名家题赠的，题赠给某位著名教授，他去世之后就被他家里人卖出来了。所以经常可以找到非常有名的，比如说烈维（Sylvain Lévi）、伯希和（Paul Pelliot）、戴闻达（J. J. L. Duyvendak）、何四维（Anthony F. P. Hulsewé）。有时候我会买一些这样的小本儿作为礼物，比如我买过烈维的，当一个回国的礼物送给徐文堪先生。

后来在国外跑得多了，我觉得还是在神保町收获最大。神保町近年国内学者去得也很多。我如果没有什么其他安排，基本上每年三月底到四月初都会去一趟。三月底是日本的教授退休的时候。日本很严格，退休这天你必须清空研究室，而日本的家是装不下教授这一研究室的书的，一般一个日本教授攒的书相当于我们一个小型研究所的藏书。这时候，他或者卖，或者扔，书都让神保町拉走了。神保町呢，有的人懂行，有的人则完全不懂，就非常便宜地要处理掉这些书。便宜到什么地步呢？比如说三百日元一本，比一杯咖啡都便宜。一杯咖啡在日本是五百日元，一顿中午饭、一个便当也是五百日元，在东京可能稍微贵点儿，要八百日元。所以，我在神保町买了很多我在欧洲找不到或者买不起的书。像《于阗塞语词典》(*Dictionary of Khotan Saka*)，原价一百五十英镑，我哪买得起，只能复印一套，但是我在东京大学对面的一家佛教书店里七千日元就买下了。我就觉得我有很多在神保町的奇遇。有一次，我就扫了一眼，发现有我的《于阗史丛考》，1993年上海书店版。这已经很少见了，居然有人卖出来。而且一翻，里头还有眉批。"这一定是个

专家"，我眼睛一亮，往旁边儿一扫，全是关于中古伊朗语的各种西文书。我就全部收下，非常便宜地就得了一大批书。当然，有些新书，没办法，只能咬牙买。我现在每年最主要去的是一诚堂。一诚堂其实是一个图书博物馆，它底层是日文书，二楼都是西文书（图2）。从16世纪的《马

图2　作者在一诚堂书店找书

可·波罗行纪》刺木学本到现在最新的西文书，它全部都有，几乎没有缺的。如果缺了，你告诉它，两个月书就进来了，它就给你寄过来。这个书店经营得非常好，书非常全，摆设也像一个博物馆。

由于近年人民币的升值和日本书价的稳定，我越来越多地在日本买书。从1990年我第一次去日本到现在，日本商品的价格基本是没有变的，所有的书价基本是一样的。可是我们中国人1990年挣多少，现在又挣多少，所以我们的购买心理就不一样了，就敢买了。以前我根本不敢买书，只是看书，现在就敢下手，一两万日元的书都敢下手。过去我编《唐研究》，如果我去日本的时候装两个23公斤行李箱的《唐研究》给日本的朋友的话，我所有的机票和住宿的钱就都回来了，不用花任何钱。所以，我每年三月份就拎着两箱子《唐研究》过去，每天都排好了请我吃饭的人，白天就是逛书店。如果再有两个讲演，还能赚几个钱。我就是用这样一种"资本主义再生产"理论，就是这样自己"再生产"。所以，我从来不藏善本书和线装书，不藏任何珍本书。我只使用书。

我的书，最得意的一点就是快，就是这书出了我很快就有。我带研究生，我一般不让他们借我的书。我说："你们借我的书，我都有。但是图书馆有的，我绝对不借你，你先练练怎么去找书，这是我练过的。但是到了快毕业的时候，你找不着的书，我会全借给你，让你顺利毕业，你不能延期。"

《中西交通史料汇编》《西域南海史地考证译丛》《唐代

长安与西域文明》这些就是我早期买的一些书。我的书很普通，很多都借给过学生，已经翻得书品很差了。但是，我的书很全，在我做的这几方面，像敦煌吐鲁番、中外关系、丝绸之路——其实我原来藏学的书也很全，但后来我都捐了——包括西北史地、隋唐史的书，我过去都是非常全的。这当然有早期就跟台湾的学者交换图书的缘故。最早我跟台湾学者交换书的时候，那时候两岸还没有通邮，要先寄到香港的书店，然后香港的书店再转寄。其实还有很多找书的故事。我刚才给大家看的就是张星烺、冯承钧还有向达的书，这三位就是我们中西交通史的三大家，这些书都是慢慢地攒起来的。

沿着书架子走，一本本地翻

我没有读过博士，1985年就毕业留校了，有三十五年教龄，但是我用过几个很好的境外图书馆，像莱顿大学的图书馆、伦敦大学亚非学院（SOAS）的图书馆、耶鲁大学的图书馆，当然还有日本龙谷大学的图书馆。这几个地方，我都待过三个月以上，基本上是沿着书架子走，一本本地翻。当然有的没走完，但大部分是走过一遍的。我短期用过法国高等实验研究院的汉学所图书馆、京都大学人文科学研究所的图书馆，还有一些其他的，像东洋文库。东洋文库我虽然也待了三个月，但是没有走完。正好赶上了一个冬天，这个书库里头没有暖气，而且日本人进书库必须穿拖鞋，就冻得不行，我待一会儿就得跑出来暖和一下，所以没有走完。其他几个图书馆的书都是翻完了的，比如说莱顿大学的图书馆。

汉学院在的地方原来是一个兵营，方形的。西方是学院制，一个院里头五脏六腑俱全。汉学院的四角是四个教室，四边的每一个屋子都是一个教员的研究室。中间一半儿是天井，可以坐在这儿聊天，另一半儿就是书库（图3）。所以，西方学者不怎么攒书，他们都"上班"——就是到研究室来。没有人管他们，但是他们都到。要用书的时候，他们就随时到图书馆去拿，两三分钟就可以拿到任何一本书。所以我回国之后跟邓广铭先生开玩笑说："你这个家里头什么书都有，这是封建式的经营，他们是资本主义式经营。"我们送给汉学院的院长、我在那儿的导师、《佛教征服中国》（*The Buddhist Conquest of China*）的作者许理和（Erik Zürcher）的

图3　莱顿汉学院

书，都在汉学院图书馆的书架上，不在他自己屋里。他基本不攒书，给他书，他就归公。其实，这是非常好的制度，以前的史语所也是这样。后来邓广铭先生创建我们中古史研究中心也是这样的理念：大家都来"上班"，大家拥有一个最丰富的图书馆。但是中国学者没这习惯，我们中心不少研究室都空着，或者把研究室给研究生用，所以我觉得还是没有到那个阶段。我就是把底层的汉学院的图书馆走了一遍。它的楼上是 Kern Institute，科恩学院，也就是印度学院，楼上还有日本学院。三个学院就在这个"兵营"里头。

　　另一个我常去的，就是莱顿大学总图书馆三楼的东方写本与图书部，过去巴托尔德（Василий Владимирович Бартольд）写《蒙古入侵时期的突厥斯坦》（*Turkestan Down to the Mongol Invasion*）时查那些阿拉伯文、波斯文的书，都是到这个地方。荷兰是个老牌的帝国主义国家，原来的东印度公司搜罗了很多东西，从近东到中东，一直到远东。所以这个图书馆的资料是非常好的，特别是中近东的。写本部的书当然要填单子才能够拿出来看，但是普通的都可以直接翻阅。所有西文的东方学的杂志都是从一八几几年的第一本一直到最新的一本，还有所有的专题论文集，比如某某人的纪念文集或者某某东方学会的研究纪要，全部在这一个屋子里。而且这个屋子其实是没有人的，晚上就我一个人。那时候没电脑，我买了一个手动的打字机，拿莱顿大学汉学院的旧卡片的反面做卡片，杂志我就一本一本地过。所有的西文杂志，到1985年的，我可以说全部过了一遍。只不过那时候眼界比较狭窄，我只关注于阗、敦煌、吐鲁番这些，让很多东西都跑过去了，但毕竟过了一遍。我现在给学生讲课的时候，至少对以前有什么人在什么杂志里头写过一些什么文章有大致的印象，就因为我有这套卡片。当时把这些卡片运回来，大概装了四个箱子吧。现在这些信息都存到了电脑里头，这让我之后做学问非常受用。我就是一本一本地翻。先翻目录，有我想看的，我就翻到那篇去看，再有内容，我就打一个卡片，甚至抄。一楼有一个复印机，但是我复印不起，基本上没有复印，就是抄。我大概用了两三个月的时间，把这个地方所有的书都翻了一遍。

我有一个本子，记录某种杂志我看到什么地方，然后我到下一个图书馆就补没看过的。比如伦敦大学亚非学院的图书馆，除了善本书，它五层全部开架，第五层全部是杂志，其中历史类的杂志我就全部过了一遍，把我以前翻的都补到1991年。但是语言类的杂志——因为我要找吐火罗语、于阗语、粟特语——就没有翻完。语言类的杂志太多了，各种东方语言的都要找，而且有些印欧语言的杂志翻半天可能只有一篇可用，就只能先舍弃，翻别的。像艺术史的杂志，我是在香港中文大学的钱穆图书馆翻的；像宗教史的杂志，我大多是在香港中文大学的崇基学院翻的。有了些收入后，我有时候会选择一个开架又能最便利地拿书的地方，旁边就有复印机，就可以随时印。其实早年在香港中文大学复印比在内地大学复印便宜得多，我大量的书是在香港中文大学复印的。特别是民国时期的杂志，我们的图书馆都不让印，但是在香港中文大学、伦敦大学都随便印。复印的时候也掉渣啊，就有点儿不敢印太多，但是都能印，非常方便。

在境外查阅资料，我对各个地方的分工不一样。像耶鲁大学，它实际是斯坦利·威斯坦因（S. Weinstein）在买书。书之全你几乎难以想象。其实在美国，哈佛、耶鲁、普林斯顿这三个大学的图书馆是"无书不买"的，所以我们现在的学生如果要查一本书出没出，先查哈佛图书馆的编目，哈佛图书馆有了，这本书就有了。如果你上北大图书馆查询，这书有广告了，可到底出没出不清楚，包括国家图书馆都做不到这一步。但是欧美的一些老牌的图书馆，还是坚持这个原则。它们的书真的是非常全，它没有的就复印一本。像谢稚柳 1949 年出的《敦煌石室记》，这个非常难找，我在国内没找着，但耶鲁大学有一本复印本。它只要没有，就非找到不可。所以我就一个一个分工，在哪个地方我就要快速地把这个地方我需要的资料补上。我这次去敦煌研究院也是这样，集中看他们收到的日文书和西文的艺术史的书刊，我就趁这机会赶紧把缺的几期补上。

海外读书的一些很愉快的回忆，跟大家分享一下，就是我用过莱顿大学的总图书馆和汉学院图书馆，伦敦大学亚非学院、耶鲁大学、香港中文大学的图书馆，还有龙谷大学的。龙谷大学是日本佛教大学里头最有钱的，所以几乎什么书都有，特别是佛教的书，更全。

我的书运挺好的

大英图书馆原来是大英博物馆里面的那个小图书馆，1973 年整个大英图书馆从大英博物馆里头迁出来，但现在羊皮书这些珍本书还留在那个小图书馆。大英图书馆东方部就在 Russell square，伦敦大学的旁边。1991 年，大英图书馆请我去编翟林奈（L. Giles）没有编完的那些敦煌卷子的目录。我在的时候，东方部的租金到期了，它新盖的楼还没有建起来，就要被塞进原来的印度事务部图书馆（India Office Library）。在这个"搬家"的过程中，我也获得了一批书。吴芳思（Frances Wood）对我非常好，图书馆原本要捐一些副本书给南斯拉夫一所大学，但当时南斯拉夫在打仗，大学一直不来接收这批书，现在"搬家"了要处理，让我随便挑。像《伯希和考察队考古资料丛刊》（*Mission Paul Pelliot: Documents Archéologiques*），五百法郎一本，我都白捡了，一分钱都不要。我的书运挺好的，虽然我不攒善本书。

我在莱顿的时候，正好是上海出去的马大任（John T. Ma）担任汉学院图书馆馆长。马先生是非常好的，他原来在康奈尔大学担任图书馆中文部负责人，后来被莱顿大学挖去经营莱顿大学的汉学院图书馆。这个人非常厉害，他走遍了全世界各种图书馆收集资料。比如莱顿大学图书馆有一本伯希和编的《梵蒂冈图书馆所藏汉文写本和印本书籍简明目录》（*Inventaire Sommaire des Manuscrits et Imprimés Chinois de la Bibliothèque Vaticane*）复印本，就是马大任从梵蒂冈图书馆印来的，插在一个角落里。高田时雄所以会校订、补编这个梵蒂冈的目录，就是我告诉他的，因为我一本本书过过。1991 年我跟李孝聪、高田时雄一起重访莱顿大学的图书馆，我说："这儿有一本书，你们俩肯定没见过。"然后我就抽出来，高田时雄马上复印了一本。之后他到梵蒂冈去比对

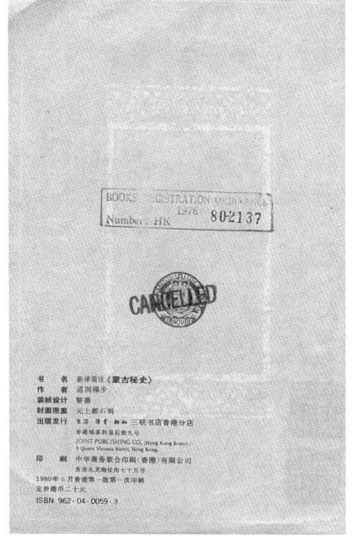

图4 莱顿所得旧书　　　　　图5 莱顿所得旧书上的注销章

原书，就出了那本《梵蒂冈图书馆所藏汉籍目录》。当然他又做了一个补编，是自己做的一个工作。

　　荷兰国非常小，它有个制度，汉字的东西全部寄到莱顿大学的汉学院图书馆收藏，别的大学和公立机构不能收。这就使得汉学院图书馆有大量的汉文书副本。马大任先生说："书呢最后我们作个价，杂志你就随便拿吧。"所以我手里有很多单本的《历史语言研究所集刊》《新亚学报》……这些当时随便拿。书呢，选了一大堆，才作价五百荷兰盾，全部运回来了（图4）。所以我有很多早期的书，有些后来也送给其他人了。

　　西方的读书环境，还是让我非常地怀念。我现在特别希望有三个月，半年，能够在一个图书集中的地方，一本书一本书地翻阅。翻，然后阅，既增加了自己的知识，又扩大了眼界。有时候埃及学的书架可能走得很快，但是也要过，过的时候就会知道有了一些新的选题。书架上某一类书的最后都是最新的书，你就看这一类最新的研究。哦，妇女史来了，环境史来了，知识增长史来了……就是学术的脉络在这儿延伸。就在这最后几本书里头，你就可以看出学术在往哪个方向发展。比如说，我们在研究敦煌吐鲁番，那研究纸草文献的人、研究死海古卷的人他们在选择什么题目，以什么视角关注他们研究的对象。当然，读书评也有这个功用，翻书也有这个功用。要说读书有点儿经验，这应该是一个经验。

我们做学问，就是一代一代地站在前人的肩膀上往前一步

傅老师说"你要说点儿心得"，有什么心得呢？其实每个人都有每个人的兴趣爱好、个人的读书习惯。我列举的，也是老师教的，或者我自己总结起来的一点儿心得吧。

第一，应该读大家的书，尤其现在书多了。我们那个年代读的书，其实也不太多，能出版的基本都是大家。但是大家里头还是有分别的，有的书就是读来有味道。虽然陈寅恪的书很难读，都是抄史料，看上去很枯燥，但它是有思想的。你会被它吸引着不断地读，你想要读懂它。有一些书，老实说，王仲荦的《魏晋南北朝史》《隋唐五代史》这种教科书式的书，我就看不下去。虽然增长知识是可以的，可它

太没有起伏了，一章、一节、一个小标题这样平铺直叙地往下讲，密密麻麻的，很难记。像陈寅恪的很多书我都读过好几遍，很多文章我也读过好几遍，做了详细的笔记。我的一篇笔记大家可以在中西书局出版的《中西学术名篇精读：陈寅恪卷》里看到，蔡鸿生先生、孟宪实还有我，写了三篇陈寅恪文章的读书笔记。我做了详细笔记的一篇是非常短的《陈垣敦煌劫余录序》，陈寅恪给陈垣的《敦煌劫余录》写的序，我读得非常之仔细，他提的每一条资料我都核过，我就在这里头做了详细的说明。大家可以翻翻这本书，就可以知道我读书做笔记的一些方式吧。还有像周一良先生、张维华先生的作品，《中外文化交流史》《中国古代对外关系史》这些都是通史，或是按国别的，或是按主题的，都是我自己做中外关系史时读过的。

我觉得读了这些大家的书之后，你就站在一个巨人的肩膀上。其实，我们做学问，就是一代一代地站在前人的肩膀上往前一步。虽然中国对于学术史的清理不是太重视，我们每个人经常是从《新唐书》开始写隋唐史，但实际上你要做学问的话，还是要在前辈的最高点上往上走。那么这个最高点在哪呢，中外关系史你就得读周一良，读我说的三大家。现在当然要读刘迎胜、余太山。那么魏晋南北朝史，当然是读周一良、唐长孺这些先生的作品。这些老先生很多都不太写专著，周一良、唐长孺、季羡林他们就是写论文。像唐长孺，魏晋南北朝的各个重要课题他都涉及过。他的隋唐史研究也是一样，全部都有自己的思考和自己的见解。当你站在这样一些大学者的肩膀上，你再看其他人的文章就会看得很快。因为你知道这个问题基本上研究到了什么地步，有些文章就是炒冷饭的，有些就是重复的。同时你也容易辨别出，这个年轻人在某些点上是有进步的。这也是老先生们跟我们讲的，要站在巨人的肩膀上前进。

第二，我觉得要读最经典的书。经典的书也有两类，一类是比较系统的。北大的这些先生，季羡林、邓广铭、周一良他们不写通史。像邓广铭先生老说他没有一本《宋史》，但是，宋代的政治史他写过王安石，思想史他写过陈亮，军事史他写过岳飞，文学史他写过辛弃疾……所以他什么东西都做了，哪个地方都跳不出他的圈子。像周一良、唐长孺先生，他们基本不写通史类的书，他们就写论文。其实在欧洲也是，我所佩服的贝利（H. W. Bailey），他也没有专著，写的都是论文，他的三百多篇论文我都读过，你得知道他每一篇里头是什么。过去伯希和就是这样，他不写书，但只要他发表过的文章、书评，你再要说这个事不引他的，他就"打"你——他就是警察，他就来管你了。

美国人注重写书，这其实是对的。到一定的时候把学术研究成果集合起来编一本，也是对的，比如《剑桥中国史》。其实《剑桥中国史》有时候是非常早的一些东西编辑写作而成的，但毕竟它在编写者的挑选上是非常严格的。最近出版的这本《剑桥中国史》第二卷《六朝（220—589年）》（*The Cambridge History of China* Vol. 2：*The Six Dynasties*，*220-589*），编写者里有两个中国学者，过去他们只约海外华人学者，但这次约了侯旭东和我。这是魏晋南北朝史卷，这本书出得很快。过去《剑桥中国史》出得太慢了，比如我们看到一本汉译的《剑桥中国隋唐史：589—906年》（*The Cambridge History of China* Vol. 3：Sui and T'ang China，589-906，Part Ⅰ），其实它的英文标题标注的是Part Ⅰ，是政治史，Part Ⅱ还没出呢。Schaefer，就是薛爱华，已经去世这么多年了，他写的那一章还在那儿，还是作为一个章节。像麦大维（David L. McMullen）、威斯坦因（Stanley Weinstein）等写儒、释、道的全单独出了书了，《剑桥中国隋唐史》的Part Ⅱ还没有出。负责编撰我们这一卷的丁爱博（Albert E. Dien），他有一个学生是在美国一个军校教书的，催稿能力非常强，不断地发信催我们交稿，所以很快出了。这样，他就把比较近期的学术成果拢在一个非常系统的书里。我觉得对于年轻人来讲，抓住这样一本书，其实是非常有价值的，能奠定一个非常全面的基础。这样的书有《剑桥伊朗史》（*The Cambridge History of Iran*），还有联合国教科文组织过去出的《中亚文明史》（*History of Civilizations of Central Asia*）。现在没有一种中亚史能够超过这个《中亚文明史》，虽然它已经出了很多年了，但是你要做中亚史的研究仍然还是要从阅读《中亚文明史》起步，它是最好的书。

当然还有一些有系统地来写某一个方面的书，比如姜伯勤先生1994年写的《敦煌吐鲁番文书与丝绸之路》，这是非常有远见的，那时候还没有"一带一路"啊，是吧？姜先生就把敦煌吐鲁番文献里头跟丝绸之路有关的当时能找到的资料，分门别类地写了一遍。粟特、印度、波斯、拜占庭，这本小书里全有。书非常小，小32开，但是非常经典。我觉得现在做敦煌吐鲁番研究就要以此为基础，你要发现新的东西，那就写。当然，1994年以后的资料，还要清理。

　　基本上，一个行当里头的书，你要找一本经典的著作作为你的基础，然后再往上走。现在很多社会科学理论的书都被翻译出来了。中国的翻译真是非常伟大。我有一次跟一个法国人逛万圣书园，他看了一眼，他说法国书店里摆的社会科学的最新的书，大多数都在这儿有一本。我们中国学者动作非常快，《什么是城市史》《什么是性别史》《什么是医疗史》这种书出得非常多，都是翻译的。找这样一本作为你的一个理论基础。同时，你要找里头有详细的注释的，像研究隋唐长安，那最好的就是妹尾达彦的。通过这些注释，你基本就知道这个行当研究到哪种地步了，谁都做了什么样的工作。这就是一种权威的意义。

　　还有一些人做了选集。芮乐伟·韩森（Valerie Hansen）的作品，现在译出来一本《丝绸之路新史》（*The Silk Road：A New History*），很畅销。当然，我不太同意她的观点，所以我也没参加她的新书发布，但实际上这本书她跟我讨论过很多。她非常会写，她的英文是非常好的，因为她受过十分严格的英语写作的训练，所以很讲究这些。她翻译过我的《敦煌藏经洞的性质及其封闭原因》（*The Nature of the Dunhuang Library Cave and the Reasons of Its Sealing*）那篇文章，非常仔细。她在写这本新书的时候，其实按照她的每一章编了两卷本的《丝绸之路研究论文精选集》，就是 *The Silk Road：Key Papers*。这书个人都是买不起的，它就是为各大图书馆收藏，基本上是把从贵霜到中古时期的有关丝绸之路的西文的文章，最精华的东西，做成了一个选集。你通过这样的一本选集基本上能够把握西文文献里头研究丝绸之路的主脉搏，就是学术层面的主脉搏。再加上她自己的这本书，你就对丝绸之路有更深入一步的阅读了。

第三就是倒读。给学生上课的时候，我也建议做研究要倒读。当然，研究一些问题的时候，你还是要正读。比如你做一个博士论文，你要按照发表的顺序把学术史清理出来，那你要正读，看哪一年、谁发表的。注意不要看学者论文集的出版时间，而是要看每一篇文章原发表的年代。学者有两类，一类在编自己的论文集的时候会改，不断地改。我熟悉的老先生里头，饶宗颐先生就是不断地改。你要引他的文章的时候，既要找到他原来的文章，还要找到他现在的文章，有很多地方都是不一样的。他是活到老学到老，不断地往里加新的考古材料等。我在香港帮他编过好几本书，他的《法藏敦煌书苑精华》《敦煌曲续论》《敦煌吐鲁番本文选》都是我编的。编的时候他就不断地往里放，一星期来一趟香港中文大学，就要加点儿东西。我说："不能加呀。"但是他就要加。这是一类。另外一类学者，编论文集的时候就是一个字都不加，就算加也要能看出是后加的。在我的印象里，裘锡圭和宿白是这样的。裘锡圭先生是用的方括弧，加在每一句话后面，对吧？就是说，我1976年已经取得这成绩了，你们好好看看，这后边儿是之后人们添的材料而已。宿先生是在后边儿加若干补记。你看他的《唐宋时期的雕版印刷》，补一、补二、补三、补四……补十条，但是这个正文不动。正文就是1978年写的，就是这个意思。所以，做学术史的排序的时候，要回到论文原发表的年代去看，当然，把收到论文集里头的，也作为一个文本的年代来叙述。

但是，你在一般地读书、增加自己的知识的时候，或者在培育自己的学养的时候，我建议是倒读，就是读最新的书。当然，读最新的书也要有选择，现在书非常多，特别是有好听的名字的书特别多，所以现在买书，更重要的是看人名，不是看书名。如果你要研究丝绸之路，那就找刘迎胜；你要研究明史，就找范金民、李伯重、赵世瑜，有这些名字的书准没错。你读了之后，他们已经评述过的书，或者在他们的脚注里已经提过的，你就得选择是看还是不看。你不要看了半天之后，发现没什么可看的，那就是废书，现在太多了。

德国的《华裔学志》，就是 *Monumenta Serica*，原来辅仁
大学办的英文刊物，它其实还有一个 *Monumenta Serica Monograph Series*，就是"华裔学志丛书"。丛书的主编叫 Malek，很早之前就找过我，问我能不能帮他们编一本 *Select Bibliography of Chinese Studies*，就是"中文汉学研究选目"。他说："在我们欧洲人看来，你们中国人发表的东西都是汉学呀，但是我们翻着字典，好不容易看完一篇，啥用都没有，最后干脆就不看了。"实际上现在很多欧美学者根本不看中国学者的论文，就是因为他分不清楚哪篇该看，哪篇不该看，最后就一视同仁，不看算了。所以你必须发表英文的文章，把他们当成你自己的读者。这事儿日本人做得最聪明。日本人编了两本英文刊物，一本叫 *Acta Asiatica*，就是日本的东方学会的英文会刊，还有一本叫 *Memoirs of the Research Department of the Toyo Bunko*，《东洋文库欧文纪要》。他们就

是在这两本杂志上把日本东方学最优秀的文章用最地道的英文发表出来，并且脚注里头详细列举日本人的研究著作。特别是 *Acta Asiatica*，现在采用专号形式，就比如中古时期的汉文小说这么一期，他可能请金文京来写，金文京就会把整个日本五年到十年的研究文章全部罗列出来，而且标注日语的原文、片假名的拉丁字母翻译，然后括注英文的 translation，就是让你完全能够看懂又能找到那篇文章。你要只有英文的 translation，不一定找得到。既要让你找得到，又要让你明白他写了什么，所以这是日本最聪明的地方。中国没有这样的杂志，《中国社会科学》英文版达不到这种目的。其实我们《中国社会科学》还是挑选最好的文章翻译成英文来发表的，他们不了解。法国、英国这些汉学图书馆放了很多日本的杂志，所以我编《唐研究》就要指定，我要是送给你，你就必须放在大家都能看到的这个柜子面儿上，不能够搁在书库里。

第四，我觉得要按主题阅读。你要是做研究，到一定的时候就要按主题阅读，就是某一段时间只读一个主题。我在莱顿的时候对藏学很感兴趣，我就读匈牙利学者乌瑞（Uray Géza）和日本学者山口瑞凤的研究。因为有刚才我说的两本杂志，山口瑞凤重要的研究论文都有英文版。其实山口瑞凤写的日文文章，我根本看不懂。为什么呢？一个原因是特别啰嗦，什么都是"でしょ""でしょ"，不给一个确定的论断。"大概是这样吧"，到底是这样还是不是这样，我真感觉不出来。还有一个原因，他把藏文全部用片假名标注，像"赤松德赞"，加上前加字、后加字的发音，拼出来的片假名你根本没法判断是哪个人，要不断地要翻后边的索引，但是杂志有时候没有索引。而且他先发日文，后发英文，英文本往往比日文本好。英文本是那些以英语为母语的人翻译的，他们都要问清楚，你这话什么意思，我要英文表达，不能都是感叹句、问句了。所以翻译得非常清楚。我有一段时间就看乌瑞和山口瑞凤他们俩怎么"打仗"，从文成公主入藏到《阿柴纪年》，到赤松德赞的年代学说，到《贤者喜宴》。每一个主题都是乌瑞先写一篇，然后山口瑞凤"打"他，接着乌瑞再反击，有时候山口瑞凤再反击……你在一段时间里头专看这个，你就可以对一个领域的学术史非常清楚，而且特别容易记忆。否则的话，你今天看这个，明天再看那个，缀不到一起。

这就跟我们看《资治通鉴》的同时，要翻翻《通鉴纪事本末》一样。你要把一件事情在《资治通鉴》里头都勾勒出来很难，这一年的事儿跟下一年的哪件事儿是前后因果关系，不一定啊，是吧？你就勾不到一起。但是《通鉴纪事本末》把这个事情的本末都捋到一起了。不过，《通鉴纪事本末》不是一本史料书，我们不能引用。

我在电脑里找到余太山先生的《古代地中海和中国关系史研究》《两汉魏晋南北朝与西域关系史研究》《早期丝绸之路文献研究》，你要研究丝绸之路这一主题就要读。余太山先生真的很了不起，在我们讲"一带一路"之前，他其实已经把早期的丝绸之路研究做了一遍，至少是隋以前的。

我还有一个读书习惯，就是我要买各种版本的书。韩森的《丝绸之路新史》就是一个例子。你看（图片），这是韩森的英文原本，就是左上角那一本。右面是张湛翻译的大陆的简体中文本，左下的是台湾翻译的繁体中文本。最右边的是日文本，叫《丝绸之路文化史》，我也买了一本。其实像《撒马尔罕的金桃：唐代舶来品研究》（*The Golden Peaches of Samarkand: A Study of T'ang Exotics*）、《中国伊朗编》（*Sino-Iranica*），我都有日文本。日本学术界的体系是非常完善的，每一个研究领域它都要发言。经典的书，哪怕是很老的书，它都要翻过来，而且很多都加了注。除了注释，很多书前面的导论也是很有用的。毕竟日本有些时候用汉字，日本翻译的书可能用了比较确切的汉字，对于我们看英文的时候判断某个汉字是不是用得准确，也是一个参考。所以要穷尽，就都得准备在手头。还有一本 *Life along the Silk Road*，就是魏泓（Susan Whitfield）的，我大概有六种版本。这也是阅读的时候必须要做的一点。

还有我建议集中读一个人。在一段时间里，你找一个大家，把他的文章全部读了，你对这个学科就会非常清楚。比如我提到的贝利，就是研究于阗语的剑桥大学的教授。他原来是做梵语的，1938年开始转攻中国出的于阗语。其实，他没有来过中国的和田，但是他这一辈子把所有的于阗语文书，他能找到的，全部做了转写。本来他第二步是要做全部的翻译的，然后编一本语法、编一本字典。字典编了一本，编的其实是语源学字典，语法他没有编成。转写，已经全部转写了；翻译，只做了少量的翻译，没有全部完成。他是九十多岁去世的。

1985年我去找贝利的时候，他其实已经不做于阗语了，因为他眼睛看不清楚。他那时候做一个大字的写本，亚美尼亚语的写本。我是海边出身的，非常有闯劲，我自己就直接找上了门。当时我的导师许理和也不认识贝利，他就打电话告诉Michael Loewe，就是鲁惟一，他们是朋友。然后鲁惟一就约了Bailey跟我在一个食堂见面。英国是等级制度，老师都坐在台子上，学生都坐在台下面。我坐在客人来的时候坐的位置，左边、右边分别是鲁惟一、贝利。贝利是爵士，因为他对于阗语研究的贡献，英国女王在20世纪70年代给了他一个Sir，所以他一进屋，所有的教员都站起来。能跟他一起吃顿饭，我也感到非常光荣。后来，我就跟着贝利回家了，在他家待了半天，鲁惟一就不管我了。那天，我拿了一份自己文章的抽印本。我运气很好，第一篇学术论文是跟我导师合写的，我导师去法国的时候就被翻译成了法语。我当时有一摞这个抽印本。我在欧洲"打天下"全靠这一份抽印本。我给人一份抽印本，他们就知道我是干什么的了。一般情况下，我去人家之前都是先写了信的，像去拜访Emmerick。去拜访贝利就没写信，因为是鲁惟一给我介绍的。当时我从贝利家出来的时候，贝利把能送我的书全部送我了。我拎了两袋子，成本的书包括他在伊朗出的两本论文集，设拉子出的Selected Papers，伊朗革命之后就再没出过，是非常难找的。他家里有四个大的笸箩，上边儿搁着他七十多种抽印本，他说："你随便拿。"我一份就抽了一本。回到北大借给季先生看的时候，季先生说："怎么不拿两份？"但当时我根本就拎不动了。所以，我这收获的运气有时候非常好。

　　我有时候上课会介绍西文杂志，其实我手里没有那么多西文杂志，就拍Bailey给我的抽印本，那几乎涵盖了所有的东方学的杂志。他是英国多少年的皇家亚洲学会的会长，你看英国皇家亚洲学会会刊，第一个名字是女王，第二个名字就是Bailey，那是在欧洲地位非常高的人。那个时候我在他家待了三四个小时，很幸运可以跟他对话。这其中还有一个原因，就是我读了他几乎所有的我在莱顿能找到的文章。这样，基本上他一开口，我就知道他要说什么，能够反应过来。我们基本上谈的都是中亚胡语的这些东西。他当时就说"非常希望你们中国人来做"，因为他只能用高本汉的字典来看中文的对音，他完全不能读中文。他说："我老了，我给你帮助不了什么，你就到汉堡去找我的学生Emmerick。"Emmerick就是段晴老师的导师。我后来回到莱顿之后，不久就去汉堡了，去找Emmerick。Emmerick先捂着嘴考了我几句，我听懂了之后，他就从里屋把他所有的书和抽印本搬出来，又给了我一大堆。这些人真是非常好，我运气也蛮好。

另外像孔泽（Edward Conze），他是专门做般若学说的，但他写过佛教研究史这样的著作。你把孔泽的文章和书整个读完，对于研究中亚的或者研究佛教史的著作会有一个非常清晰的把握。

我们为什么要有实体书店，它是可以看到整个层面的

我也没有太多的经验，就是杂谈我自己读书的经历，距离现在的读书环境比较遥远。我想，跟现在拿着电脑读书的

年轻人相比，我的知识面要小很多，虽然我当时翻的面儿在敦煌学的领域里还是很广的。现在年轻人上了豆瓣，左穿右穿的话，你可以接受很多知识。但是有个问题，我觉得现在检索功能很强，可这个检索功能也影响了我们的阅读，阅读还是要有一个上下文的。还有一个眼界的问题，虽然在电脑的阅读中你也有很多跳到各种行当的可能性，但是你逛书店或者逛图书馆，它是一个区域内一类书都在这儿，特别是好的图书馆，基本上什么书都不落。比如，欧洲的图书馆都是小分类，汉学的书都放在汉学院，印度的书都放在印度学院，土耳其书、突厥的书都在土耳其学院，你到哪个学院，基本上这一类的图书都能找到。总图书馆就都是比较总类的书和他们西方的书。耶鲁大学则是大分类，比如政治学，各种文字和各个国家的政治史都搁在政治史类里边，你要看中文的书或西文的书、中国政治史或英国政治史，都在里边。当然，它有区分，但都在这大排行。过去，我的老师让我背刘国钧的分类法、裘开明的分类法，记A指什么、B指什么、C指什么……我知道A、B、C、D都是什么类的书，走大分类的书架当然会是有目标的。比如到了B类、F类，我可能走快一点儿；到了H语言、I文学，特别是K历史、地理，我知道大概多长距离是这类的，我就这样一本本翻。这样翻是构建一个整体的印象。在这些方面，我觉得可能还是比电脑阅读要好。

　　这也就是我们为什么要有实体书店，我们喜欢这样的实体书店，它是可以看到整个层面的。其实你买书，不只是买你看中的那本。像在京东买书，你看哪本有名就买。你买书的时候可能也会蹦出来一些它推荐的书，但是不专业呀，是吧？我每年都到北京博文书社或者北京考古书店去买书。我就拿着它的梯子，从上到下码一遍。缺的书，全买；只要自己要攒的书，全买。所以我觉得各有优劣。可能在阅读量、掌握图书的功能性等方面，电脑的优点是更大的。虽然我们觉得抄卡片可以记忆得更好，但是现在年轻人不是这样记忆的。我原来认为你们没抄下来怎么能记得，可我后来招了一个学生，他非要把这个东西导到电脑里才能记住，在纸上他记不住。所以现在年轻人跟我们那时候读书的感受不一样。

傅老师说推荐一些书，但是我没有思想准备，我做的PPT上面也没有多少。我觉得现在"大家小书"很流行，各种类型的都很值得大家看。这是我电脑里可以找到的书。一套是"光启文库"，就是上海编的吧？在商务印书馆出的，叫"光启"。我手边有我们老系主任马克垚老师的书，非常好，他出书都给我们年轻人发一本。我们历史系有非常好的优良传统，就是什么招呼都不打，自己出了书就往各自熟悉的相关领域的人的信箱里头扔一本。拿了之后也不感谢，拿了就白拿了。还有陈尚君老师前一阵子给我的书。他很能写，高深的也写，《行走大唐》《我见青山》这些轻松一点儿的也写，非常好。我觉得现在的读者，特别是一些年轻的读者入门，找一些大家的"小书"来阅读是非常好的。

最近我也参与了朱玉麒和孟彦弘在凤凰出版社编的"凤凰枝文丛"，我熟悉的几个人的书，孟宪实的《老营房手记》、朱玉麒的《云鹿居漫笔》和史睿的《春明卜邻集》。这里有很多文章可能之前在报刊上看过，但是这么系统地把它们编在一起，重新阅读一遍，非常有收获。他们的读书经历、他们跟老先生学习的经历、他们自己读书的一些感受，通过书评或其他的一些形式呈现出来。这套书卖得也很好，我有一本小书《三升斋随笔》在里头。我就举这么几个例子。

最后给自己做一个广告，我最近也出了一本"小书"。之前我把我的序跋编成了一本《学理与学谊：荣新江序跋集》，然后承蒙徐俊老师支持，他又帮我出版了一本已故老先生们的追忆集，就是《从学与追念：荣新江师友杂记》。这里头也有一些老先生们读书、爱书的掌故。

我就是和大家杂谈，真是随便讲讲我的读书的一些经历，谢谢。

傅杰：

首先感谢志达书店，约我来主持这样的一个活动，所以先给志达书店点个赞。其次是给我自己点个赞，定了一个这样的主题。我认识荣老师大概三十多年了。十年前我还有机缘跟他一起受香港城市大学中国文化中心主任郑培凯教授的邀请，在那里客座一个学期，跟他两个人用一个工作室。跟他每天在一起至少吃两顿饭，听他无所不谈。但没有听到过他这样系统地讲他读书的经历和经验，尽管他在莱顿求学的文章网上都有连载。像今天这样有点、有面、有很多具体事例地讲这样一个主题，我怀疑北京大学他的学生都不一定有这样的机会听，所以我是特别高兴的。

大概三十多年前了，可能是20世纪80年代，我去他家，真震惊了，就像他刚才说的，一屋子的唐史、敦煌吐鲁番学的书，世界各地的都有，满满的。这是第一个震惊。我在杭州大学古籍研究所读书的时候，姜亮夫、蒋礼鸿、郭在贻等先生都是敦煌学家，但是真没有看到过那么多的外面的敦煌学的书。第二个震惊的是，不知道他还有没有印象，他拿了一本刘铭恕先生编的《敦煌遗书总目索引》给我看，敦煌很多卷子被斯坦因拿走了，被伯希和拿走了，刘铭恕先生编了一个初步的总目。这书错误很多，但是那个时候就这么一个总目。他那本一翻开记得密密麻麻的，就是哪一个卷子有什么人研究过、发表在什么地方，在那个卷子下面他全有记号。大家都可以听出来，他对所研究的领域，那真叫如数家珍，都在他的脑子里。

荣老师今天在上海做这个讲座，他好几本书也是在上海出的，最早跟张广达先生的《于阗史丛考》是在上海书店出版社出的，后来有复旦大学出版社的《中国中古史研究十论》，还有上海古籍出版社的《归义军史研究》《辨伪与存真——敦煌学论集》，等等。如果是历史系的学生，或者是文史的学生，可能会读这些，但如果是别的专业的话，不一定读，也不容易读懂。但有一本，不管你是文史哲领域什么专业，我都特别愿意推荐的，就是他十年前在北大出版社出的《学术训练与学术规范——中国古代史研究入门》。研究入门的书也很多，现在市面上有的是自己也没有做过什么研究的人写的。但那本是真正有心得的，从读书到怎么样做书评，我以前在复旦不止一次跟学生推荐过。现在我转到浙大新成立的马一浮书院，今年在浙大招的博士生只有一个，她应该也正在看线上转播。她开学就问我要个书单，我说：
"第一年你不要看太多的书，要看重点的书。"我列的书目里
就有这本《学术训练与学术规范——中国古代史研究入门》。

我在讲座一开始就说了，我比荣老师小一岁，我们这一
代没有你们在座的青年朋友那么幸福，我们很辛苦，但是也
有你们经历不到的幸福。那个时候也没有电脑，我们最早读
书的时候连复印机都没有，读书就是靠跑书店。那个时候也
没有什么网上书店，书店就是一家一家跑。荣老师刚才轻描
淡写地拿一张图，你们知道北京有多大，从北大跑到那个地
方，这一天跑下来真的是靠年轻。20世纪90年代我来上海读
者的陈引驰教授、现在在上海戏剧学院当副院长的杨扬教
授，骑着自行车从华东师大先到福州路，再到南京东路，有
的时候再从南京东路折到淮海路。淮海路现在没什么书店
了，但是那个时候还是有书店的。在淮海路这么繁华的街
上，找一个地方停了车，杨扬教授说是"三个过街老鼠"，
在淮海路那么靓丽的人群当中，各自拎着一包书从那里走过
来。我们那个时候在福州路就是吃个嘉兴粽子，真的是幸
福。因为书店里你一本书一本书翻过来，突然翻到一本想要
的书，那种幸福感……现在得书太容易了。张世英先生在回
忆录里面说过，他的老师就跟他说，要到书店里经常去看
看，不一定要买书，书店里你可以了解很多信息。他有一个
比喻叫"认识门牌号码"，就是你翻过这个书有印象了，你
光是看那个网上的购书目录是不容易有这样的印象的。一本
书拿来翻两页可能就有一个印象，后面想到要用的时候可能

就会想起来。日本刚刚有复印机的时候，日本的一个老教授说：这以后学者就完了。他说，我们当时读汉学家的书是一本一本抄的，甚至《史记》《汉书》都能背，都在脑子里，现在一复印就觉得是自己的了。现在我们电脑里一存，就好像是自己的了。这个当然不是要拒绝新技术新手段，新技术新手段给我们提供了太多的方便，怎么样在这个过程当中下功夫，才是我们应该留心的。

　　何况逛实体书店现在已经越来越难得，这种实体书店会越来越少的趋势是不可改变的，而志达书店正好给我们提供了这样的平台。今天只是第一讲，欢迎大家继续关注。

　　（原为2020年11月22日在上海志达书店举办的"我的读书经验"讲演记录稿，原载傅杰主编《好书是可以读一辈子的》，上海人民出版社，2021年8月，第1—59页，收入本书时略有删减。）